KB217826

복수노조 노조파괴 공작에 맞선 투쟁

우리는 파괴되지 않았다

복수노조 노조파괴 공작에 맞선 투쟁

우리는 파괴되지 않았다

전국금속노동조합
경주지부 **발레오만도지회**
대전충북지부 **보쉬전장지회·콘티넨탈지회**

발행일 | 2024년 10월 3일
기 획 | 노동자역사 한내
글쓴이 | 이황미
펴낸이 | 양규현
출 판 | www.hannae.org
주소 경기도 고양시 일산동구 공릉천로 493번길 61 가동
전화 031-976-9744 팩스 031-976-9743
등록 2009년 3월 23일(제318-2009-000042호)
본문·표지 디자인 | 토가 김선태
인쇄제본 | 디자인 단비

ISBN 979-11-85009-40-7 (03300)
값 30,000원

복수노조 노조파괴 공작에 맞선 투쟁

우리는 파괴되지 않았다

전국금속노동조합

경주지부 **발레오만도지회**

대전충북지부 **보쉬전장지회·콘티넨탈지회**

기획 _ 노동자역사 한내

글 _ 이황미

조직 사수를 위해 버텨온 의지, 가슴으로 느껴져

이 책을 읽으며 '노동운동은 전쟁'이라는 생각을 떨칠 수 없다. 오히려 전쟁보다 참혹하고 비참하다고 느끼는 것은 아군의 구분이 혼란스럽기 때문이다. 아군이어야 할 노동자가 구사대라는 이름으로, 기업노조라는 조직으로 노동자 단결을 저해하며 탄압에 일조하고 있지 않은가.

모든 전쟁에는 휴전과 종전이 있지만, 자본과 노동의 계급전쟁은 자본주의가 지탱하는 한 종결되는 전쟁이 아니다. 자본은 이윤을 배가하려고 야만적 공격을 퍼부으며 의도된 폭력과 전쟁을 일삼는다. 그러나 노동자들은 벼랑 끝에 선 절박함으로 자신의 생존과 민주노조 사수를 위해 온몸으로 방어 투쟁에 사활을 걸었다.

1987년 노동자 대투쟁 이후 민주노조 진영의 주요한 투쟁과제는 '복수노조 금지조항 철폐'였다. 이 투쟁은 정치투쟁, 제도개선의 하나로 이루어졌고 단결의 자유를 쟁취하자는 기본권 쟁취 투쟁이었다. 그 결과로 10년 만에 법률상 복수노조 금지조항을 삭제시키는 성과를 일궜다. 복수노조 금지조항 철폐는 민주노총이 법률상으로나 현실적으로나 합법성을 인정받고 산업별 지역별 조직을 구축할 수 있었던 투쟁의 산물이다.

그러나 복수노조에 붙어 온 '교섭창구 단일화'는 노동자 내부를 갈라치고 소수노조(민주노조)의 활동을 박탈함으로써 기본권 침해는 물론 민주노조 파괴라는 결과를 가져왔다.

쉽게 생각하면 "조직을 잘해서 다수 노조를 만들면 유리한 고지를 점한다"라고 할 수 있다. 그러나 복수노조 교섭창구 단일화를 활용한 자본과 권력의 불법과 폭력행위는 민주노조에 파열구를 냈고 기업노조(회사노조)를 만들어 민주노조를 고립시켰다. 불법에 대한 법원의 뒤늦은 판결문은 무너진 조직을 복구하기엔 역부족이었다.

민주노조를 사수하자는 몸부림 속에 소수로 재편된 조직을 부여안고 싸우는 동지들은 진정한 활동가인 동시에 단련된 노동자다. 무자비한 탄압에도 10년 이상 조직 사수를 위해 버티는 동력은 민주노조 정신을 실천한 데에서 찾을 수 있다. 동지들의 투쟁 정신, 단결과 연대의 정신으로 분열과 탄압을 돌파하려는 의지가 눈물겹다. 연대와 단결은 노동운동을 통해 노동자들이 스스로 차이와 차별을 극복하는 과정임을 입증했다. 임금수준, 고용 형태는 물론 인종이나 국적, 성별 등에 따라 서로 이해관계가 다르고 심지어 대립하기도 한다. 이런 이해관계의 차이와 갈등을 연대라는 계급성으로 해결하려는 의지들이 책에 고스란히 담겨있다.

이 책은 발레오만도, 보쉬전장, 콘티넨탈 지회 투쟁을 서술했으나 결코 그들만의 싸움은 아니다. 복수노조와 교섭창구 단일화가 쟁점이 된 모든 사업장에서 겪는 무자비한 탄압이었고 그에 맞선 투쟁이었다. 동지들은 온갖 차별과 불이익은 물론, 몰아치는 폭력에 맞서며 민주노조를 지켰으며 지금도 지키고 있다. 조직을 지켜낸 성과를 무시할 수는 없으나 심신에 덧씌워진 상처를 생각하면 가슴이 아려온다.

10여 년의 투쟁을 통해 동지들이 흘린 눈물은 분노의 눈물과 허탈함에서 나오는 눈물이다. 나아가 투쟁하며 느낀 서러운 눈물도 있다. 그러나 무엇보다 중요한 과제는 빼앗긴 진지를 탈환한 후에 흘릴 수 있는 감동의 눈물일 것이다.

무너지고 망가진 진지를 복구하기 위해 오늘도 현장에서 투쟁하는 동지들의 열정을 가슴으로 느껴본다. 교섭창구 단일화를 비롯한 악법은 연대투쟁으로, 민주노조 정신으로 깨부숴야 한다는 노동자들의 결의와 실천을 기대한다는 것이 이 책의 발간 이유이기도 하다.

2024년 10월 3일

양규헌 노동자역사 한내 대표

여전히 싸우는
모든 노동자에게 경의를

'복수노조 금지조항 철폐'라는 구호를 그렇게 외쳐왔지만, 허용된 복수노조의 실체는 정작 폭력이 되어 드러났다. 복수노조를 허용할 때부터 자본과 권력이 비수처럼 꽂아둔 '교섭창구 단일화' 때문이다. 그로 인한 고통은 해당 사업장 노동자들의 삶에 엄청난 영향을 끼쳤다.

글을 쓰기 위해 세 사업장을 깊숙이 들여다보는 내내 고통스러웠다. 고작 들여다보며 느낀 고통을, 그 일들을 직접 겪어내고 감당하며 여기까지 온 당사자들의 고통에 비할 바는 아니다. 그럼에도 우리는 같이 그 고통을 들여다봐야 한다.

자본과 권력이 여기에서 그치지 않을 것이기 때문이다. 더욱 교묘해지고 악랄해질 그들의 공작, 이제는 당사자만이 아닌 전체가 같이 막아내고 마침내는 뒤엎어야 한다. 그렇게 우리는 '노조 하는' 미래를 함께 도모해야만 한다.

이 작업을 시작한 2022년 여름에는 세 사업장의 상황이 비슷하다고 생각했다. 들여다보니 사업장마다 노조파괴의 방법, 노조파괴 범죄자 사업주와 자본의 성질, 그리고 해당 지회의 대응 방향, 조합원들의 성향과 활동 방식에 조금씩 차이가 있었다. 그리고 2년이 지난 지금의 모습은 큰 차이를 드러내고 있다.

발레오지회는 복수노조 13년 만에 하나의 노조로 통합을 이뤄냈다. 그러나 노조파괴 초기에 그랬던 것처럼 사측은 고용 인원과 생산 물량을 지속해서 줄이며 이윤을 해외로 유출하고 현지 재투자는 하지 않는 이른바 '먹튀' 행태를 재현하고 있어 노동조합과 지역사회가 다시 사회적 책임을 촉구하는 투쟁에 나섰다. 보쉬전장지회와 콘티넨탈지회는 여전히 소수노조로서 고군분투하고 있다. 이들은 비슷한 어려움에 부닥친 충북지역의 다른 복수노조 사업장들과 함께 살아남기 위한 조직적 전망을 논의하고 있다. 이들이 꺾이지 않고 전진하며, 마침내 민주노조를 온전하게 사수·확대해 나갈 수 있도록 전체 노동운동 진영이 함께 하기를 소망한다.

노동자역사 한내는 여러 민주노조 파괴 유형 가운데, '복수노조'를 무기로 한 사례를 살펴보자는 취지에서 이 책을 기획했다.

따라서 이 글은 교섭창구 단일화 제도의 문제점에 집중했음을 밝혀둔다.

그리고 복수노조 피해사업장 가운데 옛 만도기계노동조합 소속이었던 세 사업장을 다뤘다. 파괴 공작의 칼날이 가장 먼저 가닿은 곳은 대체로 왕성한 활동을 벌이며 지역과 산업에서 주축이 되는 노조들이다. 이들 세 사업장 역시 투쟁과 산별노조 활동에서 모범을 보여왔다. 특히 만도기계는 정리해고 법제화 이후 1998년 정리해고 직격탄을 맞아 처절한 투쟁을 전개한 사업장이기도 하다. 이후 각기 다른 외국 자본으로 매각돼 노조 이름이 달라졌어도 이들은 만도기계 시절 민주노조의 전통을 이어가며 지역에서 핵심 사업장으로 활동했다. 그리고 2011년 복수노조 허용을 전후로 한 노조파괴 공작에서 다시 직격탄을 맞았지만 10년이 훌쩍 넘은 기나긴 시간 동안 전력을 다해 투쟁하며 여기까지 온 사업장들이다. 이들의 10여 년 투쟁을 톺아보며 교섭창구 단일화 제도가 양산한 문제들을 다시 확인하고자 했다. 만도기계노조 아산지부였던 케이비오토텍지회 역시 노조파괴 폭풍이 거셌지만 처절하고도 굳건한 투쟁과 연대로 3년 만에 기업노조를 해산시키는 성과를 일궜기에 이 글에서는 다루지 않았다.

맹세코 세 사업장을 비롯한 노조파괴 사업장들의 활동은 처절했지만 중단하지 않았고, 꽉 차 있으며 활기찼다. 다만 글쓴이가 몽매하고 노동조합에 대한 이해가 짧아 활동을 생생하고 풍부하게 담아내지 못해 내용이 부실함을 미리 고백해 둔다. 괜스레 어설프게 글을 시작해서 노조파괴 사업장 동지들에게 혹여 아쉬움이나 답답함만 더한 게 아닌지 걱정스럽다.

그럼에도 감히 졸고를 마무리한다. 그리고 투쟁하는 모든 노동자에게 진심을 담아 경의를 표한다.

2024년 10월 3일

이황미

차례

2부 파괴 VS 사수

3부 반격

부록

1부

음모 & 공작

자본과 정권의 '노조 깨기' 역사

한국에서 노동조합을 파괴하기 위한 공작은 사실 '노동조합' 탄생과 함께 시작됐다.

일제 강점기에도 이 땅의 노동자들은 스스로 전국적 노동자 조직[1]을 결성해 자연 발생적이었던 노동운동을 확대·발전하는 한편 반일 민족해방운동을 함께 펼쳤다. 당연히 일본 제국주의는 노동자들의 투쟁을 총칼로 짓밟았다. 해방은 됐으나 남한 단독정부를 수립한 이승만 정권의 극악무도한 탄압은 일제와 별반 다르지 않았고 오히려 더욱 사나웠다.

1970년 전태일 열사의 분신으로 이 땅에 다시 불붙은 민주노조 운동은 숱한 시련과 고난을 뚫고 끊임없이 성장·발전했다. 집권 세력과 자본은 민주노조 운동의 가치를 깎아내리며 축소·왜곡해 왔지

1 1920년 조선노동공제회, 1922년 조선노동연맹회를 거쳐 1924년 4월 18일 조선노농총동맹을 결성했다.

만, 피할 수 없는 진실이 있다. 한국 사회에서 민주노조 운동이야말로 평등한 사회를 지향하며 올바른 세상을 향해 나가는 거대한 물줄기라는 사실이다. 한국 사회의 민주화 역시 민주노조 운동에 힘입어 전진해 왔다.

전태일 열사의 분신, 청계피복과 동일방직 노동자들의 투쟁은 박정희 정권 시대 개발독재의 문제점을 만천하에 드러냈다. 이 투쟁들은 노동자들의 항거를 조직하는 기폭제가 됐다. YH 노동자들의 투쟁은 부마항쟁으로 이어져 유신 시대를 종결짓는 역할을 했다. 전두환 군사정권이 들어서자 원풍모방, 콘트롤데이타, 반도상사 노동자들이 온몸으로 투쟁했다. 군사독재정권에 정면으로 맞섰던 구로동맹파업은 전두환 정권의 폭압 통치로 위축됐던 민주화운동진영의 사기를 끌어 올렸다.

민주노조 운동은 1987년 7·8·9월 노동자 대투쟁 이후 어용노조 민주화, 신규노조 건설, 한국노총 탈퇴 등을 거쳐 확대·발전을 거듭했다. 그리고 권력과 자본에 기생한 한국노총이 주도해 오던 이전과 구별되는 새로운 운동을 형성했다. 노동자들은 개별 단위노조로는 정권과 자본의 탄압을 극복하기 어렵다고 판단했다. 마산·창원 지역을 필두로 지역노조협의회(지노협)를 결성하는 등 조직적 대응을 시작했다. 마침내 1990년 1월 22일 전노협 깃발이 올랐다.

노태우 정권은 전노협 와해 공작을 진행했다. 전노협에 대한 이데올로기 공세와 지도부 구속, 무노동무임금 적용, 분규 현장에 공권력 투입 등 모든 수단을 동원해 탄압했다. 이러한 공작에도 대오가 흔들리지 않자 노태우 정권은 지노협을 와해시켜 전노협을 무력화하고자 했다. 국가안전기획부(안기부) 등 국가기관을 동원해 지역별 핵심 사업장이 전노협을 탈퇴하도록 입체 작전을 펼쳤다. 이때 안기부의 공작으로 박창수 당시 한진중공업노조 위원장이 죽임을 당했다.

전노협 출범으로 민주노조 운동이 더욱 활발해지자 노태우 정권은 그해 10월 13일, '범죄와의 전쟁'[2]을 선포했다. 범죄소탕을 구실로 노동자·학생 등 조직적인 반정부세력을 탄압해 무력화하려는 의도였다. 전쟁 선포 후 사회적 분위기는 위축되고 공권력이 활개치기 시작했다. 노동운동에 대한 정부의 강경 조치들이 잇달아 쏟아져 나왔다.

노동쟁의와 파업 현장에는 가차 없이 공권력이 투입됐다. 폭력연행, 구속, 수배, 해고는 노동조합 활동에서 당연히 감내해야 할 길이 되고 말았다. 노태우 정부가 등장한 1988년부터 1992년 말까지만 쳐도 노동자 3,226명이 '노조 활동'을 이유로 해고됐다.

정권의 모진 탄압 속에서 꿋꿋하게 이어간 전노협 사수, 민주노총 건설, 노동 악법 철폐 투쟁은 헌법에 명시된 권리인 결사의 자유를 쟁취하기 위한 대장정이었다. 그리고 인간답게 살고자 하는 이

---

2 1990년 10월 4일 윤석양 이병이 국군 보안사령부가 1,300여 명의 각계각층 민주인사들을 조직적으로 사찰해온 사실('청명계획')을 폭로하면서 정권의 도덕성이 땅에 떨어지고 민주세력을 중심으로 한 정권 규탄 투쟁이 확산하자 국민의 관심을 돌리고 국면을 전환하고자 취한 조치로, 실제 5~6공화국 당시 공안정국을 조성하면서 경찰력 상당수를 간첩 조작이나 민주화 세력 탄압에 이용하는 바람에 치안 공백이 지적됐고 강력 범죄가 급속도로 증가했던 이유도 있다.

땅 노동자·민중의 절절한 염원을 하나씩 쟁취해 나가는 과정이었다. 1995년 출범한 민주노총은 20세기 끝자락인 1999년에야 합법성을 쟁취했다.

21세기로 접어들어 노동자 탄압은 더욱 교묘해졌다. 노동자를 성별, 산업, 고용 형태, 근무 형태, 근무 시간, 소득 유형에 따라 여러 종류로 쪼개서 차별했다. 노동조합 활동에 대한 탄압에서도 다양한 방법이 동원됐다. 업무와 임금을 무기로 한 차별, 조합원만을 대상으로 하는 표적 직장폐쇄, 손배·가압류 등이다.

'손배·가압류'는 노조파괴의 매뉴얼로 자리 잡았다. 정당한 쟁의 행위를 했어도 노동자 개인에게 천문학적 금액의 손해배상을 청구하는 식이다. 손배·가압류로 고통받는 노동자 개인에게 노조를 탈퇴하거나 퇴사하면 소송을 취하해 주겠다고 회유해 노조파괴를 도모했다. 손해배상 청구는 헌법에 명시된 노동3권을 부정하고 노동조합을 무력화하는 수단이 됐다. 두산중공업은 2002년 구조조정과 함께 노조 간부 89명을 징계·해고하고 노동자들에게 손해배상 65억 원을 청구했다. 재산과 임금 가압류로 고통받던 노동자 배달호는 2003년 1월 9일 부당한 자본의 횡포에 항거하며 자기 몸에 불을 붙였다. 그의 죽음으로 많은 사람이 노동자를 향한 손해배상 청구가 얼마나 큰 고통을 끼치는지 똑똑히 알게 됐다. 하지만 손배·가압류는 지금까지도 쌍용자동차, 아사히글라스 등 수많은 사업장에서 노조 탄압 또는 보복 수단으로 악용되고 있다. 배달호 열사로부터 20년이 흐른 2022년, 51일 동안 파업투쟁을 벌인 대우조선해양 하청노동자들에게 회사는 470억 원을 배상하라고 소송을 제기했다.

정권과 자본은 한결같이 노동자, 그리고 노동자들의 조직 '노동조합' 파괴에 몰두했다. 이 정도면 정권과 자본의 역사는 '노조 깨기'의 역사다. 그들은 지금도 노동자들이 피, 땀, 때론 목숨까지 바쳐 쟁취해 온 성과물을 빼앗아 가고 있다. 쉼 없이 달려온 어두운 역사에 이어 2011년부터는 바뀐 법에 발맞춰 복수노조를 활용한 '노조 파괴'에 열을 올리고 있다.

노동3권 무력화시킨 복수노조 금지조항

'그럼에도 불구하고' 예나 지금이나 '노동조합'은 노동자들이 스스로 권리를 찾을 수 있는 대표적인 조직이다.

대한민국 헌법 33조 1항은 "근로자는 근로조건의 향상을 위하여 자주적인 단결권, 단체교섭권, 단체행동권을 가진다"라고 명시하고 있다. 이러한 헌법정신에 따라 1953년 제정된 노동조합법, 노동쟁의조정법, 노동위원회법 등 최초의 집단적 노사관계법은 노동조합의 자유설립주의, 노동조합의 대내적 민주성과 대외적 자주성의 확보, 협약 자치의 존중, 자주적 조정의 원칙, 자유로운 쟁의권의 보장 등 노사자치주의를 기반으로 삼고 있었다. 그러나 이후 70년 동안 역대 정권은 노동법을 개악해 노동3권 보장이라는 헌법정신을 심각하게 훼손했다.

노동법 개악 중 가장 대표적인 것이 복수노조 금지다. 5.16 군사쿠데타 직후인 1963년, 국가재건최고회의가 노동조합법 제3조에 단서조항(5호)을 달아 "조직이 기존 노동조합의 정상적 운영을 방해하는 것을 목적으로 하는 경우"를 노동조합의 결격사유로 추가했다. 헌법상의 권리인 노동3권을 무력화하기 위해 복수노조 금지조항을 만든 것이다.

자신의 입맛대로 통제할 수 있는 한국노총과 그 가맹노조의 독점 지위를 보장하기 위해서다. 이는 굴종하지 않고 자주적이고 민주적인 노동조합을 두려워했기 때문이기도 하다. 자본은 '유령노조'를 만들어 노동조합 설립 자체를 원천 봉쇄했다.

제2노조 설립을 금지하는 조항은 노동자의 자주적인 단결권을 규정하고 있는 헌법 33조 1항에 배치된다. 노동자가 자신의 결정에 따라 노동조합의 조직 형태와 조직 대상을 결정하고 법이 정한 노동조합의 권한을 행사할 권리를 제한하기 때문이다.

박정희 정권 시기를 거치면서 집단적 자치 영역은 축소되고 위헌 소지가 큰 조항들이 삽입됐다. 이렇게 시작된 노동법 개악은 자본의 이익과 정권의 안위를 위해 여러 차례 반복됐다. 그 결과 노동법은 노동자를 착취하고 통제하는 도구로 전락했다. 노동조합 자치는 억제되고 노동자 보호는 약화됐다. 노동법 개정이 국가재건최고회의, 비상국무회의[3], 국가보위입법회의[4]와 같은 비정상적인 입법

3 1972년 10월 17일 박정희가 초헌법적인 비상조치 '10월 유신'을 선포하고 제8대 국회를 해산한 뒤 1973년 3월 11일까지 운영한 입법기구로 국회의 권한을 대행했다.

4 전두환은 쿠데타로 정권을 장악한 뒤에 헌법을 무시한 채 국회의 기능을 강제로 마비시켰고, 초법적인 국가보위비상대책위원회를 설치해 국가를 통치했다. 이후 기능이 마비된 국회의 입법 기능을 흡수할 목적으로 1980년 9월 29일 국가보위비상대책위원회를 국가보위입법회의로 확대·개편한 데 이어 1980년 10월 27일 공포한 5공화국 헌법의 부칙을 통해 국회를 해산하고 국가보위입법회의에 헌법과 법률상 국회의 권한을 부여했다.

기관에서 이루어졌다는 점에서 절차적인 하자도 심각했다.

1987년 11월 노동법이 개정되며, '기존 노동조합과 조직 대상을 같이 하는 경우'도 노조 설립을 금지하도록 했다. 1987년 노동자 대투쟁 이후 전국에서 노조 민주화 투쟁이 전개됐으나 복수노조 금지 조항은 여전히 민주노조 진영의 노조 설립을 방해했다. 그래서 노동자들은 새로운 노조 설립보다 더 힘겨운 '노조 민주화 투쟁'을 전개했다. 이 과정에서 무수한 폭력과 구속·수배에 시달렸다.

있는 법으로부터 외면당한 노동자들은 스스로 자각하고 단결했다. '노동조합'을 만들고, 지키고, 민주적으로 운영하기 위해 많은 피를 흘렸다. 헌법에 명시된 인간의 기본권리인 '노동조합 결성'에 목숨을 걸어야 하는 이상한 현실은 오늘까지지도 계속되고 있다.

노동자 저항으로 존립 위기에

1987년 노동자 대투쟁으로 떨쳐 일어선 노동자들은 복수노조 금지조항 때문에 무수한 피를 흘려야 했다. 하지만 노동자들은 마침내 탄압을 뚫고 어용노조 체제에 맞서는 민주노조 체제를 세우고야 말았다. 자본과 정권이 더 이상 부정할 수 없게 된 민주노조 체제가 이제 역으로 복수노조 금지조항의 존립 근거를 위협했다.

1987년 노동자 대투쟁 이후 조직적 단결을 이루어 낸 노동운동 진영은 노동법 개정 투쟁을 본격적으로 시작, 1988년 '노동법 개정 전국노동조합 특별위원회'를 결성했다. 특위가 마련한 노동법 개정안 가운데 '위헌이므로 반드시 개정돼야 할 사항'으로 복수노조 금지조항이 꼽혔다.[5] 전노협에서 민주노총으로 발전하면서 노동법

5 특위가 복수노조 금지조항과 함께 '위헌이므로 반드시 개정돼야 할 사항'으로 꼽은 또 하나의 악법이 '제3자 개입 금지조항'이다. 노동자들의 상호 연대를 가로막고 노조 활동을 사업장 안에 고립시키고자 한 이 조항 때문에 자주적 활동을 벌인 무수한 노조 간부와 조합원들이 구속·수배됐다. ILO 결사의자유위원회는 '제3자 개입 금지조항'에 대해서도 폐

개정은 민주노조 진영의 더욱 절박한 과제로 떠올랐고, 투쟁의 파고 역시 한층 높아졌다.

복수노조 금지조항은 국제적으로도 규탄의 대상이 됐다. 복수노조 금지는 국제노동기구(ILO) 조약 87호 2조에 어긋났다. 한국이 1991년 ILO에 가입한 이후 ILO 결사의자유위원회는 1993년, 복수노조 금지조항에 대해 "단일노조가 노동자에게 이익이 된다고 해서 법률로 단일노조를 강제하는 것은 87호 2조에 위배된다. 법률로 단일노조를 강제하는 상황과 자발적으로 단일노조를 구성하고 있는 상황 간에는 근본적으로 차이가 있다. 노동자들이 경쟁적 복수노조를 피하는 것이 노동자들의 권익 실현에 유리하다고 해서 국가의 직간접적 개입, 특히 법률에 의한 국가의 개입이 정당화되지는 않는다"며 개정을 권고했다. 한국 정부는 그 후에도 ILO 등 국제노동단체들로부터 여러 차례 노동법 개정 권고를 받았다. 복수노조 금지조항이 국내에서는 노동자들의 투쟁으로, 국외에서는 국제노동기구로부터 압박에 직면한 것이다.

민주노조 진영이 노동법 개정 투쟁을 이어가던 1996년, 김영삼 정권은 노사관계개혁위원회(아래 '노개위') 구성과 논의를 제안했다. 민주노총은 노개위 참가를 통해 복수노조 금지조항 철폐를 꾀했다. 그러나 복수노조 금지조항 철폐를 던지며 정권이 제안해 온 노개위는 바로 자본의 돌파구였다. 그들은 존립 자체가 위기에 빠진 복수노조 금지조항 폐지를 전제로 이미 '계획'을 마련하고 있었다.

지를 권고했다. 이 조항은 여러 차례 개정을 거듭하다 2006년에야 폐지됐다.

1997년 민주노총 총파업(1월 4일). [사진 : 이영호, 한내 소장]

정권과 자본은 복수노조 금지조항을 조건부로 폐지하는 대신 정리해고제와 변형근로제, 파견근로제를 법제화해 신자유주의 노동시장 유연화를 관철할 계획이었다. 결국 노동계의 강력한 반대로 노개위 합의는 무산됐다. 그러자 김영삼 정권은 그해 성탄절이 막 지난 12월 26일 새벽에 개악 노동법을 날치기로 통과시켰다.

민주노총이 '세상을 뒤흔든 총파업' 투쟁으로 맞서 날치기 노동법은 폐지됐지만, 1997년 3월에 노동조합및노동관계조정법(아래 '노조법')[6]이 다시 제정됐다. 정권과 자본은 실시 시기를 좀 늦추긴

6 1963년 4월 17일 제정된 종전의 노동조합법과 노동쟁의조정법을 폐지하고 하나의 법으로 통합해 1997년 3월 13일 법률 제5310호로 제정·공포한 것이다.

했지만, 기어이 정리해고제를 제도화했다. 그리고 그 반대급부로 복수노조 금지조항 폐지를 내주었다고 하나, 기업 단위 복수노조 허용은 2001년 12월 31일까지 유예(1차)했다. 거기에 전임자 임금 지급 금지조항까지 조건으로 붙였다.

이렇게 1997년 노동법 개정으로 기업 단위 복수노조 허용 시기는 연기됐지만, 조만간 복수노조 시대 도래를 앞두고 있었다. '복수노조 금지'를 무기로 민주노조를 억압하며 단맛을 봐온 자본과 정권은 호락호락 물러서지 않았다. 그들은 복수노조 시대를 대비한 비장의 카드를 준비했다. 그것이 바로 복수노조 교섭창구 강제적 단일화다.

이 카드는 1996년 노개위에서 복수노조 금지조항 폐지가 거론되던 시점부터 준비됐다. 노개위 논의 과정 초기에 사용자측은 상급단체만 복수노조를 인정한다는 견해를 내비쳤다. 그러다가 전임자 임금 지급금지와 함께 기업 단위 복수노조를 인정하면서, 배타적 교섭권 방식의 교섭창구 단일화를 주장했다. 이러한 자본의 입장을 반영한 '교섭창구 단일화'가 1997년 노동법 개정에서 기업 단위 복수노조 금지조항 폐지의 전제로 명문화된 것이다.

기업 단위 복수노조 유보가 부른 폐해

법 개정으로 기업 단위 복수노조가 허용됐으나 시행이 유보된 가운데 피해사례[7]가 속출했다.

노동부의 조직 대상과 관련한 부당한 행정해석으로 단결권이 침해받았다. 기존 정규직 노조가 규약으로는 비정규직 노동자들까지 조직 대상으로 하면서도 실제로는 가입을 거부하거나 단체협약(아래 '단협') 적용 대상에서 제외했기 때문이다. 이렇게 비정규직 노동자들의 단결권이 원천적으로 봉쇄당하는 경우가 발생했다. 법 개정 이전에도 대법원 판례는 "단순히 규약의 조직 대상에 관한 형식적인 규정 내용만을 기준으로 해서는 안 되고 그 규약이 정하고 있는 조직 형태와 실제 노조 구성원들의 실체와 구성 범위 등을 고려해 기존 노조와 신설 노조의 조직 대상 동일성 문제를 판단한다"[8]고

7 권두섭 민주노총 변호사, '자주적 단결권 침해사례 발표', 제111주년 노동절기념 민주노총 정책토론회 '복수노조 금지조항 5년 유예의 문제점'(2001년 4월 27일).

8 대법원 1993.5.25. 선고 92누14007 판결.

명시했다. 하지만 노동부는 해석을 달리했다.

예컨대 쉐라톤워커힐호텔 외부사업부 명월관노조 구성원들은 모두 계약직이었다. 정규직들로 구성된 워커힐노조는 단협에서 이들의 조합원 자격을 배제했다. 명월관노조는 1999년 11월 12일 광진구청에 설립 신고를 냈으나 복수노조에 해당한다며 반려됐다. 워커힐노조에 규약 변경 또는 조합원 가입 허용을 요청했으나 역시 거절당했다. 이렇게 조합원 가입이 어려운 상황인데도 노동부는 "단협 적용 대상이라 노조 건설이 어렵다"고만 답했다. 광진구청에 규약 시정명령도 요청해 봤지만 역시 거절당했다.

이런 일은 정규직 4만 명, 비정규직 1만 명으로 구성돼 있던 한국통신(현 'KT')에서도 벌어졌다. 한국통신계약직노조가 2000년 4월 4일 설립 신고를 냈지만 이미 노조가 있다는 이유로 반려됐다. 한국통신(정규직)노조는 근로조건 차이 등을 이유로 계약직의 노조 가입을 거부했다. 결국 기존 정규직노조가 규약을 개정해 계약직 노동자들을 조직 대상에서 제외하고서야 설립 신고필증을 받게 됐다.

노동부는 '하나의 사업 또는 사업장에 노조가 조직돼 있는 경우'를 기업 단위 노조와 초기업 단위 노조 사이에도 적용해서 노동자들의 피해를 키웠다. 노동부는 "기업별 노동조합뿐 아니라 지역별, 직종별, 산업별 단위 노조가 있는 사업 또는 사업장에 노조의 조직(지부, 분회 등)을 두고 있거나 조합원으로 가입시키고 있는 경우"도 복수노조에 해당하므로 새로 노조를 설립하거나 다른 노조에 가입할 수 없다고 해석했다. 하지만 서울행정법원은 "1997년 복수노조 금지 규정 개정 취지에 비춰볼 때 현행 노조법 부칙 제5조 1항은 구 노조법상의 복수노조 금지 원칙을 하나의 사업 또는 사업장 단위에서만 한시적이나마 그대로 유지하고자 하는 것일 뿐 금지의 정도를 강화하려는 것은 아니"라고 판시[9]해 노동부 행정해석이 틀렸음을 분명히 했다. 대법원도 여러 판례에서 복수노조는 기존 노조와 조직 형태가 같은 경우라고 판단했다.[10] 결국 노동부 행정해석이 복수노조 금지를 법 개정 전보다 강화하는 결과를 가져온 셈이다.

대표적 사례가 전국운송하역노조 신선대·우암지부다. 부산 신선대와 우암 컨테이너터미널 노동자들은 1999년 12월 9일 항운노조(한국노총)를 탈퇴하고 민주노총 전국운송하역노조에 가입해 지부를 설립했다. 곧바로 회사에 단체교섭을 요구했으나 거부당했다. 노동부는 항운노조 연락소가 조직돼 있으므로 새로운 노조에 가입할 수 없다고 답했다. 부산지법이 복수노조에 해당하지 않는다고 선고했지만, 회사는 법원 판결을 무시한 채 노동부 행정해석을 근거로 교섭을 거부했다. 항운노조는 폭력을 동원해 운송하역노조에 가입한 노동자들의 투쟁을 진압했다.

'유령노조'로 인한 피해도 컸다. 유령노조는 노동조합으로 등록만 해놓고 실제로는 노조의 기본적인 활동을 하지 않는 노조를 이른다. 이런 이유로 민주노조를 만들기 위해서는 '007작전'을 펴야 했다. 노조 설립을 준비하고 있다는 기밀이 누설되면 회사가 어느

---

9 서울행정법원 2000.6.29. 선고 2000구9860 판결.

10 대법원 2000.2.25. 선고 98두8988 판결.

순간 사람을 동원해 먼저 노조 설립 신고를 해버리기 때문이다. '삼성'이 대표적이다.

삼성에스원 노동자들은 2000년 5월 24일 비밀리에 노조를 만들어 설립 신고를 냈으나, 20분 전에 다른 노조가 신고필증을 받아간 사실을 알게 됐다. 삼성코닝에서 분사된 아텍엔지니어링 노동자들도 2000년 11월 4일 노조창립총회 후 15일 수원시청에 설립 신고를 내러 갔다. 하지만 대기하고 있던 회사 간부들이 가로막아 실랑이하는 사이 사측이 5분 먼저 노조 설립신고서를 제출해 버렸다. 삼성은 노조 설립 움직임이 감지되면 주체들을 납치, 회유, 폭행, 해고 등으로 짓밟았다. 그리고 자신들이 먼저 설립 신고하는 방식으로 자율적인 노조 설립을 막아 온 사실로 유명하다. 그렇게 만들어진 노조는 거의 다 서류로만 존재할 뿐 활동하지 않는 '유령노조'들이다.

노조 민주화를 추진하는 노동자들 역시 단결권을 침해당하는 피해가 컸다. 민주화 이전 3중 간선제로 위원장을 선출했던 철도를 비롯해 버스·택시 사업장 노조들은 회사와 결탁해 비리를 저지르며 기득권을 누렸다. 노조 집행부들은 민주파 조합원에 대한 제명이나 권리 제한을 넘어 폭력도 서슴지 않았다.

교섭창구 단일화를 둘러싼 기나긴 공방

법을 개정하고 시행을 유보한 기업 단위 복수노조 허용과 노조 전임자 임금 지급 금지 문제는 노사관계의 최대 쟁점으로 장기간 갈등을 빚었다. 김대중 정권이 출범하고 1998년 6월 3일, 2기 노사정위원회가 출범했으나 파행이 계속돼 논의는 공전만 거듭했다. 노동계가 불참한 가운데 1999년 12월 29일 공익위원 안을 바탕으로 정부가 노조법 개정안을 제출했지만 노사 모두 반대함에 따라 국회 회기가 만료되면서 개정안도 폐기됐다.

한국노총이 노사정위원회 복귀를 선언하면서 2000년 3월 28일 논의가 다시 진행돼 공익위원 안이 마련됐다. 2001년 2월 9일 노사정위원회 상무위원회는 준비 기간이 필요하다는 이유로 다시 유예에 합의했다. 이에 따라 2001년 3월 28일 의원입법(새천년민주당 이상수 의원) 형식으로 노조법을 개정하고 2006년 12월 31일까지 시행을 유예(2차)했다.

김대중 정권 말기인 2003년부터 2006년 노무현 정권에 이르기까지 노사관계제도선진화연구위원회와 노사정대표자회의에서 논의는 지지부진하게 계속됐다. 2006년 9월 2일 정부는 노사정대표자회의에서 한국노총, 경총, 대한상의와 유예에 합의했다. 민주노총의 반대 속에 같은 해 12월 30일 노조법을 개정하고 2009년 12월 31일까지 시행을 또다시 유예(3차)했다. 단, 기업 단위 복수노조 허용 시 혼란을 최소화할 방안과 노동조합 스스로 전임자 급여를 부담할 재정자립방안을 논의하기로 했다.

2008년 10월부터 노사관계제도선진화연구위원회, 2009년 8월부터 노사정위 상무위원회를 가동했다. 10월 8일 한국노총은 노사정위원회 불참을 선언하면서 노동부·노사정위원회·민주노총·경총·대한상의가 참여하는 6자 대표자 회의를 제안했다. 11월 25일, 2010년부터 시행되는 복수노조 허용과 노조 전임자 임금 지급 문제를 협의하기 위해 만난 6개 단위 대표자가 최종담판을 벌였으나 합의점을 찾지 못하고 결렬을 선언했다.

노동계는 현행 노조법 자체에 문제가 있는 만큼 전임자 임금 지급 금지조항을 삭제하고 기업별 복수노조를 허용하되 교섭창구 단일화를 의무화해서는 안 된다고 주장했다. 민주노총과 한국노총은 연대 총파업 배수진을 치고 합의 결렬 뒤 대응 투쟁에 나서는 듯했다. 그러나 한국노총은 다음 달인 12월 4일에 경총·노동부와 복수노조를 2년 6개월 유예하고 노조 전임자 임금 지급은 2010년 7월부터 금지하는 데 합의하고 말았다.

곧바로 정부와 한나라당은 관련 법 개정을 추진했다. 민주노총은 노동조합의 자주적 단결권을 침해하는 사실상의 개악안이라며 반발했다. 교섭창구 단일화가 의무화되면 조합원 수가 많은 노조가 교섭권을 독점하고 소수노조는 사실상 교섭력을 잃을 게 불 보듯 뻔했기 때문이다. 국회 입법조사처 역시 "일률적으로 교섭창구 단일화를 의무화하는 것은 노동자와 노조의 기본권을 제한하는 만큼 위헌 소지가 있다"는 의견을 냈다.

그러나 비극의 씨앗을 품은 노조법 개정안은 12월 31일 국회 환경노동위원회 의결을 거쳐 2010년 1월 1일 새벽, 여야 간 극한 대치 속에 결국 본회의를 통과했다. 민주노총은 '노사관계를 역행하는 날치기법'이라고 반발했다. 개정 노조법(이른바 '추미애법')[11]은 복수노조 설립 허용과 함께 과반수 노조에 의한 교섭창구 단일화 방안을 도입했다. 그리고 당초 유예기간보다 1년 앞당겨 2011년 7월부터 시행하게 됐다.

2010년 7월부터 전임자 급여금지제도 및 타임오프(근로시간 면제) 한도 제한이 먼저 시행됐다. 노동조합은 2010년 7월 이전에 체결한 단협을 통해 종전의 전임자 수준을 보장받고자 했다. 반면 사용자는 이후 시행될 타임오프 한도를 근거로 전임자 수준을 낮추려고 했다. 현장마다 격렬한 노사갈등이 벌어졌다. 특히 노동부는 2010년 7월 이전에 체결된 단협이 타임오프 한도를 초과하는 전임자를 보장할 경우, 단협 시정명령을 내리면서 노동조합에 대한 직접적인 규율과 통제를 시작했다. 정부와 사용자가 기존 노사 관행

---

11 추미애(민주당) 환경노동위원회 위원장은 한나라당 의원 8명만 참가시키고 회의장 문을 걸어 잠근 채 표결을 강행해 자신이 제시한 중재안을 뼈대로 한 노조법 개정안을 통과시켰다.

을 깨뜨리고 법이 정한 타임오프 최대한도를 넘지 못하도록 강제하는 전략을 추진한 것이다.

이 과정에서 노동부는 전임자뿐 아니라 노동조합에 대한 편의 제공 일체에 대해 부당노동행위를 단속한다는 이유로 노동조합 활동 전반을 전수조사했다. 노조 활동을 위축시키는 지배개입이다. 노동부는 사용자들에게 노동조합에 대한 편의 제공은 부당노동행위에 해당하므로 중단하라는 시정지시를 내렸다. 사용자는 이를 노조 활동을 탄압하고 공격하는 근거로 활용했다.

이명박, 노동법 개악으로 '노조파괴' 정책 완성

2008년 미국에서 시작된 금융위기가 세계공황으로 치달으며 한국 경제 역시 급격하게 침체국면에 들어갔다. 이명박 정부는 경제 살리기라는 구실로 자본의 위기와 책임을 노동자에게 전가하고, 경제 파탄의 주범인 자본 살리기를 본격화했다. 각종 규제 완화, 감세 정책 등 특혜로 자본에 이윤을 보장했다. 반면 노동자에게 해고, 임금 삭감, 복지축소, 비정규직 확대 등으로 위기의 책임을 떠넘겼다.

대표적인 정책이 '공공기관 선진화'다. 표현과 달리 실상은 '공공부문 구조조정 전면화'였다. 이명박 정권은 출범 첫해인 2008년 7월 공기업 선진화 추진 원칙을 발표했다. 2008년 8월 11일 1차 방안을 내놓기 시작해 2009년 3월 31일까지 6차례에 걸쳐 공공기관 선진화 추진계획을 쏟아냈다. 이에 따라 24개 공공기관에 대해 사유화와 지분 매각이 결정됐다. 41개 공공기관이 16개 기관으로 통폐합됐다. 4대 보험 징수가 통합[12]됐고, 가스산업 경쟁 도입 등 기능조정이 결정됐다.

사유화, 통폐합, 기능조정에서 제외된 기관에서는 대규모 인력·예산 감축이라는 '경영효율화'가 추진됐다. 129개 공공기관에서 12.7%에 달하는 22,000명의 정원이 감축됐다. 252개 공공기관에서 보수 규정을 개정해 대졸 신입사원 초임을 삭감했다.

6차 공공기관 선진화 방안에서는 성과연봉제, 노동유연성 확보가 가능한 임금피크제, 성과부진자 퇴출 프로그램 도입 등 강도 높은 구조조정을 요구했다. 공공기관 노동자의 노동조건 전반에 심대한 영향을 주는 사안들이라 현행법상 반드시 노동조합과 합의로 진행해야 함에도 노동조합의 의견을 반영하는 통로는 전혀 없었다.

기획재정부는 이 과정에서 '노사관계 선진화'를 위해 정부 각 부처에 소속 공공기관의 단협 개정 현황을 월 단위로 점검해 제출하라는 공문을 내리기도 했다. 공공기관의 단협 개정 현황을 인사·경영권, 노조 활동, 임금·복리후생, 단체교섭 및 노동쟁의 등으로 분류해 개정 전후 대비표까지 작성해서 제출토록 했다. 헌법에 보장된 노동3권을 침해하는 이러한 지침 때문에 회사가 자신들이 저지른 '불법·부당노동행위'를 '성과'로 포장해 제출하는 상황까지 벌어졌다.

이명박은 공공연하게 '공공기관 선진화'의 핵심은 '노조 무력화'라는 사실을 명확하게 드러냈다. 기관장들에게 "노조와 잘 지내 임기를 채우는 게 용납되던 시대는 이미 지나갔다. (중략)··· 그렇게 할

---

12 당시 관련 노조들은 '4대 사회보험 징수통합 결사 저지를 위한 공동투쟁본부'를 구성해 "국민공공성 강화와 사회보장성 확대가 없는 징수통합은 재고돼야 한다"며 노조와 협의조차 없이 졸속으로 추진하는 것에 대해 강력히 반대했다.

자신이 없는 기관장은 그 자리에서 떠나야 한다"(2008년 12월 30일 34개 주요 공공기관장과 회의), "길거리에 나오고 반정부적인 벽보를 붙이고 이러한 공직자는 공직자로서 자격이 없다"(2009년 4월 18일 공공기관 선진화 워크숍), "공기업 노조가 파업하는 것은 국민이 이해하기 힘들고, 이해해서도 안 되며, (철도노동자들의 파업에 대해) 적당히 타협하고 가서는 안 된다"(2009년 11월 28일 공공기관 선진화 워크숍)라고 강조했다. 이렇듯 이명박이 직접 공공기관 기관장들을 모아놓고 여러 차례 진행한 워크숍은 이후 공공기관 노사관계를 파국으로 치닫게 했다.

공공부문 노사관계를 파행으로 몰면서 이에 반대하는 공공부문 노동자들의 투쟁에는 법을 초월하는 탄압으로 대응했다. 2009년 철도노조의 파업에 대통령이 앞장서서 파업 파괴를 선동하는 등 국제사회의 조롱거리가 될 일들이 벌어졌다. 필수업무 유지제도를 전제로 한 합법 파업조차도 용납하지 않겠다는 초법적 발상이었다. 그 결과는 169명 해고, 946명 직위해제, 199명 고소·고발, 15명에 대한 체포영장 발부, 70여억 원 손해배상 청구 등 국가권력을 앞세운 대대적인 탄압으로 드러났다.

가스·발전 등에서도 일방적인 단협 해지에 반발한 노동자들의 정당한 쟁의행위가 경영진의 부당노동행위로 차단당했다. 2002년에 국가기간산업 민영화 정책 철회를 요구하며 38일 파업을 전개했던 발전노조가 이번에도 정부 정책에 직격탄을 맞았다. 발전노조 파괴 공작은 2009년부터 청와대, 지식경제부(현 산업통상자원부), 경찰 등 정권 차원에서 본격적으로 기획됐다. 단체협약이 해지됐고 간부들은 표적 해고됐다. 발전노조 탈퇴와 기업별 노조 설립을 위해 강제 발령, 승진 기회 박탈, 인사고과 차별, 개별 불이익 협박 등 온갖 수단이 동원됐다. 인사권과 경영권을 총동원한 공작은 발전노조 파괴와 회사 노조의 설립으로 이어졌다. 회사의 협박과 탄압을 이기지 못한 많은 조합원이 발전노조를 개별탈퇴했다.

이처럼 이명박 정부는 2008년 임기를 시작하자마자 노동 탄압은 물론 4대강 정비사업, 일제고사 재강행, 의료 민영화, 미디어법 개악 등을 밀어붙이며 독주했다. 2009년 전국에서 민주주의 훼손을 우려하는 시국 선언이 벌어졌다. 6월 전교조와 공무원노조도 시국 선언에 나섰다. 정부는 이들 노조원에 대한 대량징계를 시작으로 공무원노조 설립 신고를 반려하고 지부 사무실을 폐쇄하는 등 목을 조였다.

2009년 5월 화물노동자였던 박종태의 죽음은 화물·건설 등 특수고용직 노동자에 대한 정권과 자본의 악랄한 착취와 탄압, 노동권 부정 등의 정책이 빚어낸 타살이었다. 그러나 정권은 도리어 5월 16일 노동자 생존권을 보장하라며 박종태 열사 투쟁에 나선 노동자 457명을 연행했다. 150여 명이 다쳤고, 화물연대 지도부를 포함한 60여 명에 대한 구속영장이 청구됐다.

같은 해 5월 쌍용차 노동자들이 2,646명 정리해고에 파업으로 맞서자 정부는 국가권력의 본질을 고스란히 드러냈다. 공장 원천 봉쇄는 물론이고 물과 식량 반입조차 금지했다. 파업 현장에서 살상용 무기를 사용하고, 매일 수십 개의 최루액 봉지를 투척했다. 밤에는 헬기 저공비행으로 소음을 발생시켜 노동자들을 극한으로 몰아가 고립시켰다. 77일 파업이 폭력으로 진압된 뒤 농성자 전원이 경찰 수사를 받았고, 70여 명이 구속됐다. 상처는 고스란히 이어져 2024년 현재까지 30여 명의 해고노동자가 목숨을 잃었다.

폭주하던 이명박 정부는 그해 말 '노동법 개악'으로 민주노조 죽이기와 노동자 단결권 제약을 위한 발판을 완성했다. 민주노총을 배제한 채 한국노총과 손잡고, 그리고 야당 소속인 추미애 환경노동위원장의 협조까지 얻어 교섭창구 강제적 단일화 제도를 법제화한 것이다. 복수노조 교섭창구 단일화로 노동조합의 교섭권과 파업권을 유명무실하게 만들었고, 전임자 급여 지급 금지로 노동조합 활동을 자본의 관리와 통제 아래 두겠다는 속셈을 관철했다.

기어코 '교섭창구 단일화'를 전제로 한 복수노조 도입을 강행한 이명박 정권은 시작부터 이미 반노동 정책 기조를 분명히 했다. 이명박 정부의 노동정책은 '친기업주의'에 입각해 신자유주의 유연화 공세를 전면화하는 것이었다. 집권 기간 내내 노동자의 경제·사회·정치적 권리 제한, 노조 활동 탄압 등 각종 반노동자적 행위를 거침없이 이어갔다. 그 핵심에 바로 공공과 민간을 가리지 않는 노동조합 활동 무력화, 나아가 '노조파괴'가 있다.

자본과 지배권력은 모래알처럼 흩어진 개별노동자를 상대해야 통제와 착취가 손쉽다. 노동자를 이윤 극대화의 도구로만 바라보기 때문이다. 노동자들이 조직적으로 뭉치기 시작하면 이야기가 달라진다. 노동조합은 사업장마다 지역마다 산업마다, 그리고 전체가 '하나'로 단결해 투쟁을 이어가는 조직이다. 따라서 노동조합이라는 조직을 깨뜨리려고 하는 건 자본가의 본성이다. 분열을 조장하고 통제, 폭압과 불법을 불사하며 노동조합을 탄압하는 이유다.

그래서 노동조합의 역사는 탄압에 맞선 투쟁의 역사다. 그런데 교섭창구 단일화를 전제로 한 복수노조가 도입됐다. 자본이 자신의 본성을 관철할 수 있는 유력한 무기가 합법적으로 등장한 것이다. 노조에 대한 탄압, '노조파괴'는 이전에도 기획됐고 그 방식 또한 폭력적이었다. 그런데 이명박 정권이 '나쁜 법'을 도입하면서 이전까지와는 결을 달리하는 '노조파괴'가 본격화됐다. '비즈니스 프렌들리'를 표방하는 이명박 정권이 들어서고, 노조를 보호하기 위해 만들어진 노조법마저 사용자에게 유리하게 작동하는 틈을 비집고 들어온 것이 바로 '노조파괴 공작'이다.

노조파괴는 2010년 노조법 개정 이후 기승을 부렸다. 이명박 정부에서 두드러진 현상이다. 파업 현장 폭력 사태로 논란이 된 경호업체 '컨텍터스'는 이명박 정권 5년간 파업 현장을 누비며 크게 성장했다. 그리고 복수노조 교섭창구 단일화 제도를 노조파괴의 수단으로 사용할 수 있게 되면서, 전문적으로 기업들에 '노조 깨는 방법'을 자문해 주는 노무법인이 생겨났다. 직업윤리는 팽개친 채 노조파괴 컨설팅을 일삼는 노무법인이 득세했다. 개중 가장 대표적인 게 창조컨설팅이다. 창조컨설팅은 노조파괴에 몰두한 정부와 그 정부가 도입한 교섭창구 단일화 제도가 키워낸 괴물이었다.

마침내 공작의 실체가 드러나다

이명박의 임기가 끝나가던 2012년 말, 공작의 실체가 드러났다. 공공연한 소문으로 나돌던 '노무법인 창조컨설팅'(아래 '창조컨설팅')의 민주노조 파괴 공작 개입 의혹이 2012년 국정감사에서 사실로 확인됐다. 창조컨설팅은 2012년까지 7년 동안 168개 회사와 노사관계 계약을 맺은 뒤 민주노조를 무너뜨리는 데 관여했다.

특히 2011년 복수노조가 허용되자 창조컨설팅은 황금기를 맞았다. 친기업성향의 노조를 설립하는 등 각종 부당노동행위를 저질렀다. 민주노조가 있는 경우 민주노총을 탈퇴시키거나 조합원 수를 줄여주는 대가로 '성공보수'까지 챙겼다. 창조컨설팅은 노조파괴로 적어도 83억 원을 벌었다.

창조컨설팅은 심종두가 2003년 1월에 설립했다. 심종두는 한국경영자총협회(경총)에서 13년간 노사대책팀장, 법제팀장 등으로 근무했다. 공인노무사가 된 뒤에는 금속노조의 교섭 상대인 금속사용자협의회와 보건의료노조의 교섭 상대인 병원사용자협의회의 교섭 대표를 맡는 등 사용자쪽 이익을 대변하는 자리에서 활동했다. 창조컨설팅을 설립한 뒤 노동청 근로감독관, 노동위원회 조사관 출신 김주목을 '전무'로 영입해 본격적으로 '노조파괴' 컨설팅을 추진했다. 김주목이 창조컨설팅에서 일하기 시작한 뒤 중앙노동위에 배정된 사건 중 창조컨설팅이 담당한 16건 가운데 12건이 사측에 유리하게 결정됐다. 2012년 5월 말에는 경남지방노동위원회 위원장을 하다 퇴직한 노무사도 창조컨설팅에 합류했다.

2011년 유성기업에서 폭력 사태를 일으켜 허가가 취소됐던 용역업체 씨제이(CJ)씨큐리티도 창조컨설팅과 관계가 있었다. 대표 심종두가 2009~2010년 교수로 활동한 고용노동부 선진노사관계 전문가 육성 과정에 CJ씨큐리티 현장팀장이 참여했다. 같은 기간 당시 서울지방노동위원회 심판과장과 광명성애병원 노무팀장도 이 과정을 수강했다. CJ씨큐리티 팀장이 유성기업 아산공장에 흘린 수첩에도 "2011년 1월 창조 방문, 2월 창조 회의, 5월 15일 스승님(심종두) 문안" 등의 내용이 기록돼 있었다. CJ씨큐리티의 이니셜 CJ가 '창조'를 뜻한다는 말이 돌기도 했다.

창조컨설팅은 일반적인 노무사 또는 노무법인과는 달리 노동조합 무력화와 와해가 주 업무였다. 온갖 수단과 방법을 가리지 않고 기필코 자신들의 목표를 달성하는 것으로 악명이 높았다.

이 과정에서 불법행위를 자행했다. △노조 조합원 성향 분석 △키맨(사내동문회장·향우회장·동아리장·계장) 포섭을 위한 조합원 분류작업 △조합원 일일 관찰일지 작성 △노조 활동 개입 △직장폐쇄 기간에 키맨을 활용해 조합원을 복귀시키고, 이들 중심으로 회사에 협조적인 노조 설립 △회사에 협조적인 새 위원장 선정 △노조 설립 시점 조정 △조합원 총회 시나리오 제작, 이 모든 일을 창조컨설팅이 맡았다. 명백한 '노조 활동에 대한 지배·개입'으로 부당노동행위다.

창조컨설팅의 노조 파괴행위는 비열하기 짝이 없었다. 기업마다 여러 수법을 사용했지만, 요약해 보면 대체로 비슷한 흐름이다. 창조컨설팅의 자문에 따라 회사가 일방적으로 직원 일부를 해고하거나 단체협약을 일방적으로 해지한다. 노조가 항의하며 파업 등의 쟁의행위를 한다. 사측은 직장폐쇄를 진행하고 경비용역업체를 불러 노조원의 출입을 막는다. 한편으로는 노조원들을 징계하고 손해배상을 청구한다. '강성'인 노조 집행부와 일반 조합원을 분리한다. 회사에 우호적인 노조를 만든다. 조합원들이 기존 노조에서 탈퇴해 친기업성향 노조에 가입하도록 유도한다.

창조컨설팅은 2006년부터 2012년 기간에 KT, KTis, LH공사, 서울메트로, 대한항공, 한국공항공사, 한국방송광고공사, 한남여객운수, KBS, 예금보험공사, 대신증권, 골든브릿지증권, 하나은행, 풀무원, 순천광양축협, 형지어패럴, 푸른기술, 동방산업, 모두투어, 한일시멘트, 재능교육, 이랜드, 영남대의료원, 이화의료원, 성남인하병원, 아주대의료원, 광명성애병원, 서울성애병원, 연세대의료원, 순천향병원, 시지노인전문병원, 현대제철, 한국지엠, STX조선해양, 현대삼호중공업, 동우화인켐, 현대하이스코, 현대모비스, 다이모스, 깁스코리아, 다스, 유성기업, 한진중공업, 상신브레이크, 에스제이엠, 보쉬전장, 발레오전장, 대림자동차, 만도, 풍산마이크로텍, 콘티넨탈 등 168개 사업장과 노조파괴 컨설팅 계약을 체결했다. 그리고 수많은 민주노조를 파괴했다.

창조컨설팅이 2011년 4월에 작성한 '노사관계 안정화 컨설팅 제안서'에는 창조컨설팅이 개입해 민주노조가 무력화된 민주노총 12개 사업장 명단이 적혀 있었다. 창조컨설팅이 개입한 노사관계는 그야말로 파괴적이었다. 컨설팅 진행 결과 상신브레이크지회[13]와 대림자동차지회[14]가 금속노조를 탈퇴하도록 만들어 결국 민주노조 깃발을 내리게 했다. 성애병원지부와 레이크사이드지회는 아예 노조 해산이라는 치명적 결말을 보았다. 캡스(1,800→20명), 영남대병원(1,200→60명), 동우화인켐(420→0명), 동아대의료원(900→200명) 등에서 민주노조 조합원 대량탈퇴 공작도 자행됐다. 유성기업, 보쉬전장, 콘티넨탈, 발레오전장, 만도, 한진중공업 등 많은 사업장에서 복수노조를 이용한 노조 탄압과 차별이 현장을 송두리째 망가뜨렸다.

노조파괴 공작의 실체가 드러난 뒤 2014년 4월 15일, 창조컨설팅과 노조파괴 협의를 받는 사업주들 간의 2010년 1월부터 2012년 8월까지 3개 은행(11개 계좌) 금융거래 내역이 공개됐다.

---

13 대법원은 2016년 3월, 창조컨설팅에 의한 노조파괴 사업장 가운데 최초로 상신브레이크 사측의 파업 방해 행위에 대해 부당노동행위로 인정해 유죄를 확정했다. 다음 해 2017년 4월, 대법원은 해고노동자 5명 가운데 4명의 부당해고를 인정, 복직시키라는 원심을 확정했다.

14 해고노동자 2명이 금속노조 조합원 자격을 유지하다 2015년 부당해고 소송에서 최종 승소함에 따라 복직, 3월에 다시 금속노조 대림자동차지회를 설립했다.

창조컨설팅은 이 기간에 유성기업 16억 8,500만, 한진중공업 10억 3,400만, 상신브레이크 9억 2,800만, 보쉬전장 8억 4,300만, 만도 4억 4,500만, 발레오전장 4억 400만, 콘티넨탈오토모티브일렉트로닉스 2억 9,200만, 에스제이엠 2억 2,000만, 대림자동차 8,910만, 풍산마이크로텍 1억 1,638만 원 등 23개 기업으로부터 82억 4,500만 원을 받은 것으로 확인됐다. 노조파괴 계약 기간 매월 3,000~6,000만 원의 노조파괴 자문료 외에 민주노조 탈퇴와 조합원 대량탈퇴 등의 경우 1억 원 안팎의 성공보수도 따로 챙겼다. 그리고 노동자들에게는 584억여 원의 손배·가압류를 남겼다.

한편 3개 금융기관이 이 자료를 법원에 제출했을 때는 2013년 6월이다. 고용노동부가 2012년 10월 창조컨설팅 설립인가와 대표의 노무사 자격 등록을 취소하자 심종두가 징계를 철회해 달라며 진행한 행정소송 과정에서다. 사건 피고였던 고용노동부와 수사 결과를 넘겨받은 검찰 모두 '성공보수'를 의심할 자료를 애초부터 가지고 있었다는 뜻이다. 그런데도 검찰은 2013년 말 노조파괴 혐의를 받고 있던 사업주들을 대거 '증거불충분'으로 불기소했다. 검찰과 고용노동부가 자료를 고의로 숨겼다는 것 외에는 설명하기 어렵다.

금속노조는 2014년 4월 15일 자료를 공개하며 노조파괴 부당노동행위 사건의 검찰 재수사를 촉구했다. 금속노조는 검찰이 이러한 중요한 증거를 수사에서 빠뜨리고 불기소 처분을 내린 만큼 재수사를 통해 진실을 밝혀야 한다고 주장했다.

한편 2012년 9월 노조파괴 공작이 드러나자 노동부는 10월 19일 부당노동행위를 지도·상담하고 자료 제출 요구를 거부한 창조컨

창조컨설팅에 대한 엄벌을 촉구하는 노조파괴 피해자들.

설팅의 설립인가를 취소했다. 심종두와 김주목의 공인노무사 등록도 취소했다.

그러나 창조컨설팅의 범죄에 대한 심판은 가장 늦게, 가장 무르게 이루어졌다. 노무사 자격이 취소됐던 심종두는 2014년 7월 21일 고등법원 징계무효소송에서 승소, 노무사 자격을 회복했다. 그리고 경영지도사 자격을 활용해 같은 해 10월 '글로벌'이라는 이름의 경영컨설팅 회사를 설립했다.

노조파괴 공작이 드러나자마자 금속노조는 창조컨설팅과 심종두·김주목을 노조법 위반 혐의로 검찰에 고발했다. 노조파괴 범죄에 대한 수사와 처벌은 지지부진했다. 이후 노조파괴 사업장 사업주들에 대한 재판이 열리고 유죄판결이 나오기 시작하자 검찰은 떠밀리다시피 2015년 6월 26일 이들을 불구속으로 기소했다. 사업주들의 부당노동행위를 방조한 혐의다. 당국의 비호 속에 심종두는 2016년 7월에 버젓이 '글로벌 원'이라는 새로운 노무법인을 설립했다.

심종두와 김주목은 범죄가 드러난 지 6년 만인 2018년 8월 23일에야 서울남부지법에서 징역 1년 2월을 선고받고 법정 구속됐다. 창조컨설팅 법인에는 벌금 2천만 원이 부과됐다. 그러나 심종두는 11월 27일 '건강상의 이유'를 핑계로 구속집행 정지를 신청해 석방됐다. 항소심(2019년 3월 21일)에 이어 대법원(2019년 8월 29일)에서도 1심 판결이 유지됐지만 창조컨설팅에 대한 벌금은 파기 환송됐다.

한국 자본주의의 역사는 자본의 무한 착취를 위해 노동3권을 짓밟아 온 역사다. 창조컨설팅이 개입한 노조파괴가 이러한 역사의 한 장을 차지하고 있다. 창조컨설팅 개입으로 빚어진 노조 해산, 친기업성향 노조 설립, 조합원 탈퇴, 해고와 구속 등의 헤아릴 수 없는 고통은 회복되지 않고 있다. 소수노조로 내몰린 민주노조들은 온갖 탄압과 차별로 고통받고 있다. 창조컨설팅은 해산됐지만 '노조파괴 시나리오'는 남았다.

자본이 창조컨설팅의 노조파괴 시나리오를 적극적으로 도입하는 이유는 민주노조 활동의 위축과 그에 따른 반사 이익으로 친기업성향 노조의 번성을 꾀할 수 있기 때문이다. 책임을 묻더라도 '노-노 갈등' 탓으로 돌리면 간편하다. 윤석열 정권 들어서며 노조

혐오 정서가 더욱 극심해진 한국 사회에서 창조컨설팅의 노조파괴 수법은 많은 기업이 공유하는 유산으로 남았다.

그럼에도 중요한 것은 민주노조를 지키기 위한 투쟁은 한 번도 멈춘 적이 없다는 사실이다. 유성기업에서도 노조파괴에 가담한 자들에 대한 관계기관의 묵인과 방조가 장기간 이어졌지만, 민주노조의 집요한 문제 제기와 투쟁 끝에 진상규명과 원상회복, 책임자 처벌을 이뤄낼 수 있었다.

이처럼 노동자들의 조직력과 투쟁 없이는 노동자들의 권리를 지킬 수 없다. 소수노조로 내몰려 탄압과 차별로 고통받는 사업장, 심지어는 민주노조의 깃발이 꺾여 버린 사업장에서도 다시 민주노조의 깃발을 세우기 위한 투쟁을 포기하지 않는 이유다.

'교섭창구 단일화'라는 독(毒)

복수노조 허용은 노동조합의 자주적 단결권 확대라는 관점에서 지극히 당연한 제도다. 노동조합의 조직력 확대에도 부합한다. 국제사회와 노동계가 꾸준하게 허용할 것을 요구한 것도 이런 이유다. 노동조합의 자유로운 설립과 운영을 보장하는 '기업 단위 복수노조 허용'은 1987년 노동자 대투쟁 이후 조직적 단결을 일궈가는 민주노조 진영의 절박한 과제였다.

노동자들의 투쟁으로 복수노조가 2011년 7월부터 시행됐다. 그런데 제도 도입 과정에서 논의가 어긋났다. 마지못해 기업 단위 복수노조 허용을 받아들인 자본의 요구를 반영, 사용자의 교섭비용만을 고려하면서 승자독식 방식의 교섭창구 단일화 제도가 도입됐기 때문이다. 기대는 우려로 바뀌었다.

법 개정 당시 노동계는 기업별 복수노조를 허용하되 교섭창구 단일화를 의무화해서는 안 된다고 주장했다. 교섭창구 단일화가 의무화되면 조합원 수가 많은 노조에서 교섭권을 독점할 우려가 예상

됐기 때문이다. 노동권의 핵심인 교섭권이 회사에 유리하게 재편될 것이 불 보듯 뻔했다.

게다가 노동부는 법을 시행하자마자 혼란을 자초했다. 노조법 부칙 제4조는 '이 법 시행일 이전 교섭 중인 노동조합'에 대해 교섭대표노조 지위를 인정하도록 경과규정을 두고 있었다. 그러나 노동부는 '이 법 시행일'을 법조문이 실제 시행되는 2011년 7월 1일이 아닌 법 규정이 신설된 2010년 1월 1일이라고 축소해석했다. 결국 교섭 중인 노동조합의 교섭을 사실상 방해했고, 쟁의조정과 쟁의권 행사까지 가로막았다. 그러나 대법원은 "노조법 부칙 제4조는 교섭 중인 노동조합이 법 시행으로 갑자기 교섭당사자의 지위를 상실하여 그때까지 진행된 단체교섭의 성과를 무위로 돌리고 새로이 교섭대표노동조합을 정해 단체교섭을 해야 하는 불이익과 혼란을 최소화하려는 데 입법 취지가 있으므로 '이 법 시행일'은 2011년 7월 1일로 보아야 한다."고 판시[15]해, 노동부의 행정해석이 잘못되었음을 확인했다.

그러나 이런 혼란은 시작에 지나지 않았다. 우려는 순식간에 현실로 닥쳤다. 복수노조가 시행되자마자 골머리를 앓는 민주노조들이 늘어났다. 복수노조 제도가 도리어 노동조합을 파괴하는 모순적인 상황이 벌어졌다. 이 제도는 우려했던 대로 노동자들의 노동조합 할 권리를 박탈하고 배제하는 수단이 됐다. 자본과 정권은 '교섭창구 단일화'라는 제도 악용을 넘어 한껏 활용하며 무수한 민주노

15 대법원 2012.11.12. 2012마858 결정.

조 파괴를 시도했다. 실제 많은 노조가 파괴돼 갔다.

노동부와 사용자는 친사용자 노조의 설립을 적극적으로 지원했다. 고용노동부의 '복수노조 설립 현황'에 따르면 2011년 7월 1일부터 2012년 1월 말까지 676개 노조가 설립됐는데, 복수노조 허용 이후 설립된 노조 10곳 중 3곳이 조합원의 과반수를 차지한 제1노조가 됐다. 사실상 친기업성향 노조가 설립된 것이다. 이런 양상은 주로 민주노조가 활성화됐거나 노사갈등이 격화된 사업장에서 두드러졌다. 민주노총 사업장에 새로 만들어진 노조의 52.1%(86개)가 과반수 노조 지위를 획득했다.

전적으로 사용자에게 유리하게 설계된 교섭창구 단일화 제도로 무수한 민주노조와 소속 조합원들이 고통받고 있다. 제도를 시행한 뒤로 현재까지 13년 동안 그 폐해는 이미 곳곳에서 현실로 증명됐다.

첫째, 교섭창구 단일화 제도는 사용자가 민주노조를 파괴하고 친기업성향 노조를 육성해 소수노조의 권리를 억압하는 도구로 변질됐다. 현행 제도는 단체교섭 방식을 노동기본권의 주체인 노동자와 노동조합이 자주적으로 결정할 수 없다. 사용자가 자신의 필요에 따라 일방적으로 결정할 수 있다. 개별교섭 동의권 등 교섭창구에 대한 선택권이 사용자에게 있기 때문이다. 사측은 친기업성향 노조가 다수일 때는 교섭창구 강제 단일화를 통해 민주노조의 교섭권과 쟁의권을 박탈한다. 반면 친기업성향 노조가 소수일 때는 개별교섭을 통해 임금, 복지, 성과금 등에서 민주노조보다 좋은 조건에 체결한다. 사용자로서는 회사쪽 노조가 과반이면 창구 단일화 절차를 택하면 되고, 민주노조가 과반이면 소수 어용노조를 만들어 자율교섭을 진행할 수 있다. 복수노조 제도가 민주노조에 오히려 불리하게 작동하는 양상이 뚜렷하다.

금속노조 사업장에는 2011년 7월부터 10월까지 12개 사업장에서 복수노조가 설립됐다. 대부분 투쟁 과정에서 단체협약 해지, 직장폐쇄, 해고 등을 겪었다. 그리고 새로 들어선 노조가 다수노조가 돼 교섭권을 갖게 됐다. 대표적 사례가 현대자동차 협력기업인 유성기업이다. 2011년 기업노조가 만들어졌지만 조합원의 다수를 차지하지는 못했다. 회사는 개별교섭으로 기업노조와 합의하고, 금속노조 유성기업지회와는 단협을 체결하지 않았다. 2012년 사측의 공략으로 관리직이 대거 가입해 기업노조가 과반수가 됐다. 사측은 이제 교섭창구 단일화 절차를 밟아 기업노조하고만 협상했다. 유성기업지회는 교섭력을 잃었다. 2014년 유성기업지회가 다시 조합원 과반을 확보하자 사측은 개별교섭으로 돌아섰다. 파카한일유압에서도 금속노조가 조합원 65명으로 기업노조(60명)보다 많아 교섭대표권을 행사할 수 있었다. 그러자 사측은 개별교섭을 통해 기업노조와 취업규칙 수준으로 대폭 후퇴한 단체협약을 체결한 뒤 금속노조에 비슷한 수준을 요구했다.

둘째, 소수노조 사업장은 헌법 제33조가 보장하는 노동3권을 보장받지 못한다. 자유로운 단결권 보장을 위한 복수노조 제도가 교섭창구 단일화 때문에 되려 교섭권과 쟁의권을 박탈하는 것이다. 조합원 수를 기준으로 구분해 교섭 대표노조를 통해서만 단체교섭을 할 수 있다. 민주노조가 설립되면 사용자가 현장에 개입해 제2,

제3 노조를 만들어 세를 불리는 것이 당연해졌다. 이렇게 해서 민주노조를 소수노조로 만들어 버린다.

친기업성향 노조가 교섭과 단체협약을 독점하게 되면 사용자가 나서지 않아도 부당노동행위 효과를 누릴 수 있다. 복잡한 교섭창구 단일화 절차[16]마다 법적 다툼을 하면 노조 활동을 무력화할 수 있다. 이처럼 제도가 오히려 무궁무진한 방법으로 갈등을 더욱 부추기고 민주노조를 탄압하는 범죄를 보장하거나 심지어 조장한다.

현행 노조법은 소수노조에 동등한 수준의 절차 참여권을 보장하기 위해 교섭 대표노조에 공정대표의무를 부과하고 있다. 이는 헌법이 부여하는 기본권의 본질적 내용이 침해되지 않도록 하는 장치다. 교섭 대표노조가 사용자와 체결한 단체협약의 효력이 소수노조에도 미치도록 하고, 교섭 대표노조에 배타적인 권한을 부여하는 교섭창구 단일화 제도의 위헌성을 제한하기 위한 것이다. 그러나 현실은 전혀 다르다. 소수노조가 교섭 대표노조의 명백한 절차상 공정대표의무 위반에 대해 재교섭 명령은커녕 향후 유사한 행위가 반복되지 않도록 하는 부작위 명령을 받아내기조차 절대 쉽지 않다.

복수노조 도입 당시 교섭창구 단일화 제도의 위헌성을 제기하자 정부는 '교섭 단위 분리'가 가능하다는 점을 주요 방어 논리로 내세웠다. 그러나 중앙노동위원회에 따르면 2011년 7월부터 12월까

16 노동조합의 교섭 요구, 사용자의 교섭 요구 사실 공고, 다른 노동조합의 참가 신청, 사용자의 교섭 요구 노동조합 확정 공고 및 통지, 교섭 요구 노동조합의 확정, 교섭 대표 노동조합 결정 등의 과정.

지 노동위에 접수된 교섭 단위 분리 신청 사건 21건 가운데 2012년 3월까지 19건이 처리됐는데 인정된 사건은 1건뿐이었다. 제도 시행 6개월 만에 노동계의 우려대로 '교섭 단위 분리 신청'은 실효성이 없다는 점을 증명한 셈이다.[17]

셋째, 기업별 교섭만을 기준으로 창구 단일화를 강제함으로써 산별교섭의 발전을 저해하고 있다. 하나의 사업 또는 사업장에서 조직 형태와 관계없이 노동자가 노동조합을 설립하거나 가입한 노동조합이 2개 이상이면 노동조합은 교섭 대표노조를 정해서 교섭을 요구해야 한다. 따라서 산업별노조도 사업 또는 사업장 단위에서 교섭 대표노조가 되지 못하면 사용자와 단체교섭을 할 수 없고 단체협약도 체결할 수 없다. 기업별 노사관계라는 제한적 틀에만 맞춰 산업별노조에도 기업별 창구 단일화를 무리하게 강제하고 있다. 이는 산업별노조가 자신의 위상에 맞는 산업별 교섭을 자주적으로 실현해 나가는 것을 가로막는다. 도리어 사측이 기업노조를 내세워 산별교섭을 거부하고 기업별 노사관계를 고착하는 도구로 활용한다. 충북의 보쉬전장, 콘티넨탈, 유성기업, 충남의 유성기업, 경주의 발레오전장 등 노조파괴 공작의 표적이 된 사업장들은 금속노조 산별 지부교섭에서 핵심적 역할을 해온 곳들이다. 실제 2012년 7월 23일 중앙노동위원회는 금속노조가 일괄 조정신청을 접수한 121개 사업장 가운데 7개 사업장에 대해 조정 대상이 아니라며 행정지도 결정을 내렸다. 모두 사업장별로 창구 단일화 절차를 거

17 민주노총 정책연구원 '복수노조 시행 전후 노사관계 변화 연구'(2012년 3월)에서 인용.

치지 않았다는 이유다.

결국 교섭창구 단일화 제도는 사용자들에게 선택적으로 교섭할 수 있는 권리를 줬다. 반면 노조에는 교섭 대표노조의 지위를 확보할 의무만 부여됐다. 사용자들에게만 유리하게 작용하는 제도 때문에 수많은 노동조합이 사측에 협조적이지 않다는 이유로 파괴돼 가고 있다.

민주노총 등 민주노조 진영은 현행 노조법상 교섭창구 단일화 제도의 위헌성을 끊임없이 제기해 왔다. 민주노총은 사업장 교섭창구 단일화 제도 폐지와 산별교섭 의무화를 대안으로 제시하고, 부당노동행위 구제의 실효성을 강화하는 제도개선을 요구하고 있다. 그리고 복수노조를 설립해 노조파괴를 도모하는 사업장들 노동자들은 끈질기고 처절한 현장 투쟁으로 민주노조를 사수하고 있다.

노조 간 차별 전면화

복수노조 상황에서 사용자가 쓸 수 있는 가장 손쉬운 방법이 바로 노동조합 간 차별이다. 사용자들은 이제 '법에 따라' 노조들을 차별할 수 있게 됐다. 교섭창구 단일화 제도는 특정 노조를 무너뜨릴 수 있고, 친기업성향 노조를 다수파로 만드는 강력한 무기가 됐다. 나중에 부당노동행위가 인정되더라도 상황은 종료된 후거나 원상회복이 불가능했다.

이처럼 교섭창구 단일화를 전제로 한 복수노조 허용은 곧 노동조합 간 차별의 전면화를 뜻한다. 그런데도 2009년 복수노조 관련 노조법 개정을 추진하면서 국회와 정부의 고민은 복수노조로 인한 사용자의 교섭비용을 어떻게 최소화할 수 있는지에만 집중됐다. 복수노조 시대에 맞춰 노동3권 침해에 대한 규제를 마련하기 위한 시도는 사실상 전무했다.

교섭창구 단일화 제도가 노동조합 간 차별에 얼마나 취약한지는 금세 여실히 드러났다. 사용자는 교섭창구 단일화 제도를 방패

삼아 사실상 노동조합 활동을 가로막고 교섭을 지연·해태했다. 현행 부당노동행위 제도와 공정대표의무 위반 시정 제도가 별다른 역할을 하지 못한다는 것을 깨닫기까지는 오래 걸리지 않았다.

실제 사례는 금속노조가 2014년 내놓은 '복수노조 노조 간 차별 실태'[18]에 잘 나와 있다. 2014년 1월 기준 금속노조에 복수노조 사업장은 총 49곳[19]이다. 복수노조 사업장에서는 대부분 노조 간 차별이 발생했다. 차별 방법은 다양했다.

대표적인 게 개별교섭을 통한 차별이다. 복수노조 상황에서 개별교섭을 선택한 회사는 친기업성향 노조에 힘을 실어주기 위해 교섭 절차에서부터 차별했다. 교섭의 빈도, 기간, 장소, 사측 참석자의 직위 등에 차별을 두는 방식이다. 친기업성향 노조의 교섭력이 우월하고 금속노조는 무능한 조직인 것처럼 인지시키고자 하는 의도다. 만도는 2012년 8월 14일 직장폐쇄 해제 후 9월 3일부터 5일까지 단 사흘 동안 기업노조와 집중 교섭으로 임단협을 합의했다. 기업노조 교섭에서와 달리 금속노조와의 교섭에 대표이사는 참석조차 하지 않았다.

회사는 교섭안도 다르게 제시했다. 친기업성향 노조와 금속노조의 요구안이 거의 같더라도 회사는 친기업성향 노조에 더 많은 혜택이 담긴 안을 제시하고 빠르게 타결했다. 이는 금속노조 조합원은 불이익을 당한다는 인식을 심어주려는 의도다. 만도는 집중

18 금속노조, 국회 토론회 '복수노조 악용 노조 탄압 문제점과 대안'(2014년 2월 19일).

19 집계 당시 소수노조 38곳, 다수노조 7곳, 교섭단위 분리 1곳, 금속노조와 기업노조 집계 엇갈리는 사업장(유성기업) 1곳, 신생조직으로 무력화 공작에 결국 해산한 사업장 1곳.

교섭으로 기업노조의 요구안을 거의 수용했지만, 거의 같은 내용인데도 금속노조에는 임금과 복리후생 측면에서 현저히 낮은 수준을 제시했다.

임금차별은 영향이 가장 크다. 개별교섭에서 회사는 친기업성향 노조와 특별격려금 명목으로 거액을 지급하기로 합의한다. 금속노조 조합원으로 남아있으면 임금차별을 계속 감수해야 한다고 각인시키는 것이다. 특히 이 과정에서 회사는 친기업성향 노조 조합원이 아닌 사무직 등 비조합원에게까지 격려금을 지급했다. 금속노조 조합원만 배제하는 악의적 차별이다. 유성기업은 2011년 말에 기업노조 조합원에 대해서만 임금인상분과 소급분, 특별격려금을 지급했다. 만도 역시 기업노조 조합원에게만 2012년에 750만 원[20], 2013년에 320만 원을 지급했다. 반면 금속노조와의 교섭은 의도적으로 질질 끌었다.

노동조합 활동 보장에서 차별은 두말할 것도 없다. 교섭창구 단일화를 거치면 타임오프 배분 등 조합 활동 보장에 대한 차별은 공정대표의무 위반으로 문제가 될 수 있다. 그러나 개별교섭이라면 공정대표의무를 피할 수 있다. 그래서 회사는 개별교섭을 진행하며 조합 활동 보장에서 멋대로 차별했다. 유성기업은 기업노조가 출범할 때 총회 장소를 제공하고 총회 시간에 대해서도 임금을 지급했으며, 노조 사무실도 곧바로 제공했다. 보쉬전장과 콘티넨탈도 기업노조에 사무실과 집기를 제공하고 조합비 일괄공제와 전임자 활

20 '신 교섭문화 구축 협력 격려금' 따위의 명목.

동을 보장했다. 반면 금속노조에는 조합비 일괄공제를 중단하고 지회 간부의 활동은 징계로 일관했다.

교섭 형태와 무관한 차별도 부지기수다. 복수노조 사업장들은 신규 채용할 때 거의 모든 회사가 신입사원의 금속노조 가입을 차단하고, 친기업성향 노조 가입을 강제 또는 유도했다. 대한솔루션은 임시직 기간을 거쳐 정규직이 되는 순간, 출근카드를 내주는 동시에 기업노조 가입 원서에 서명하게 했다. 엔텍은 신입사원을 금속노조에 가입하지 않는 조건으로 뽑았다.

승진, 인사고과, 잔업·특근 기회, 업무 배치, 전환 배치 등에서의 차별 역시 거의 모든 복수노조 사업장에서 벌어졌다. 두산인프라코어나 유성기업, 대동산업 등 대부분 사업장에서 금속노조 조합원에게는 잔업을 시키지 않았다. 한진중공업은 2012년 11월 정리해고자 재취업 당시 기업노조 조합원들은 현장으로 복귀시키고 금속노조 조합원들은 강제 휴업으로 내몰았다.

노조 간 차별에도 음모가 도사리고 있다. 차별 자체는 목적이 아니라 수단일 뿐이다. 차별을 통해 민주노조를 약화한 뒤 노동조건을 후퇴시키고 현장을 효과적으로 통제하는 것이 자본가들의 최종 목적이다. 두산모트롤은 신입 초임 삭감, 휴일 축소 등 근로조건 후퇴에 기업노조가 동의해 줬다. 보워터코리아는 단협에서 '합의' 사항을 전부 '협의' 사항으로 바꿔 회사 멋대로 뭐든지 할 수 있게 됐다. 이런 사례는 차고 넘친다.

복수노조 상황에서 금속노조의 현장 장악력이 축소되면서 회사가 이윤 극대화를 위해 구조조정을 본격화하는 사례도 늘었다.

KEC처럼 곧바로 희망퇴직·정리해고 등 인력감축을 추진하기도 한다. 인력 운영의 유연화, 외주화, 노동강도 강화는 광범위하게 이루어진다. 이는 결국 고용불안으로 이어졌다.

이렇게 복수노조 교섭창구 단일화 제도는 노조파괴의 도구로서 역할을 톡톡히 한다. 그러나 노동조합은 그렇게 쉽게 깨지지 않는다. 앉아서 당하지 않기 때문이다. 노동자들은 노동조합이라는 조직을 통해 투쟁으로, 파업으로, 연대로 답한다. 정권과 자본의 어두운 역사를 밝은 노동자의 역사로 만들어 가며 미래를 향해 걸어 나가고 있다.

시련 속에서 반가운 소식도 들려왔다. 2022년 12월 8일, "국가는 노조에 입힌 손해를 배상할 책임이 있다"는 판결이 나왔다. 민주노총 등이 2018년 6월 29일, 이명박 정부 당시 국정원이 주도한 노조파괴 공작에 따른 손해를 주장하며 제기한 국가배상 청구 소송에서다. 2009년 2월 12일 원세훈은 국정원장으로 취임한 직후부터 민주노총, 전교조, 전국공무원노조를 이른바 '3대 종북좌파세력'으로 분류해 이들에 대한 와해 공작을 지시했다. 국정원 감찰 자료, 원세훈 등 국정원 간부에 대한 형사소송 기록, 기타 국정원에 대한 정보공개청구 자료 등을 통해 불법행위가 구체적으로 확인됐다. 서울중앙지법은 당시 국정원이 주도한 일련의 노조파괴 공작은 노동조합의 하부조직 탈퇴를 유도하고, 선거·총회 결의 등 각종 노동조합 활동을 방해하고, 노동조합에 대해 비난 여론을 조성한 것으로써 정당성이 인정될 수 없다고 판단했다. 이에 따라 민주노총에 1억 원, 전교조에 7천만 원, 전국공무원노조에 5천만 원, 금속노조에 3천만 원, 서울교통공사노조에 1천만 원, KT노조 조합원에 1백만 원 등 모두 2억 6,100만 원의 위자료를 지급하라고 선고했다. 국가기관의 조직적 노조파괴 공작으로 노동자들의 노조할 권리가 침해된 사건에서 손해배상 책임을 인정한 첫 판결이다. 소송을 제기된 지 4년 6개월 만의 1심 결론이었으나, '국가'는 항소했다.[21]

'항소'한 국가는 지금도 노조파괴 중이다. 윤석열 정권은 노조파괴에서 그치지 않고 '노조 혐오'까지 부추기고 있다. 대통령이 헌법 정신조차 무시한 채 노조 자체를 불법 취급함으로써 지난 2023년 5월, 건설노동자 양회동을 결국 죽음으로 내몰았다.

---

21 서울고등법원(항소심, 2023나2001393 손해배상(기)) 첫 변론 2024년 8월 30일 진행.

2부

파괴 VS 사수

전사(前史)

노동조합을 깨기 위해 자본은 무척 공을 들였다. 그러던 때 교섭창구 단일화 제도는 사측 손에 명분과 무기를 쥐여줬다. 발레오전장, 보쉬전장, 콘티넨탈에서 복수노조 설립과 함께 진행된 노조파괴 공작과 그럼에도 파괴되지 않고 '금속노동조합' 조합원으로서 당당한 활동을 이어가고 있는 3개 지회의 활동을 들여다본다.

세 사업장 모두 옛 만도기계 소속이었다. 만도기계 노동자들은 1987년 노동자 대투쟁 열기가 한창 끓어오르던 8월 9일 저녁 7시 한국노총 안양시협의회에서 노동조합을 결성[22]했다. 이를 알아챈 사측은 어용노조 결성을 시도했다. 노동조합은 곧바로 10일부터 임금 30% 인상과 보너스 600% 지급을 요구하는 한편 어용노조 결성을 규탄하며 안양공장에서 사흘 동안 농성을 벌였다. 그리고 12일

22 초대 위원장 박종권, 만도기계노조(현 금속노조 만도지부) 창립기념일은 8월 14일이다.

마침내 만도기계의 유일한 노동조합으로 활동을 시작했다.

노조는 기세를 몰아 8월 17일 경주지부, 8월 19일 평택지부를 결성했다. 8월 24일부터 단체교섭을 벌여 3차례 협상했지만 결렬됐다. 8월 26일 대의원대회에서 파업 농성을 결의, 곧바로 2차 파업에 돌입해 1천여 명의 조합원이 평택공장 앞에서 농성을 벌였다. 29일부터는 회사의 교섭 불응에 항의해 3백여 명이 본사 사무실을 점거하고 투쟁을 이어가 9월 4일 임금 10.48% 인상에 합의를 이뤘다. 이후 집요해진 자본과 권력의 탄압으로 민주노조가 안정적으로 자리잡기 어려운 상황이었지만 노조는 모든 공장에서 꾸준하게 조직사업을 이어갔다.

3년 뒤 1990년 7월 27일 안양지부가 출범했고, 8월 29일에는 문막지부를 결성했다. 1993년 7월 29일 아산지부에 이어 1995년에는 7월 24일 익산지부, 7월 26일 청원지부가 잇따라 출범했다. 1996년 말 안양공장은 기계·설비를 청원으로 이전하고 폐쇄됐다. 안양지부 조합원들은 사업부를 따라 혹은 연고지로 청원, 대전을 비롯한 전국 만도 공장으로 이전했다. 1997년 7월에는 기계사업부가 만들어진 신탄진 공장에서도 안양공장에서 내려온 조합원들로 대전지부가 출범했다. 이렇게 만도기계 노동자들은 당시 7개 공장 모두에 노동조합을 조직해 왕성한 활동을 전개했다. 그들은 각자 속한 지역의 투쟁과 활동에서 핵심적인 역할을 담당하며 민주노조의 위상을 공고히 했다. 1996~1997년 노동법 개정 총파업 당시에도 만도기계 노조는 선봉에서 비타협적인 투쟁을 이끌어 지역과 금속산업과 전국에 모범을 보였다.

그러나 1997년 IMF 경제위기로 비극이 시작됐다. 만도기계를 계열사로 둔 한라그룹이 그해 12월 부도를 내며 만도기계도 부도 처리됐다. 이듬해인 1998년 법원에서 만도기계의 화의 신청이 받아들여졌다. 한라그룹의 주력 기업이었던 만도기계는 알짜배기 흑자 기업이었다. 하지만 한라그룹이 또 다른 계열사인 한라중공업에 과도하게 자금을 지원하는 바람에 폭탄을 맞은 것이다.

사측은 애꿎은 노동자를 제물로 삼았다. 구조조정, 사실상 '정리해고' 방침이 발표됐다. 1996~1997년 노동법 개정 총파업의 핵심 쟁점이었던 정리해고가 법제화된 뒤 현대자동차에 이어 만도기계가 직격탄을 맞았다.

만도기계노조는 1998년 2월 23일부터 전면 파업을 벌인 끝에 3월 21일 노사 고용안정협약서를 체결했다. 그러나 사측은 7월 23일, 기어이 정리해고를 통보했다. 노동조합은 8월 10일부터 고용안정협약 이행과 정리해고 철회를 요구하며 파업을 시작했다. 17일에는 전국 7개 지부의 전면 총파업으로 확대됐다. 24일 사측이 1,090명이라는 구체적 수치를 들어 정리해고 계획을 발표했다. 8월 26일에 경찰은 "교섭 대상이 아닌 고용조정 문제로 불법 파업을 벌이고 있는 만도기계 등에 공권력 투입 등 엄정 대처하겠다"라고 밝혔다. 29일 밤 아산공장 사원 아파트에서 가족문화 행사에 참여하고 노조 사무실로 돌아오던 황성근 당시 노조 위원장이 체포, 구속됐다. 그러나 노동조합은 굴하지 않고 완강하게 저항하며 파업 투쟁을 이어갔다.

그러자 김대중 정권은 끝내 9월 3일, 파업 현장인 7개 공장에 동

1998년 정리해고 반대 파업투쟁 당시 만도기계 평택공장. [사진 : 이정민, 한내 소장]

시에 공권력을 투입했다. 노동자들은 스스로 방어 무기를 들고 공장으로 집결했다. 공장을 사수하고자 폭력에 맞서 끝까지 저항했다. 그러나 새벽에 동시에 7개 공장에 투입된 경찰 17,000여 명은 마구잡이로 폭력을 행사하며 파업 대오를 강제 진압했다. 조합원 2,500여 명이 연행되고, 그 가운데 41명이 구속됐다. 지도부는 명동성당 농성에 돌입해 투쟁의 거점을 마련했다. 조합원들은 출근 거부 투쟁을 전개했다. 9월 18일 노사교섭이 재개됐으나 사측은 여전히 정리해고 강행 의사를 밝혔다. 파업 거점을 잃은 노조는 결국 10월 2일 회사와 △임금동결 및 상여금 반납 △1년 6개월 무급 휴직 △경영정상화 추진 △고소·고발 취하 등에 합의할 수밖에 없었다.

당시 정권과 자본은 경제위기를 명분 삼아 신자유주의 광풍을 몰고 왔다. 노동법 개악을 중심으로 극단적인 노동 유연화를 시도하는 중심에 정리해고 법제화가 있었다. 따라서 만도기계 노동자들의 투쟁은 개별사업장 차원의 정리해고 반대 투쟁을 뛰어넘어 정권과 자본의 총체적 공격에 맞선 처절하고 역사적인 전면전이었다. 그러나 전국적·전산업적 투쟁으로 확대되지 못해 큰 아쉬움을 남겼다.

격렬했던 파업 투쟁 이후 5천여 만도기계 조합원들은 뿔뿔이 흩어졌다. 만도기계가 보쉬와 공동 투자해 설립한 캄코 청원공장은 1998년 프랑스 보쉬에 팔렸다. 1999년 7월 경주공장이 프랑스 발레오에 매각됐다. 같은 해 9월 아산공장은 스위스 금융회사인 UBS 캐피탈 컨소시엄에 팔려 만도공조[23]로 바뀌었다. 자동차용 공조기를 생산하는 문막공장 일부는 미국의 깁스로 넘어갔다. 청원공장은 독일 지멘스VDO에 팔렸다가 몇 년 후 다시, 역시 독일 자본인 콘티넨탈로 넘어갔다. 이렇게 만도기계는 부도 이후 업종별 분리매각을 통한 외자 유치로 평택공장(제동장치 생산), 문막공장(조향장치 생산), 익산공장(완충장치 생산)만 남았다. 신탄진에 있는 대전공장은 1998년 공권력 투입 직후 청산 절차를 밟아 노동조합 대전지부도 해산했다. 1999년 11월 만도기계는 (주)만도로 새로 출범했다.

조각조각 여러 나라의 여러 기업으로 찢어졌지만, 옛 만도기계 출신 노동자들의 단결력은 남달랐다. 1998년 총파업 때 공장을 사

23 이후 2003년 ㈜위니아만도로 사명을 변경했고, 2004년 미국 모딘매뉴팩처링컴퍼니가 (주)위니아만도의 차량공조사업본부만 인수, 모딘코리아를 설립했다. 사명은 2009년 갑을오토텍으로, 2018년 케이비오토텍으로 변경됐다.

수하고자 생사를 함께하며 투쟁했던 역사가 있기 때문이다. 그때 만들어 낸 끈끈한 동지애와 노동자의식은 그들에게 큰 버팀목이 됐다. 공권력 투입 이후 극심한 탄압 속에서도 노동조합은 늘 그래왔듯 똘똘 뭉쳐 난관을 극복하며 전진해 왔다. 금속노조가 산별 조직으로 출범한 2001년 2월 8일에도 만도노조는 앞장서 산별 전환을 결의하고 금속노조에 가입했다. 금속산업연맹 시절과 마찬가지로 만도 출신 노동자들은 금속노조의 파업 등 투쟁 지침을 반드시 이행했다. 그리고 산별노조의 주축으로서 지부별 집단교섭에서도 중심적 역할을 담당했다. 그들의 전투성은 지역연대와 비정규직 조직화에서도 빛을 발했다. 발레오만도지회는 경비노동자까지 정규직화를 쟁취해 비정규직 없는 사업장을 만들어 냈다. 보쉬전장지회와 콘티넨탈지회 역시 대전충북지역 노조 활동에서 주축이 됐다. 세상은 그들을 '강성'이라고 부르기도 했다.

그래서였을까. 자본의 칼날은 제일 먼저 이들에게 향했다. 지역에서 모범적인 활동을 하는 사업장들에 탄압이 집중됐다. 옛 만도 사업장들에 대한 노조파괴 공작은 자비 없이 짓쳐들어왔다. 가장 먼저 발레오전장에 2010년 직장폐쇄가 닥쳤다. 2012년 보쉬전장과 콘티넨탈에도 복수노조가 들어섰다. 그리고 지옥 같은 날들이 펼쳐졌다.

만도기계 아산공장 후신인 금속노조 케이비오토텍지회 역시 노조파괴 공작을 피하지 못했다. 2013년 12월 지회(당시 '갑을오토텍지회')는 대법원 전원합의체로부터 "정기적·고정적·일률적으로 지급된 정기상여금은 통상임금에 해당한다"는 유의미한 판결을 받아냈다. 이 판결은 전체 노동자들의 통상임금 소송에 긍정적으로 큰 영향을 끼쳤다. 하지만 이 판결로 임금 인상 압박에 놓인 사측은 노동조합 파괴에 나섰다. 예의 '노조파괴 시나리오'에 따라 사측은 2014년 겨울 60여 명의 특전사 또는 경찰 출신 신입사원을 채용했다. 신입사원을 가장한 용병들은 관리력 및 현장 장악 강화, 관리직 협조하에 구사대 역할, 노동조합 분열, 제2노조 설립, 파업 시 생산 정상화 기여 등을 담당했다. 그리고 2015년 제2노조(기업노조)를 만들어 기존 노조인 갑을오토텍지회 조합원들에게 폭력을 행사하는 등 온갖 악행을 벌였다. 사측은 유성기업과 발레오전장이 사용했던 수법인 '노조 파업 유도 → 파업 시 직장폐쇄로 노조의 회사 출입 저지' 등의 수순을 어김없이 밟았다. 그러나 민주노조는 호락호락하지 않았다. 이후 전체 노동계의 연대투쟁으로 민주노조를 사수했고, 노사 합의에 따라 기업노조 조합원들에 대한 채용은 취소됐다. 사측의 탄압은 여전히 드세지만 케이비오토텍지회는 금속노조로서 불굴의 활동을 벌이고 있다.

한편 만도기계를 매각했던 한라그룹은 이후 한라건설을 중심으로 그룹을 재편했다. 2008년 컨소시엄을 형성해 모기업이었던 만도를 다시 인수해 10월에 독일 헬라와 합작으로 만도헬라일렉트로닉스를 설립했다. 왕성한 민주노조 활동을 벌이던 만도에도 2012년 노조파괴 시나리오가 가동됐다. 7월 27일 직장폐쇄 이후 사흘 만에 만들어진 제2노조(기업노조)에 조합원의 90%가 가입했다. 금속노조 만도지부는 순식간에 소수노조로 전락하고 말았다. 최근 만도의 제2노조인 만도기계노동조합(평택·원주·익산지부 포괄)이 '단결과 투쟁, 대등한 노사관계'를 내걸고 민주적 행보를 이어가자 사측은 2021년 말 계장 등 중간관리자 중심으로 다시 자신들의 입맛에 맞는 제3노조를 설립했다.

발레오만도지회

만도기계 경주공장은 1999년 7월 16일 프랑스 자동차부품 전문그룹 발레오에 매각돼 (주)발레오만도전장시스템스코리아로 이름이 바뀌었다. 만도기계노조 경주지부도 2000년 만도기계노조에서 분리, 발레오만도노동조합으로 활동한다. 그 뒤 2001년 전국금속노동조합 출범과 함께 발레오만도지회(아래 '발레오지회')로 활동하고 있다. 회사 명칭은 2004년 발레오전장시스템스코리아(아래 '발레오전장')로 바뀌었다. 발레오전장은 시동모터, 교류발전기, 배전기 등을 국내외 완성차업체에 직접 납품하고 있다.

보쉬전장지회

만도기계는 보쉬와 1993년 50:50으로 투자해 (주)캄코를 설립해서 청원군 부용공단 안에 공장을 짓기 시작했다. 1994년에 공장이 완공된 뒤 안양에서처럼 만도기계노조 안양지부로 활동하던 조합원들은 1995년 만도기계노조 청원지부를 결성했다. 그다음 해부터는 캄코노동조합으로 조직 형태를 변경했다. 1998년에 만도기계는 (주)캄코에 보유하고 있던 지분 50%를 보쉬그룹에 전부 매각했다. 2001년 금속노조가 출범하며 노동조합은 금속노조 캄코지회로 전환했다. 2009년 (주)캄코에서 사명이 (주)보쉬전장으로 변경되자

노조도 보쉬전장지회로 바꿨다. 보쉬전장은 윈도우리프트와 히터 모터 등을 생산하고 있다.

콘티넨탈지회

1995년 8월에 만도와 포드자동차의 합작 투자로 만들어진 한라일렉트로닉스는 1996년 10월 청원에 공장을 완공했다. 만도기계노조 청원지부가 캄코노조로 조직 형태를 변경한 뒤, 역시 만도기계노조 안양지부로 활동하고 있던 이 공장에서 1997년 청원지부를 다시 조직하고 7월에 초대 임원 선거를 치렀다. 한라일렉트로닉스는 1999년 만도 법인이 청산됨에 따라 독일 자동차 전문업체인 지멘스VDO에 매각돼 회사 명칭도 한국VDO한라로 바뀌었다. 그해 8월 만도기계노조 청원지부는 한국VDO한라노조로 조직형태를 변경했다. 이후 2001년 금속노조가 출범하며 대전충북지부 한국VDO한라지회로 전환했다. 그해 4월 회사가 독일 지멘스VDO오토메틱그룹에 합병되자 2003년 9월 노조는 지멘스VDO한라지회로 명칭을 바꾸어 활동했다. 2007년 회사가 독일 콘티넨탈오토모티브그룹으로 편입됐고, 그해 12월 노조는 정기대의원대회에서 콘티넨탈지회로 다시 명칭을 변경했다. 회사 명칭은 2008년 콘티넨탈오토모티브일렉트로닉스(아래 '콘티넨탈')로 바뀌었다. 콘티넨탈은 현대자동차의 1차 부품업체로 자동차 계기판 등을 생산한다.

발레오전장 노동자들의 승리

2009년 강기봉의 등장, 지옥문이 열리다

2009년 3월, 발레오 자본은 임기가 남아있던 경주공장의 프랑스인 대표이사를 경질했다. 강기봉 대표이사가 취임했다. 1999년 발레오 자본이 경주공장을 인수한 뒤 대표이사로 4번째이자, 첫 한국인이다.

2009년 매출이 3,057억 원을 넘어섰지만, 회사는 자금 사정이 어렵다며 죽는시늉만 했다. 그러던 회사가 이례적으로 성대한 취임식을 하고 직원들에게는 특식까지 배급했다. 강기봉에게는 대형세단 '에쿠스'와 운전기사를 제공하는 등 자본은 신임 대표에게 예년과 다른 특권을 줬다. 이 모든 게 발레오의 경주공장 인수 이후 처음 있는 일이었다.

강기봉은 취임하자마자 금속노조 대구텍지회[24]를 파괴한 경력이 있는 이재원을 인사 담당 상무로 채용했다. 향후 노조 무력화와 구조조정을 위한 사전 조치가 아니냐는 의혹이 불거졌다. 의혹이 확신으로 바뀌기까지는 오래 걸리지 않았다.

새 대표이사 취임에 즈음해 사측은 미사용 연차수당 지급을 연기하고 퇴직금 중간 정산마저 경영이 좋아질 때까지 미루자고 했다. 사무직에는 임금동결과 함께 유류비 지원을 30% 삭감하고 연월차를 100% 쓰게 했다. '경영 위기 극복 결의서'에 서명도 받았다. 그 전에는 한 번도 없었던 임금 체불 사태가 벌어졌다. 발레오지회가 대표이사실을 항의 방문한 끝에 지급을 약속받았다.

성대한 취임식을 끝낸 강기봉은 거침없이 내달았다. 복지축소와 서비스 부분 외주화, 조합활동 축소 등 32가지 개악 안을 들고나와 지회에 보충 교섭을 요구했다.

외주화 이야기가 나오자, 대상이 된 경비직들이 지회의 문을 두드렸다. 단체협약상 조합원 범위가 아니어서 지회는 그들을 금속노조 직가입으로 조직했다. 경비직 14명이 금속노조에 가입했다. 지회는 쟁의대책위원회로 전환해 사측의 도발에 맞서 넉 달 동안 생산량 줄이기 등 현장투쟁을 벌였다. 결국 회사는 외주화를 철회했다.

9월 지회 선거에서 정연재 집행부가 들어섰다. 사측은 '경영악

24 2005년 임금협상을 시작으로 5개월간 파업투쟁을 했으나, 이후 지속적인 탄압과 공작으로 2006년 7월 25일 끝내 금속노조를 탈퇴했다.

화' 운운하며 의도적으로 임금·복지를 축소하거나 일방적으로 지급을 중단하며 불안한 분위기를 조성했다. 단체협약이나 노사 합의를 대수롭지 않게 어겼다. '기초질서 지키기'를 내세워 징계 협박도 서슴지 않았다. 지회가 식당 인원 충원을 요구하자 도리어 조식·석식을 중단하고 일방적으로 파트타임직을 고용하기도 했다.

회사는 지회의 등에 꽂을 칼을 갈고 있었던 게다. 1월 중순 '환경정화'라는 이름으로 경비실 옆 은행나무를 베어냈다. 감시용 CCTV를 설치할 목적이었다. 전 직원의 인간관계까지 조사해 인사기록카드를 새롭게 작성했다. 강기봉은 자신을 '대표사원'이라 칭하며 직접 대자보를 게시했다. 사내 선전물 <발레오 경영 & 이슈 레터>를 발행하며 공세적으로 현장 분위기를 지배하려고 했다.

입때까지만 해도 새로 취임한 사장의 도발이 치밀하게 기획된 것은 아닐지 의심만 할 뿐이었다. 그 결과가 얼마나 참혹한 파국을 불러올지 누구도 짐작하지 못했다. 발레오 현장에 먹구름이 드리우기 시작했다.

회사가 1년 동안 갈아온 칼을 기어이 빼 들었다. 노사협의회가 진행 중이던 2010년 2월 4일, 일방적으로 경비직 조합원 14명 가운데 5명을 현장으로 인사 발령해 버렸다. 빈 경비 자리에는 용역업체 '휴먼뱅크' 직원을 전격 투입했다. 일방적 인사 발령 자체도 문제다. 그런데 사측은 2009년에 외주화를 철회할 때 '경영상의 부득이한 사유로 생산 부문 일부를 용역 또는 외주·하도급으로 전환하고자 할 때는 노조와 협의'하기로 한 합의도 어긴 것이다. 경비직 일방적 외주화가 지회의 파업을 유도하려는 의도된 도발이었음은 나중에 밝혀졌다. 그리고 이후 벌어질 모든 사태의 시작에 지나지 않았다.

강기봉이 인사 담당 상무로 새로 영입한 경주 출신 황태식이 활발하게 움직였다. 이미 1월부터 지역 선후배 관계를 활용하며 경비조합원들을 따로 만나 "현장 정규직으로 만들어 주겠다"라며 회유해 왔다.

이 시기 회사는 지회의 장악력을 빼앗기 위해 팀장 중심의 회식을 활성화하고 있었다. 회유에 넘어간 경비직 관리자가 1월 30일 경비직들의 전체회식 자리에서 "나는 살기 위해서 현장으로 간다"라고 말했다. "지금부터 내가 하는 말은 누구에게도 해서는 안 된다. 특히 노동조합이 알아서는 안 된다"라며 입단속을 한 뒤 "책임지고 원하는 부서로 보내주겠다"라고 덧붙였다. 2월 2일에는 "현장으로 가겠다고 신청하지 않은 사람은 총무팀 사무실에 대기 발령시켜 업무를 부여하지 않겠다"라는 협박까지 했다.[25]

지회는 곧바로 조합원을 모아 집회를 열었다. 용역직원들을 경비실에서 몰아내고, 일방적 업무 외주화에 항의하며 잔업과 야간작업을 거부했다. 다음날 2월 5일 지회는 조합원총회를 열어 92.1% 찬성으로 쟁의행위를 결의했다. 이어 2월 9일 쟁의대책위원회로 전환하고 10시간 근무에 생산량을 70%로 줄이는 '품질강화운동'을 벌이기 시작했다.

파업이 아닌 '태업'인데도 회사는 기다렸다는 듯 손배·가압류를

25 2010년 2월 11일, 경비조합원들이 지회에 이러한 내용의 진술서를 구체적으로 작성해 제출했다.

경고하며 노조를 협박했다. 급기야 "설 이후에도 투쟁이 계속되면 라인이 끊길 수 있어 직장폐쇄가 불가피하다"라는 이야기를 회사 안팎에 돌렸다. "투쟁하지 않겠다고 약속하라"는 터무니없는 요구까지 해왔다.

이때 사측은 이미 완성차 현대·기아차의 구매팀을 공장 안에 상주시키며 시간대별로 보고하도록 손을 써두었다. 생산이 원활하지 않을 때를 대비한다는 명분으로 협력업체에 인력 지원을 요청하는 공문까지 보내둔 상황이었다.

'직장폐쇄'를 위한 물리적 준비도 치밀했다. 노조에는 생산량 인상을 요구하면서도 뒷전으로는 2개월 전부터 재고를 확보하고 있었다. 용역업체와 계약해 용역 400여 명도 미리 대기시켰다. 설 연휴 기간에 조합원 특근은 없애고 사무직을 근무시켰다. 직장폐쇄 1시간 전에는 일부 반장을 호출해 협조를 요청했다.

2010년 준비된 직장폐쇄로 노조 협박

그렇게 모든 채비를 갖춘 발레오 자본은 설 연휴가 채 끝나지 않은 2월 16일 새벽 6시 30분, 직장폐쇄를 단행했다.

사측은 근무 예정자들에게는 새벽에 문자로 출근 취소를 통보했다. 6시경 준비해 둔 용역깡패 4백여 명을 현장에 투입했다. 근무하던 경비실과 식당 조합원을 다 쫓아내고 모든 출입문을 틀어막았

직장폐쇄(부분) 공고

2010년 2월 4일부터 전국금속노동조합 발레오만도지회의 쟁의행위로 정상적인 회사의 경영이 불가함에 따라 회사의 재산과 시설을 보호하기 위해 노동조합 및 노동관계조정법 제46조의 규정에 의거하여 아래와 같이 부분적으로 직장을 폐쇄합니다.

--- 아 래 ---

1. 직장폐쇄 일시 : 2010년 2 월 16 일06:30 시부터 ~ 무기한

2. 직장폐쇄 범위
   가. 장소 : 발레오전장시스템스코리아(주) 승용공장, 상용공장 전체
   (연구소 등 부속건물 포함)
   나. 대상 : 전국금속노동조합 발레오만도지회 조합원 전원

3. 기타 유의사항
   가. 직장폐쇄 기간 동안 당 회사에 전국금속노동조합 조합원의 출입을 전면 금지한다.
   나. 발레오만도지회 조합원은 별도의 고지가 있을 때까지 당 회사의 출입을 금지한다.
   다. 회사의 허락없이 출입하는 자는 민,형사상의 모든 책임을 져야 하며, 회사의 제 규정에 따른 책임을 져야 한다.

2010년 2 월 16 일

발레오전장시스템스코리아(주) 대표이사 강 기 봉

2010년 2월 16일 공장 출입문에 나붙은 '직장폐쇄 공고'.

2010년 2월 17일 직장폐쇄 공고에 맞선 기자회견과 집회.

다. 그리고 공장 출입문마다 "2월 4일부터 전국금속노동조합 발레오만도지회의 쟁의행위로 정상적인 회사의 경영이 불가함에 따라 회사의 재산과 시설을 보호하기 위해" 부분적으로 직장을 폐쇄한다는 공고문을 붙였다.

이 모든 일은 노동부 정규 업무시간 전에 진행됐다. 정식 서류를 제출한 것도 아니었다. 새벽 6시 20분께 '직장폐쇄 신고'를 노동부에 팩스로 접수하고 노동부 지청장과 전화 통화로 해결했다. 직장폐쇄가 철저하게 사측과 노동부의 사전 공모에 따라 진행됐다는 증거다. 사측은 공장 각 출입문과 담벼락에 CCTV를 설치하고 경찰에 시설보호를 요청했다.

> "저는 당시 금속노조 경주지부 수석부지부장이었어요. 사원아파트에서 자고 있는데 새벽에 지회장으로부터 연락이 왔어요, 직장폐쇄라고…. 지역에서도 경험해 보지 못한 일이어서 충격이 컸죠. 공장까지 달려와 보니 철문은 닫혀있고 공고문이 붙어있더군요. 사진 찍어서 언론사에 보내고 있으니까 조합원들도 삼삼오오 모여들더라고요. 설 휴가 기간이었는데도 경주지부장이 곧바로 지역 운영위원회를 소집했어요. 이건 발레오전장에 그치지 않고 지역을 초토화할 거라는 위기감을 느낀 거죠. 여기가 무너지면 다 무너진다는…."
> (신시연)

지회는 곧바로 △직장폐쇄 즉각 철회 △단체협약 성실 이행 △일방적 전환 배치 철회 △대표이사의 공개 사과 등을 요구했다. 공

2010년 2월 19일 조합원들의 공장 진입투쟁.

2010년 2월 22일 금속노조 경주지부 기자회견.

장 출입문 앞마다 천막을 치고 농성에 돌입했다. 금속노조 경주지부도 바로 조합원 5백여 명이 집결해 공장 앞에서 기자회견을 열어 지회에 힘을 실었다. 그렇게 지난한 투쟁이 시작됐다.

그러나 사측은 다음날 노동부 포항지청장과 면담하면서 "지회가 경비 외주처리를 받지 않으면 직장폐쇄는 계속될 것"이라고 공언했다. 속내를 감추려는 노력조차 하지 않았다. 발레오 자본은 공언한 대로 사태 해결을 위한 어떠한 노력도 하지 않은 채 개별 조합원에게 '백기 투항'을 강요했다.

발레오지회는 어떻게든 파국만은 피해 보고자 노력했다. 2월 22일 공장 정문에서 기자회견을 열어 "2월 23일부로 업무에 복귀하겠다"고 밝혔다. 하지만 사측은 공장문을 봉쇄하고 조합원들을 가로막았다. 금속노조 경주지부는 25일 조합원총회를 열어 "지회의 노력을 외면한 채 사측이 계속 업무 복귀를 인정하지 않는다면 지부 총파업을 비롯한 투쟁에 적극적으로 나서기로" 결의했다.

강기봉은 "이는 경영권과 지휘권을 우롱하는 오만한 행위며 현장의 통제권이 노조에 있다는 반증"이라면서 "경영권이 회복되지 않으면 직장폐쇄를 풀 이유가 없다"고 밝혔다. 직장폐쇄의 실제 목적이 노조파괴에 있음을 분명히 한 셈이다. 직장폐쇄 이후 대화로 사태를 해결하려고 노력하는 지회와 달리 사측은 대화에 전혀 응하지 않으며 사태 해결을 회피해 왔던 점 역시 이런 노림수가 있다는 증거다. 이즈음 황태식은 자신을 영입한 강기봉에게 이용당했다며 "직장폐쇄는 사전에 의도되고 계획된 것"임을 폭로하고 사표를 제출했다.

"모여서 왜 발레오지회가 표적이 됐을까 생각해 봤죠. 그 무렵 다스가 이명박 거라는 '썰'이 있었잖아요. 물론 나중에 사실로 밝혀졌죠. 다스를 공격하려니 자기 공장이라 눈치가 보여서 경주 어디로 할까 하다가 당시 금속노조 경주지부장도 배출하고 지역에서 핵심 사업장으로 꼽히는 발레오가 찍혔다고들 했죠. 짐작을 뒷받침하는 소문도 있었고요. 직장폐쇄 전에 보문단지에 청와대랑 국정원 사람이 내려와서 경찰, 검찰, 노동부, 이런 지역 기관장들을 다 불렀다는 거예요. 거기서 역할 분담을 한 거죠. 나중에 경찰서에 조사받으러 갔을 때 '발레오 대책 보고서'도 봤거든요. 이런 걸 봤을 때 단순한 사건이 아니라는 생각이 들더라고요. 투쟁하면서 보니까 여기 조합원이 6백 명인데 경찰이 매일 1,500~3,000명씩 상주를 해요. 용역을 4백여 명이나 동원한 것도 그렇고. 이게 뒷배가 없으면 가능할까요? 당시 경찰도 '여긴 발레오 공화국, 아니 강기봉 공화국이야'라고 할 정도였으니까요." (신시연)

직장폐쇄가 길어지는 가운데 발레오 자본의 '먹튀' 논란이 불거졌다. 강기봉은 2월 26일 조합원들에게 휴대전화로 "지속적인 파업을 할 경우 회사를 청산할 수 있다"는 메시지를 발송했다. 그러나 회사가 수천억 원의 적자를 봤다며 벌이는 여론몰이는 현실과 동떨어진 그야말로 '협박'일 뿐이었다. 노조에 따르면 발레오그룹은 1999년 자본금 1,650억 원으로 당시 만도기계 경주공장을 인수한 뒤에 두 번의 유상감자로 1,100억 원, 영업권 상각 750억 원, 주주배당금으로 500억 원을 챙겨갔다. 더욱이 2000년 이후 회사는 줄

곧 흑자를 냈다. 게다가 외국인투자촉진법과 조세특례법에 따라 7년 동안 매년 법인세 등 각종 세제 혜택까지 받아왔다. 2008년 세계 경제위기가 닥치면서 2009년까지 일부 적자로 돌아선 게 전부라는 설명이다.

그런데도 사측은 이미 1,870억 원의 손해를 봤고, 앞으로도 적자가 예상된다고 했다. 발레오 자본은 이렇게 사정이 어려운데도 노조가 불법 파업을 반복하고 있으니 철수가 불가피하다고 주장했다. 전형적인 '먹튀'의 사전단계인 셈이다.

전방위적
노조 무력화 공세

직장폐쇄 이후 회사는 사태 해결과는 정반대의 후속 조치를 일사천리로 진행했다.

조합원들에게 휴대전화 문자를 보내 징계하겠다고 협박했다. "금속노조 조합비를 내지 않겠다"라거나 "복종하겠다"라는 각서를 쓴 조합원만 선별해 복귀시켰다. 직장폐쇄 기간 임금을 지급하지 않던 회사는 2백만 원을 대출해 줄 테니 신청하라는 문자를 보내기도 했다. 사무직과 복귀자에게는 특별상여금을 지급했다. 공장은 복귀자들과 비조합원인 사무직, 그리고 사전에 고용한 비정규직들로 가동하며 시간당 생산량을 계속 올려 갔다.

공장 곳곳에 설치한 CCTV로 감시까지 당하는 마당에 각서를 쓰고 복귀한 조합원들은 어쩔 도리가 없었다. 사실상 감금 상태에서 일해야 했다. 복귀한 조합원들은 업무 외에 세뇌 교육에도 시달렸다. '노조 무용론'을 강의하거나 생산성 향상에 대한 제안을 강요했다. 원치 않는 봉사활동까지 보냈다. 밤에는 부서장이 마련한 술자리에 강제로 참석시켜 회유하고 협박했다.

발레오 자본과 유착한 노동부와 경찰의 환상적 팀워크도 빛을 발했다.

노동부 직원이 회사에 상주하면서도 문제 해결은커녕 협박을 일삼았다. 조합원이 노조 사무실에 들어가지 못하고, 업무에 복귀하겠다는 조합원들이 공장에 들어가지 못하고 있는데도 어떠한 노력도 하지 않았다. 도리어 회사의 외주화 요구를 받아들이라고 압박했다. 노동부 직원의 입에서 "회사 출입은 노동법 위반"이라는 말이 나왔다.

경찰 3천여 명도 회사 안에 상주하며 조합원들을 감시·위협했다. 용역경비들이 소화기를 뿌리거나 던지고 소방호스로 물을 쏘는 등의 폭력을 써도 막지 않았다. 회사는 관변단체와 보수언론까지 활용해 지회를 압박했다. 경주시민들에게도 "노조의 불법 파업으로 경영이 어렵다" 따위의 거짓을 담은 선전물을 직접 배포했다.

업무 복귀와 교섭 의사를 밝혔는데도 회사가 막무가내로 일관하자 지회는 행동에 나섰다. 공장에 들어갈 수 없는 조합원들이 다 함께 힘을 모아 싸우기로 했다. 공장 입구마다 천막을 치고 지켰다. 바로 앞길이 에코플라스틱과 광진상공으로 이어지니 두 공장 통행을 막아 발레오전장을 봉쇄해 압박하자는 의견도 나왔다. 지부 운

3월 4일 북문 진입투쟁 모습.

영위에서 결의까지 했지만 이미 정보를 입수한 원청사 현대차가 손을 써서 실행에 옮길 수 없었다. 어떻게 해도 사측에 압박이 되지 않았다.

더는 참을 수 없었다. 지회는 3월 3일 공장 북문 앞에서 납품 차량을 막고 공장 진입을 시도했다. 곧바로 경찰에 연행됐다. 이에 항의해 금속노조 경주지부가 4~5일 확대간부 파업을 벌이며 공장 진입 투쟁에 나섰다. 4일 오전 10시에 다시 정문과 북문 앞에서 출근을 시도하며 회사가 동원한 용역과 1시간 넘도록 대치했다. 그래도 회사 진입이 어려웠다. 조합원들은 11시 10분부터 경주와 포항을 잇는 왕복 4차로 7번 국도에서 연좌 농성을 벌였다. 20분 만에 32명이 연행되고 말았다.

어떠한 노력도 소용이 없자 금속노조 경주지부가 결국 파업에 나섰다. 3월 5일 잔업 거부를 시작으로 6~7일 특근 거부, 8일 4시간 파업을 거쳐 9일에는 22개 사업장 조합원 3,300여 명이 총파업을 벌였다. 12일에도 4시간 연대파업을 벌이고 5천여 명이 참석한 가운데 대규모 결의대회를 열었다.

경주지부 차원의 총파업에 직면해서야 사측은 마지못해 금속노조 박유기 위원장을 만나 성실 대화를 약속했다. 그러나 3월 13~17일 대화 기간 중 한 차례 실무교섭을 벌인 게 고작이었다. 직장폐쇄도 풀지 않았다. 3월 22일 금속노조 경주지부는 지회가 천막농성을 하는 공단운동장에서 조합원총회를 열었다. "발레오 자본의 직장폐쇄를 철회시키고 발레오만도 조합원들을 현장으로 돌려보내자"라고 결의를 다졌다.

직장폐쇄가 길어지는 가운데 경찰도 자기 '몫'을 했다. 경주경찰서는 3월 16일 포항노동지청에서 조사받던 정연재 지회장을 연행·구속하고, 금속노조 경주지부 사무실을 압수 수색했다. 동시에 금속노조 한효섭 지부장과 신시연 수석부지부장에 대한 검거에 나서 3월 26일 체포·구속했다. 경주지부는 3월 29일 지도부 구속에 항의하는 4시간 부분파업을 벌였다.

대구지방법원 경주지원은 직장폐쇄로부터 석 달이 넘은 5월 19일에 이르러서야 노조가 청구한 '직장폐쇄 효력 정지 가처분'을 인용했다. 법원 판결조차 무시하던 회사는 직장폐쇄 98일 만인 5월 25일 직장폐쇄를 철회했다.

한 축으로는 어용노조 설립

사측이 직장폐쇄를 철회한 때를 즈음해 어용노조가 등장했다. 전형적인 '노조파괴 시나리오' 수순이다.

사측은 직장폐쇄 후 '발사모' '발노사' 따위 정체불명의 온라인카페를 운영하며 유언비어를 유포했다. 지회 집행부를 비방하며 조합원들의 분열과 금속노조 탈퇴 공작에 열을 올렸다.

4월경에는 사측이 장악한 조합원들로 '조합원을 위한 조합원 모임'(아래 '조조모', 공동대표 정홍섭 서동철)을 조직했다. 조조모는 결성과 함께 '집행부 사퇴 촉구 및 총회소집 요구 서명운동'을 시작했다. 여기서 그치지 않고 직접 지회 간부들을 찾아다니며 사퇴를 종용했다. 구속된 간부들에게는 구치소로 면회까지 가서 다그쳤다.

"제가 그때 부지회장이니까 조합원들이 '지회장도 구속된 마당에 우리 다 죽게 할 거냐, 최소한 회사랑 독대라도 해서 직폐는 풀어야 하지 않겠느냐'고 하더라고요. 그래서 고민 고민 끝에 회사에 한번 만나자고 해서 저녁에 정문 경비실로 들어갔어요. 그런데 들어가니까 용역 깡패들이 검문 검색하듯이 금속탐지기를 여기저기 갖다 대고 소지품 다 내놓으라고 하고 휴대폰도 압수하더라고요. 엄청나게 모욕적이었지만 꾹 참고, 어디로 가면 되냐고 했더니 정문 경비실 옆 면회실로 들어가래요. 거기서 기다리니까 강기봉이 노무팀장하고 둘이 와서 '앉아라' 그러기에 '왜 여기서 이야기하느냐, 본관으로 가자' 했더니 강기봉이 '아직도 정신 못 차렸어요' 이러더라고. 그때 참… 기가 막혔지만 그래도 일단 앉아서 이야기했죠. 제가 '직장폐쇄부터 풀어라, 현장에 일하는 조합원들이 엄청 혼란스러워한다, 일단 직장폐쇄 풀고 현장에 들어가서 이야기하자, 니가 원하는 대로 사퇴하겠다, 들어가서 사퇴하겠다, 확약서 쓰라 하면 쓰겠다, 사퇴하고 선거 치르도록 선관위 구성까지 하겠다' 했죠. 그러니까 '여기서 바로 사퇴하세요' 이렇게 이야기하더라고. 그래서 그건 안 된다고 했더니 또 '아직 정신 못 차렸네요' 이러는 거예요. 더는 할 말도 없고 해서 5분도 채 안 돼서 나왔습니다. 그때 느꼈던 모욕감은 잊을 수가 없어요." (이상수)

지회 집행부가 흔들리지 않자 그들은 소집권자 지명 절차도 없이 멋대로 임시총회 공고를 붙였다. 이어 5월 19일 임시총회를 열어 금속노조를 탈퇴하는 조직 형태 변경을 의결했다. 그러나 법적인 절차를 거치지 않아 논란이 일었다. 조조모는 소집권자 지명 절차를 거쳐 직장폐쇄 철회 이후인 6월 7일 임시총회를 다시 개최했다.

두 번의 임시총회 과정은 모두 강압과 회유로 점철됐다. 아예 총회장에 들어갈 때 지회장 불신임 서명과 금속노조 탈퇴 각서를 강요했다. 용역 깡패들이 가로막고, 소란 피우지 않는다는 서약서를 쓰면 들여보내 주겠다고 윽박질렀다. 지회 활동에 적극적인 일부 조합원들은 아예 총회장에 들어가지도 못했다. 금속노조 탈퇴 여부를 묻는 투표함은 부서별로 구분됐고 투표용지 색깔까지 달랐다.

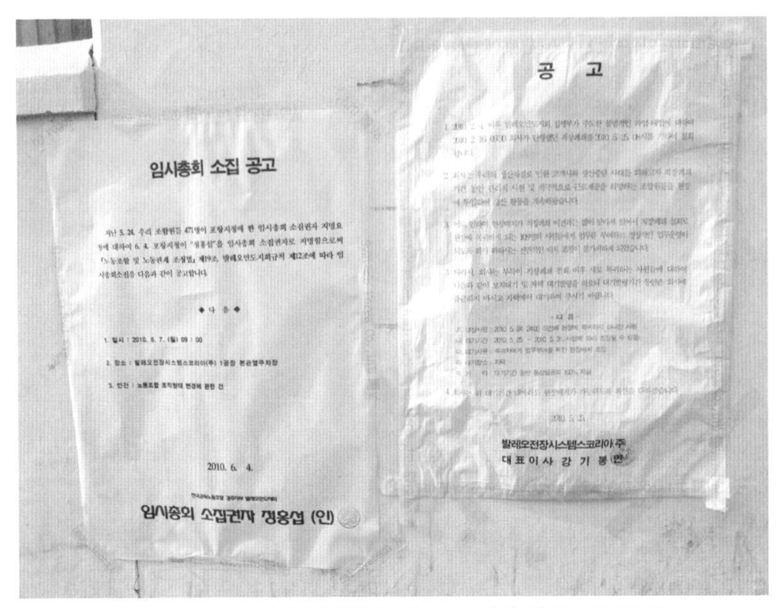

임시총회 소집 공고

지난 5. 24. 우리 조합원들 471명이 포항지청에 한 임시총회 소집권자 지명요청에 대하여 6. 4. 포항지청이 "정홍섭"을 임시총회 소집권자로 지명함으로써 「노동조합 및 노동관계 조정법」 제19조, 발레오만도지회규칙 제12조에 따라 임시총회소집을 다음과 같이 공고합니다.

◆ 다 음 ◆

1. 일시 : 2010. 6. 7. (월) 09 : 00
2. 장소 : 발레오전장시스템스코리아(주) 1공장 본관앞주차장
3. 안건 : 노동조합 조직형태 변경에 관한 건

2010. 6. 4.

임시총회 소집권자 정홍섭 (인)

공 고

발레오전장시스템스코리아(주)
대 표 이 사 강 기 봉 (인)

5월 25일 공장에 나붙은 사측의 직장폐쇄 철회 공고와 조조모의 임시총회 소집 공고문.

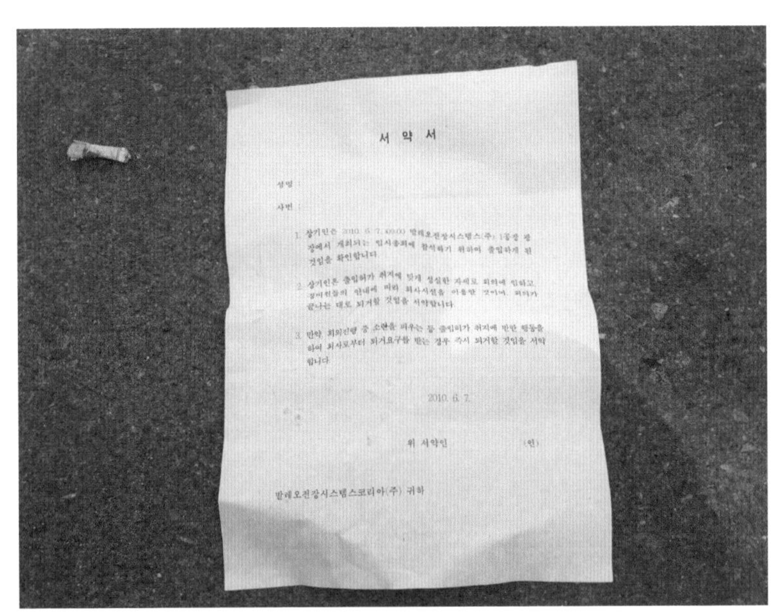

서 약 서

성명 :

사번 :

1. 상기인은 2010. 6. 7. 09:00 발레오전장시스템스(주) 1공장 광장에서 개최되는 임시총회에 참석하기 위하여 출입하게 된 것임을 확인합니다.
2. 상기인은 출입허가 취지에 맞게 성실한 자세로 회의에 임하고 경비원들의 안내에 따라 회사시설을 이용할 것이며, 회의가 끝나는 대로 퇴거할 것임을 서약합니다.
3. 만약 회의진행 중 소란을 피우는 등 출입허가 취지에 반한 행동을 하여 회사로부터 퇴거요구를 받는 경우 즉시 퇴거할 것임을 서약합니다.

2010. 6. 7.

위 서약인 (인)

발레오전장시스템스코리아(주) 귀하

6월 7일 임시총회장에서 조합원들에게 서명을 강요한 서약서.

6월 7일 정문에서 임시총회장에 들어가려는 조합원들을 가로막는 구사대의 모습.

팀장들은 반대표 많이 나오면 곤란해진다고 닦달했다. 사무직들까지 총회장을 지키고 서 있었다. 위원장을 선출할 때 어떤 조합원은 강압에 항의하며 "내가 출마하겠다"고 손을 들었다가 우르르 달려든 이들에게 사지를 들려 나왔다.

회사 말을 듣지 않으면 총회장뿐만이 아니라 회사에서까지 쫓겨날 살벌한 분위기였다. 이런 상황에서 자기 의사를 곧이곧대로 표시하기란 쉽지 않았다. 조합원들은 혼란에 빠져 자포자기한 상태였다. 그렇게 두 번째 조직 형태 변경 찬반투표 결과 550명이 투표, 536명(97.5%)이 찬성했다. 그들은 금속노조 탈퇴를 결정하고 정홍섭을 위원장으로 뽑았다.

그날 기업별 단위 노조인 발레오전장노동조합[26](아래 '기업노조')이 경주시에 설립 신고를 했다. 경주시는 기다렸다는 듯 오후에 곧바로 신고필증을 내줬다. 모든 과정이 일사천리로 진행됐다.

회사는 신고필증을 받으러 가는 직원들을 경주시청까지 통근버스로 태워다 줬다. 기업노조가 설립신고증을 받아오자, 강기봉은 "수고했다"고 안아주며 공장 안 잔디밭에서 삼겹살 회식으로 '보답'했다. 오후 5시 13분에는 조합원들에게 "많은 고통을 감내하면서 생존을 향한 확고한 의지를 두 번씩이나 보여주신 여러분께 무한한 감사의 박수를 보냅니다. 이제부터 저는 여러분의 뜻을 이어받아 노사 공영의 신화를 창조해 나가겠습니다. 사랑합니다. 여러분! 대표이사 강기봉"이라는 문자메시지까지 발송했다.

그리고 같은 날, 이제 발레오전장은 금속노조가 아니라며 지회·지부 전임자를 직위해제하고 복귀 명령을 내렸다. 대상자들은 "금속노조는 개별탈퇴만 가능하고 조직탈퇴는 안 되니 인정할 수 없다"고 버텼다. 복귀 명령을 따르지 않자 회사는 임금을 지급하지 않았다. 6월 11일까지 노조 사무실을 비우라고도 통보했다.

발레오 자본과 기업노조의 역할을 가리는 일 자체가 의미 없던 시절이었다. 직장폐쇄와 조조모의 활동, 금속노조 탈퇴와 기업노조 설립, 그리고 이후 지회 간부 해고로 이어지는 모든 과정에서 사측과 기업노조는 민주노조를 깨기 위해 한 몸으로 움직였다.

---

26 이후 법원에서 '기업별노조 전환은 무효'라는 판결을 받자 항소 등에 대비해 2012년 12월 17일 발레오경주노동조합으로 이름을 바꾸었다. 편의상 모두 '기업노조'로 표기한다.

사측은 지회 간부를 해고한 뒤에 공장 출입을 막았고, 기업노조는 회사의 이중대 역할을 톡톡히 했다. 해고자들이 매일 아침 피켓 시위를 벌이면 기업노조는 반대 선전전을 하며 방해했다. 기업노조는 신고필증이 나오자마자 단체협약을 사측에 백지 위임했다. 7월 20일에는 '항구적 무쟁의 선언'까지 했다. 갱신된 단체협약은 상상을 초월할 만큼 개악됐다. 회사는 임금과 인사권을 무기로 노동자들의 목을 조여왔다.

발레오지회는 기업노조를 상대로 '금속노조 탈퇴 총회결의는 무효'라며 소송을 제기했다. 재판에서 강기봉은 "노조는 주주를 견제할 중요한 집단으로 회사를 운영하는 데 꼭 필요하다고 생각하는 것이 평소의 소신"이라며 "금속노조 탈퇴도 노조원들이 자발적으로 결정한 것이고, 회사가 나서서 노조를 깬다는 것은 꿈도 꿀 수 없다"고 주장했다. 주장 자체도 어불성설인 데다가 노조가 필요한 이유가 자신의 입맛대로 움직이기 위해서라는 의도를 드러낸 셈이다.

어용노조 키우고 민주노조 죽이기

법원의 '직장폐쇄 효력 정지' 판결로 직장폐쇄는 철회됐지만, 현장은 더욱 살풍경해졌다.

사측은 직장폐쇄를 철회하면서 복귀 순서에 따라 조합원들의 등급을 매겨두고 있었다. 심지어 산재 요양 중이어서 복귀하지 못한 조합원에게조차 하위등급을 매겼다. 직장폐쇄를 풀기 전날인 5월 24일 자정 이전까지 현장에 복귀하지 못한 108명에게는 자택 대기 발령이 내려졌다.

여전히 지회의 영향력이 있는 조합원들에 대해서는 직장폐쇄를 유지하는 것이나 다름없는 조치다. 이는 법원 판결까지 무시하는 처사이기도 하다. 앞서 법원은 5월 19일 '직장폐쇄 효력 정지' 판결을 내리면서 "회사는 근로 제공을 거부해서는 안 되며, 근로 제공을 거부하면 1회당 1백만 원을 지급하라"라고 한 바 있다. 지회가 집달관을 대동해 이러한 판결문을 식당과 정문에 게시하고 나서야 회사는 대기 발령을 종료했다.

대기 발령이 종료됐으나 전·현직 노조 임원과 아웃소싱 대상인 서비스 부분 조합원 등 58명은 문자메시지로 교육을 통보받았다. 교육장에는 어김없이 CCTV가 설치돼 화장실 외에는 이동을 통제했다. 감금 상태로 용역의 감시 속에 정신교육을 받아야 했다.

"벽 보고 앉아있다가 화장실 갈 때 화장실 갔다 오겠습니다, 갔다 와서는 또 갔다 왔습니다, 하고. 이건 뭐, 교도소까지는 아니라 해도 통제가 너무 심했어. 전두환 시절 삼청교육대가 이랬을까 하는 생각이 드는 거죠. 그때는 정말 공장 그만둘까 그런 생각 진짜 많이 했는데, 그때 우리 집사람이 임신하고 있었거든요. 집사람이랑 이야기하다 보니까 이게 그만둘 수도 없고. 그래서 내가 먼저 사표 안 쓰겠다고 얘기했죠. 그랬더니 버티라고 하더라고. 그래서 알았다, 버

틸게, 그러고 버틴 거죠. 그때 기억을 다 잊어야 하는데… 자꾸 생각하면 안 좋습니다….” (박종욱)

회사는 5월 말 이들 전원에게 징계위원회 출석을 통보했다. 사측은 1차로 37명에게 문자로 해고 처분을 알렸다. 그리고 개인 면담 등을 통해 “재판 가면 3~4년 걸리는데 버티기 힘들 거다”, “금속노조는 책임 안 진다”, “사원아파트에서 나가야 한다”, “손배·가압류 들어가도 괜찮겠냐” 따위의 협박을 계속했다.

끝내 30여 명은 울며 겨자 먹기로 무급휴직에 들어가거나 계약직으로 전환하거나 사직했다. 회사의 분열 책동에도 끝까지 버틴 지회 전·현직 간부 15명은 해고됐다. 아웃소싱 해당 서비스 부문(식당, 경비, 정리반, 차량기사) 조합원 13명은 정직 처분됐다. 이후 사측은 이들에 대해서도 정직 처분을 여러 차례 반복하다 전원 해고했다.

직장폐쇄 기간에 복귀했다고 해서 일상으로 돌아갈 수 있는 것은 아니었다. 작업은 하게 했지만 “영원한 자리는 아니다”, “6개월간 업무 태도 보고 다시 결정한다”는 식으로 몰아세웠다. 심지어 조합원 383명을 징계위에 부쳐 66명 감봉, 24명 견책, 173명을 경고 조치하는 등 대량징계를 강행해 현장 분위기를 더욱 옥죄었다. 회사와 기업노조에 협조하지 않으면 살아남을 수 없다는 점을 각인시키는 것이다. 목표는 모든 노동자의 굴복이며, 그 과정에 걸림돌은 오로지 민주노조였다.

늦게 복귀했거나 금속노조에서 탈퇴하지 않은 조합원, 천막농성자들과 가깝게 지내거나 집회에 참여하는 이들에게는 더욱 가혹한 현실이 기다리고 있었다. 회사는 이들을 생산 현장에 투입하지 않고 '지피지기', '개선 티에프티(TFT)' 따위의 팀을 만들어 따로 관리했다. 갑작스럽게 사람이 빠진 라인에 대타로 투입하거나 풀 뽑기, 나무 자르기, 박스 닦기, 페인트칠, 기계나 화장실 청소 등의 업무를 부여했다. 시간당 생산량 인상 반대자, 장기근속자, 장기산재자, 심지어 산재연금 수급자들도 이 팀에 넣어 관리했다.

현장의 노동강도는 '업무 개선'이라는 명목으로 더욱 세졌다. 기업노조 쪽 인물들을 새롭게 반장으로 임명해 조합원들의 일거수일투족을 감시했다. 시간당 생산량이 직장폐쇄 전보다 최고 30~40%까지 올라갔다. 생산 목표량이 늘어 화장실도 마음대로 갈 수 없는 지경이었다. 퇴근 시간이 지나도 무임금으로 생산량을 맞춘 뒤에야 퇴근할 수 있었다. 관리자들이 "말 안 들으면 '지피지기'로 보내 버리겠다"고 협박을 일삼아서 따질 수도 없었다.

감시는 일상이 됐다. 노동자들의 성향을 구분해 회사 출입증 색깔을 달리했다. 출퇴근은 지문인식기를 거쳐야 가능했다. 금속탐지기를 동원해 몸수색도 했다. 여성 노동자에 대해서도 소지품 검사를 해서 모욕감을 줬다. 복장도 규제했다. 금속노조 조끼는 물론 심지어 '붉은 악마 월드컵 티'조차 못 입게 했다. 출근 시간보다 20분 일찍 나와서 구호를 외치고 체조를 해야 했다. 퇴근 이후에는 조합원 간 결속을 차단하기 위해 인터넷 교육을 진행했다. 시험을 치러 점수가 낮으면 교재비와 수업료를 본인이 부담하게 했다.

기업노조가 만들어진 다음 발레오만도지회에 남은 금속노조 조합원은 36명, 고난의 행군이 시작됐다. 회사측은 기업노조를 앞세워 임금·단체협약을 전면 개악해 인사와 임금, 차등성과급제 따위로 노동자들을 관리했다.

이 과정에서 기업노조에 비협조적인 노동자들을 표적으로 삼아 괴롭혔다. 별도로 구분해 주간 2교대 근무를 하도록 해서 다른 노동자들과 아예 접촉조차 차단했다. 연장근로나 휴일근로, 진급 대상에서도 제외했다. 성과급(2011년 1,381만 원, 2012년 1,452만 원, 2013년 1,459만 원, 2014년 1,532만 원)도 7단계로 차등 적용해 회사 눈치를 보게 했다. 눈 밖에 난 노동자들에게는 하위등급을 적용했다. 최상위등급은 성과급 2,980만 원을 받고 최하위등급은 1천만 원이 넘는 자녀 학자금도 지원받지 못해 격차는 4천만 원 이상 벌어졌다.

이 시기 금속노조 조합원들은 생계 자체에 큰 어려움을 겪을 수밖에 없었다. 마이너스통장은 물론 적금, 보험 깨는 건 예삿일이었고 자녀들 학원도 끊었다. 전업주부였던 아내들도 맞벌이에 나섰다.

> "생활비 줄이고, 외식이라는 건 꿈도 못 꿨고, 적금 깨고 대출받고, 그래도 안 돼서 집사람이 보험설계사 잠깐 하다가 다른 일 여러 가지 했어요. 힘들었죠, 그때는…." (송재석)

> "뭐 팔자에 있는 업이 따로 있겠습니까마는 저도 그때 팔자에 없는 보험 영업, 대리운전, 막노동, 다 해봤어요. 가족 생계도 생계지만 솔직히 그 시간을 버티기 위해서라도 천막에만 있기보다는 돈벌이

하러 나가야 했어요. 그때 또 조합이 어려웠으니까 생계 나가면 천 막에 돈을 내기로 했잖아요. 제 생각에 투쟁도 중요하지만 이걸 오랫동안 끌고 가서 이겨야 하니까, 이 순간을 버텨야 한다는 생각 때문에 생계 나가서 여러 가지 일 많이 해봤습니다. 눈물 젖은 빵, 눈물 떨어진 막걸리 다 먹고 마셔봤죠. 참… 힘들었죠." (추재덕)

회사에 비판적인 조합원은 수시로 징계위원회에 부쳐 징계를 이유로 학자금이나 경조금을 지급하지 않았다. 별도의 팀에 배치해 잡무만 시키거나, 심지어 두 달 이상 업무배치를 하지 않고 사무실 복도에 책상 하나 내주고는 앉아있게 하기도 했다. 다른 부서나 공장으로 전환 배치조차 일상적으로 이루어졌는데, 그나마 새벽에 문자로 통보하는 식이었다.

"2층 사무실에 앉아있을 때가 제일 힘들었었죠. 돈도 돈이지만, 2층 사무실에 책상 하나 갖다 놓고 앉았을 때가 심적으로 내가 제일 힘들었던 상황 아니었나 싶어요." (최준창)

기업노조가 금속노조를 비방하는 출퇴근 선전전을 진행하면 회사는 포상을 줬다. 지회 조합원이 선전물을 배포하면 관리자들이 달려들어 강제로 회수했다. 지회 선전물을 받는 사람도 차별하겠다고 협박했다. 기업노조 조합원들이 지회쪽 사람들과 어울리는지에 대한 상시적인 감시도 이루어졌다.

게다가 회사는 2010년 7월, 남아있는 금속노조 조합원들을 상대

이른바 '화랑대 교육'을 받는 조합원들과 이를 순찰하며 웃고 있는 강기봉(맨 앞).

로 26억 4,800만 원에 달하는 손해배상을 청구했다. 기막히게도 청구액에는 '직장폐쇄로 인한 경영진의 정신적 피해 위자료' 5천만 원이 포함돼 있었다. 회사의 손해배상청구 소송 제기만으로 노조는 이미 큰 타격을 입었다. 회사는 금속노조를 탈퇴하면 손해배상 소송에서 빼주겠다고 회유했다. 소송에 부담을 느껴 탈퇴하는 조합원들이 생겨났다. 남은 조합원들은 소송비용을 대기 위해 모내기를 하고 길거리에서 은행을 주워 팔아야 했다.

2011년부터는 2박 3일 프로그램으로 회사에서 먹고 자는 '화랑대 교육'을 도입했다. 회사는 소통 교육, 원가절감, 야외 미션 수행게임을 하며 '혁신'을 배우는 교육과정이라고 주장했다. 실상은 달랐다. 낮에는 오리걸음과 '한강철교 기합'(이른바 '원산폭격') 같은 벌칙을 주어 회사에 '복종'하도록 했다. 밤에는 '금속노조'의 문제점을 짚으며 지회에 대한 반감을 키우는 교육을 진행했다.

"공장으로 돌아가자"
거점 중심 연대투쟁

자본의 전방위적 공격에도 발레오지회는 무기력하게 당하고 있지만은 않았다. 2010년 회사가 직장폐쇄 공고문을 붙였을 때부터 지회는 경주지역 노동계와 연대해 곧바로 투쟁을 시작했다. 공장 앞에서 하루도 빠짐없이 출퇴근 선전전을 진행했다. 경주시청과 포항고용노동지청 앞 1인 시위도 병행했다. 회사가 해고자들의 공장 출입을 막은 탓에 공장 바로 앞 공단운동장에 천막을 쳤다. 천막을 거점 삼아 농성장을 차리고 민주노조 사수 투쟁을 이어갔다. 지회는 금속노조와 민주노총 차원의 현안 투쟁에도 결합하는 한편 발레오 사태 해결을 위한 연대를 호소하며 투쟁을 이어갔다.

도심에서 삼보일배 행진(3월 19일)을 하거나 보문단지 벚꽃마라톤대회(4월 3일), 자전거 선전전(4월 14일), 황성공원 떡축제(4월 17~18일) 등에 '직장폐쇄 철회'라고 쓴 몸벽보를 달고 참가했다. 행사 참가자와 시민들은 함께 안타까워하며 "힘내서 꼭 공장으로 돌아가라"고 격려했다.

3월 17일에는 '발레오만도 가족대책위'(아래 '가대위')가 구성돼 지회에 든든한 힘이 돼주었다. 가대위의 활동으로 이웃 주민들과 상인들의 지지가 한층 굳건해졌다. 시내 곳곳에 '중심상가연합회', '충효동 방범청년회', '제일아파트 유호네 가족 일동' 등의 명의로 지지 현수막이 나붙기 시작했다. 가족산행(3월 21일, 포석정~통일전)에는 자녀들까지 참여해 즐거운 한때를 보냈다. 가족문화제(4월 7일)에는 이웃 주민들과 상인들도 참여해 지지와 후원금을 보탰다. 1999년까지 하나의 노동조합으로 활동했던 금속노조 만도지부 조합원들은 9,761,000원을 모금해 투쟁기금으로 전해오기도 했다. 자본과 정권이 노조파괴에 혈안이 돼 있었지만 여론만큼은 지회 편이었다.

5월 들어서 3월에 구속됐던 지도부도 석방되자 지회는 장기전 태세를 갖춰나갔다. 그러나 회사는 기업노조와 용역을 동원해 시도 때도 없이 도발해 왔다. 현장에 복귀한 조합원들은 차별과 통제에 시달렸다. 직장폐쇄가 철회된 후에도 조합원들 대부분 정직·해고돼 공장 출입조차 못 하는 상황이었다. 조합 활동에 일손도 부족하고 천막농성장 사수조차 버거운 게 현실이었다.

하루걸러 폭력적 도발을 일삼던 용역이 9월 2일 밤 11시에는 정문 앞에 설치한 컨테이너를 침탈했다. 문고리 열쇠 구멍 안에 접착제를 부어 문을 열지 못하게 만들고 전선을 절단했다. 그도 부족했는지 유리창을 깨고 컨테이너 안쪽에 소화기를 무자비하게 쏴서 식자재와 농성 물품이 못쓰게 돼버렸다. 사측은 이후에도 하루가 멀다고 관리직, 기업노조, 용역 깡패를 동원해 지회 조합원들을 폭행하고 괴롭혔다. 2011년 2월에 벌어진 폭행 사건과 관련해 경찰 조사를 받던 용역 한 명은 "집회를 방해하고 몸싸움을 유도하라는 회사의 지시를 받았다"라고 진술하기도 했다.

당장 감내해야 할 고통은 폭력뿐만이 아니었다. 발레오 자본이 무수하게 걸어놓은 업무방해 고소·고발 등에 맞선 법률투쟁도 만만치 않았다. 사측이 남아있는 지회 조합원을 상대로 제기한 손해배상청구에도 대응해야 했다. 이 밖에 직장폐쇄 기간 임금 지급, 부당해고·정직 구제, 성과급 차등 지급 원상회복, 기업노조 총회결의 효력 및 임원직무 집행정지 가처분 등 법적 대응도 금속노조 법률원과 함께 챙겨나갔다. 발레오만도지회뿐만 아니라 민주노조 전체 차원에서도 꼭 의미 있는 판결을 받아내야 했다.

소송 과정에서 가뭄에 단비 같은 소식도 더러 전해졌다. 해고·정직 등으로 징계당한 28명 가운데 7명 해고와 2명 정직은 부당하다는 지노위 판결(2010년 9월 20일)이 나왔다. 매우 아쉬운 판결임은 물론 예상대로 사측이 판결에 따르지도 않았지만, 소중한 승리 한 조각이었다. 노조 활동과 해고자 생계비도 부족한 터에 법률대응까지 해야 하는 상황이어서 지회는 불가피하게 틈틈이 재정사업도 벌였다.

발레오만도지회가 공단운동장을 거점으로 조합활동과 연대사업을 하는 모습.

이렇게 사업과 투쟁을 펴나가면서 공단운동장 농성장은 지회 사무실로 손색없이 자리잡혔다. 회의실과 식당도 모양을 갖추었고, 잠을 자야 하는 천막도 찬 바람 피해 눈 붙일 정도가 되었다. 저녁에는 퇴근하는 조합원, 가족, 시민, 그리고 멀리 전국에서 연대하러 찾아오는 사람들로 북적거렸다.

숨돌릴 틈 없이 몰아치는 발레오 자본의 탄압에도 지회는 이를 악물었다. 강탈당한 모든 것을 원상회복하기 위해 날마다 머리띠를 묶었다. 비록 조합원은 소수였지만 외롭지 않았다. 좋은 날은 손에 꼽을 정도였지만, 버티지 못할 바는 아니었다. 하루가 1년 같고 1년이 하루 같은 날들이 이어졌다.

한편 발레오 자본이 2010년 직장폐쇄 철회 직후 벌인 손해배상청구 작전은 사실상 실패했다. 2012년 1월, 1심은 회사의 26억 4,800만 원 청구를 대부분 기각했다. 다만 노사 충돌과정에서 파손된 문 등에 대한 손해만 인정해 노조에 1,083만 원을 배상하라고 판결했다. 특히 재판부는 판결문에서 "원고가 발레오만도지회의 쟁의행위에 대항하기 위하여 직장폐쇄라는 쟁의행위를 하기로 스스로 결정한 이상 직장폐쇄를 유지하기 위하여 통상적으로 발생하는 비용은 원고가 부담하는 것이 원칙"이라고 밝혔다. 이 판결은 2012년 12월 14일 대법까지 유지됐다.

2012년 노조파괴 시나리오 드러나다

소수만 남은 지회는 '자존심' 하나로 똘똘 뭉쳐 지옥 같은 하루하루를 끈기 있게 버텨가고 있었다. 그러던 중에 그간 당해온 일들의 실체가 백일하에 드러났다. 자본이 창조컨설팅과 계약을 맺어 '노조파괴 시나리오'를 실행했다는 사실이 밝혀진 것이다. 발레오전장을 시작으로 전국 곳곳에서 벌어진 노조파괴는 철저하게 기획된 공작이었다. 2012년 9월 국정감사에서 창조컨설팅의 내부 문건이 세상에 공개됐다. 정황은 차고 넘쳤지만 아무도 인정하지 않았던 공작의 실체가 비로소 공식적으로 확인된 셈이다.

이 과정에 정부의 묵인과 방조, 협력이 있었다는 사실도 밝혀졌다. 사용자와 창조컨설팅, 용역경비업체로 묶인 '노조파괴 삼각동맹'은 국가기관인 노동부, 경찰, 검찰까지 이어져 있었다.

특히 발레오전장은 창조컨설팅이 자문해 노조가 무력화된 대표적 사업장이다. 용역 투입에 이은 직장폐쇄, 복수노조 설립, 손해배상청구로 이어지는 전형적인 '노조파괴 시나리오'가 성공한 최초 사례였다.

창조컨설팅은 사전 작업을 거쳐 2010년 3월 발레오 자본과 계약을 맺었다. '금속노조 대항세력 지원계획'을 제출하고 '조합원총회 시나리오'까지 작성해 주는 등 적극 개입해 금속노조 탈퇴까지 끌어냈다. 발레오 자본은 노조파괴 전략을 조언받은 대가로 창조컨설팅에 2년간 45회에 걸쳐 4억 407만 원의 자문료를 건넸다. 금속노조 탈퇴에 따른 '상생의 노사관계 정착' 명목의 성공보수 1억 원은 따로 약정했다. 2009년 적자가 32억 5천만 원이라며 경영이 어렵다던 발레오 자본이 노조파괴에 용역비 36억 1천만 원을 포함해 무려 40여억 원을 쓴 셈이다.

창조컨설팅은 3월 30일 작성한 '쟁의행위 대응 전략 행위' 문건에서, 직장폐쇄가 이어지는 당시 상황을 "노노갈등이 심화되고 있는 상황이므로, 회사의 주도하에 '협력적 노사관계' 구축을 위한 절호의 기회"라고 규정했다. '협력적 노사관계'는 "힘의 균형상 회사가 우위에 있고, 노조의 통제가 가능한 시스템"이라는 설명도 덧붙였다.

창조컨설팅은 이를 위해 "조합의 권력은 조합원과 조합비에서 시작되는 바, 조합원의 가입 범위를 합리화시키고 채찍(징계)과 당근(보상)을 중심으로 조합원 수를 줄이는 전략을 수립"해야 한다고 회사에 자문했다. 또 "관리자와 함께 조합원 사이에 여론을 주도하고 회사의 입장을 전파할 수 있는 키맨(Key man)을 선정하여 적극적인 조합탈퇴 여론을 조성"하고 "협력적 노사관계 구축을 위해 현재의 산별노조의 조직 형태를 기업별 노조의 조직 형태로 변경하여 조합을 합리적으로 통제할 방안도 고려"해야 한다고 제시했다.

자문은 그대로 이행됐다. 실제 회사는 직장폐쇄 조치를 해놓고 조합원들을 개별적으로 접촉했다. 그 결과 2010년 3월에 100여 명, 4월에 300여 명을 업무에 복귀시켰다. 복귀자들을 상대로 '민주노총 바로 알기' 등의 내용으로 교육하고, 임금·고용 등을 미끼로 금속노조 탈퇴를 유도했다. 복귀자들이 조조모를 만들도록 지원해 2010년 6월 임시총회에서 금속노조 탈퇴와 기업별 노조로 전환하는 안건이 통과되도록 했다.

노조파괴를 위한 창조컨설팅의 자문을 실행한 곳은 사측만이 아니었다.

2010년 직장폐쇄 당시 정부 대책회의 자료 내용은 창조컨설팅 문건과 90% 이상 똑같았다. 2012년 10월 7일, 대구고용노동청 포항지청이 작성한 '발레오전장시스템즈코리아 직장폐쇄를 둘러싼 법적 제 문제 검토'라는 문건이 공개됐다. 2010년 3월 19일 작성된 해당 문건을 보면, 같은 날 대구지검 경주지청에서 노동부와 검찰이 대책회의를 열어 발레오 자본의 직장폐쇄가 정당하다고 결론 내렸다. 문건은 "발레오만도지회의 파업이 노조법상 쟁의행위에 해당하지 않아 업무방해"라며 "사측의 직장폐쇄는 정당방위에 해당한다"는 내용을 담았다. 이어 "용역투입은 정당행위 또는 긴급피난에 해당해 정당"하며 "직장폐쇄를 철회하고 업무에 복귀시킬 경우 공장점거, 태업 등 혼란이 초래될 가능성이 크다"고 적었다.

사측의 직장폐쇄를 옹호하는 논리로 일관한 이 노동부 문건은 창조컨설팅 내부 문건과 거의 같았다. 창조컨설팅 문건에 '포항지청'으로 표시된 부분이 노동부 문건에 '우리 지청'으로 바뀌어 있을 뿐이다. 창조컨설팅이 사용자에게 노조파괴 프로그램을 가동하게 하면서 '유관기관' 대응의 일환으로 정부 기관에 지속적으로 영향을 끼쳤다는 증거다.

이처럼 창조컨설팅은 사용자의 입장을 적극적으로 반영하거나 유리하게 해석될 수 있는 근거를 만들어 정부 기관에 배포했다. 정부 기관은 그대로 받아 의사결정에 반영했다. 정부의 여러 기관이 노조파괴 공작을 공모하고 실제로 참여했다는 점은 사회에 엄청난 충격을 던져줬다.

이러한 사실은 이후 2018년 고용노동행정개혁위원회가 펴낸 활동결과보고서(아래 '개혁위 백서')에도 고스란히 드러났다. 박근혜 탄핵 후 적폐 청산의 일환으로 2017년 11월 고용노동부장관 자문기구로 고용노동행정개혁위원회가 출범했다. 개혁위원회는 2018년 1월 7일 노사관계 등 5개 분야에서 15개 과제에 대한 조사를 시작했다. 그리고 8월 1일 노조 무력화 등의 과제에 대한 최종 조사 결과를 발표하고 시정명령 권고안을 의결했다. 시정명령 대상 가운데 발레오만도를 포함해 금속노조에 속한 노조파괴·불법파견 사업장이 무려 9곳이나 됐다.

개혁위 백서에는 당시 고용노동부 직원이 금속노조 탈퇴를 권유하는 등 정부 차원에서 노조파괴를 지원한 정황이 나온다. 고용노동부 포항지청이 작성한 발레오 쪽의 직장폐쇄와 관련한 법률 검토 문건이 회사 쪽에 흘러 들어간 사실도 담겼다. 검찰, 노동부, 국가정보원 등이 2009년부터 발레오만도지회를 파괴하려고 논의한 정황도 담고 있다.

한편 직장폐쇄는 사측이 민주노조를 무력화하기 위해 사용하는 단골 메뉴가 됐다. 쟁의행위를 벌이자마자 용역을 투입하고 직장폐쇄를 단행해 사실상 노동자들의 파업권을 무력화하는 식이다. 공장 출입 봉쇄, 선별 복귀, 복귀 대상에서 강성 조합원 제외 등의 과정을 거쳐 결국 파업 참가자들을 사업장 밖으로 몰아내는 수단이다. 이러한 방식의 직장폐쇄는 상신브레이크, KEC, 유성기업, SJM, 만도 등에서도 특정 노조원을 배제하기 위한 목적으로 악용됐다. 조합원을 상대로 한 천문학적인 손해배상청구 역시 노조파괴 과정에서 단골 메뉴다.

발레오에서 이 방법들이 다 동원됐다. 전략은 대성공이었다. 직장폐쇄 이전까지 발레오 직원 8백여 명 중 621명이던 금속노조 발레오만도지회 조합원이 노조파괴 시나리오를 거친 후에는 36명 남았다.

국정감사에서 노조파괴 공작이 드러나자 고용노동부는 9월 26일, 뒤늦게 개업 노무사와 노무법인 83곳에 대해 긴급 점검을 벌이겠다며 진화에 나섰다. 하지만 여론은 싸늘했다. 노동부 역시 창조컨설팅과 유착했다는 의혹 때문이다.

창조컨설팅의 노조파괴 시나리오가 충격적인 이유는 또 있다. 공격적 직장폐쇄와 사업장의 용역경비 폭력 사태, 그리고 민주노총 탈퇴와 친기업 성향의 복수노조 설립이 모두 사전에 철저히 기획됐다는 점이다.

민주노총은 창조컨설팅과 이에 협조한 고용노동부를 규탄하며 진상규명과 원상회복을 촉구하는 투쟁을 펼쳤다. 금속노조는 발레오만도, 유성기업, 보쉬전장, 상신브레이크 사용자를 검찰에 고소했다.

금속노조 포항지부와 경주지부도 2012년 10월 12일 포항지청 앞에서 규탄 기자회견을 열어 “포항지청의 반노조·친사용자적 노동 행정으로 최근 몇 년간 관할 지역 상당수의 노조가 파괴됐다”며 “창조컨설팅이 개입한 발레오만도, 진방스틸, DKC 등에 대한 특별근로감독을 실시하고 원상회복 조치하라"고 촉구했다. 2010년 당시 포항지청에서 근무한 자가 이즈음에 "김주목 창조컨설팅 전무의 요구로 해당 문건을 전달한 사실이 있다"고 시인하기도 했다.

민주노총 대구본부와 경북본부도 "지난 3년간 전국을 휩쓸었던 노조파괴의 진원지가 대구·경북"이라며 사업주 구속 수사를 촉구했다.

노조파괴 시나리오를 착착 실행해 나가는 과정에서 사측은 각종 상을 휩쓸었다. 발레오전장은 노사발전재단이 고용노동부로부터 위탁받아 진행하는 '노사파트너십 프로그램 지원사업' 우수기업에 선정돼 2010~2011년 2년 연속 각종 혜택을 누렸다. 고용노동부는 발레오전장이 "(이러한 재정 지원과 혜택으로) 노사관계 개선 효과를 증대했다"고 평가[27]했다. 2013년 11월에는 상공회의소 등이 주최한 기업혁신대상에서 산업통산자원부 장관상을 받기도 했다.

2013년 노조 사무실 탈환

발레오지회는 기업노조 총회결의 무효소송에서 이미 승소했다. 서울중앙지방법원은 2011년 7월 26일 "금속노조는 산별노조로서 집단탈퇴 총회는 무효이고, 이로 인해 발레오전장노조의 임원 또

27 노동부, '2012년도 노사파트너십 프로그램 지원사업 추진계획', 2011년 12월.

한 자격 없다"고 판결했다.[28] 2012년 9월 21일 2심에서도 원심이 유지[29]됐다. 독자적 단체교섭을 하지 않는 산업별 노동조합의 '지회'는 자체 총회를 통해 조직의 형태를 기업별 노동조합으로 바꿀 수 없다는 판결이다. 지회는 독립적인 노조로 볼 수 없으므로 조직 형태 변경은 지회 소속 조합원들이 개별로 탈퇴해 새로운 노조를 만드는 방식이어야 한다는 취지다.

더러운 공작의 실체가 드러나고 기업노조 설립조차 법적으로 무효 판결을 받았다. 기업노조는 이미 법적으로 실체를 부정당한 상황이었다. 진상규명과 원상회복을 위해 노동계는 물론 전체 시민사회가 활동과 투쟁에 나섰다. 눈코 뜰 새조차 없이 기자회견과 선전전, 노숙농성, 삼보일배, 1인 시위, 집회, 소송 등이 이어졌다.

발레오 자본은 자신들의 범죄사실이 드러났음에도 '자본 철수'와 '공장폐쇄' 카드를 거둬들이지 않고 압박을 강화했다. 상용공장과 승용공장 S/T 서브라인, 이와 관련된 부품생산부 일부 라인을 아웃소싱하겠다고 나선 것이다. 또 해고자들에게는 여전히 공장 문을 닫아걸고 현장과 노조 사무실 출입을 통제하고 있었다.

지회는 '노조 활동 방해금지 가처분신청'을 냈다. 대구지법은 2013년 3월 25일 "해고자 29명[30]이 노동조합 사무실에 출입하는 것을 방해해서는 안 되고, 위반행위 1회당 1백만 원씩 지급하라"고 판

28 서울중앙지방법원 2011.7.26. 선고 2010가합124798 판결.

29 서울고등법원 2012.9.21. 선고 2011나79540 판결.

30 직장폐쇄 철회 후 28명이 해고되고 1년 뒤에 금속노조 활동을 이유로 1명이 추가로 해고됐다.

결했다.

지회는 판결문이 송달된 직후 사측의 제지에도 굴하지 않고 매일 사무실 출입을 시도했다. 회사는 4월 1일 "법원의 판단을 존중하며 대체 사무실(서문 컨테이너)을 마련하여 출입을 허용하겠다"고 밝혔다. 엉뚱한 컨테이너로 몰아내려는 수작은 그렇다 치고, 함께 발표한 '출입 절차'는 터무니없었다. '오전 8시부터 오후 5시까지 서문으로만' 가능하며 노조 사무실 이외 이동, 특히 생산 현장 출입은 불가하다고 단서를 달았다. 또 서문 출입 대장에 입문·출문 시간을 반드시 기록하되 허가되지 않은 물품 반입과 취사도구 사용, 소란 행위, 자동차 이용 출입 모두 불가하다고 덧붙였다. 달라진 게 없는 셈이다.

발레오 자본은 노조 사무실 출입 문제를 비롯한 지회 또는 조합원들과의 법정 다툼 40여 건에서도 거의 패소했다. 노조 사무실 출입이 정당하다는 지노위 결정에도 회사는 항소했다가 기각당했다. 5월 30일에는 15명 해고와 11명 정직이 부당하다는 판결도 내려졌다. 그러나 대법까지 가겠다며 이행 조치를 전혀 따르지 않고 시간만 끌었다.

사무실 출입을 놓고 사측이 2달째 폭력 사태를 일으키는 바람에 공방이 계속됐다. 5월 9일 집회 때는 기업노조 간부 20여 명이 사진을 찍던 금속노조 다스지회 간부에게 달려들어 목을 감아 꺾고, 의식을 잃고 쓰러지자 가슴과 얼굴을 다시 폭행했다. 5월 19일에는 공단운동장 농성장을 침탈, 현수막과 천막을 칼로 찢고 달아났다. 이런 폭행은 사실 일상적이었다.

사무실 진입 투쟁이 석 달을 넘어가던 2013년 7월 9일에도 조합원들은 서문을 통해 노조 사무실 진입을 시도했다. 시민선전전을 하려고 오후 1시 천막농성장에 집결했던 금속노조 경주지부 교섭위원들도 지회 사무실 앞으로 이동했다. 오후 2시 43분경 관리자들과 기업노조가 이들을 침탈했다. 경주지부는 확대 간부 주간조 파업을 결정, 지회 조합원까지 50여 명이 집결했다. 용역을 대동한 관리자와 기업노조가 2차 침탈을 강행했다. 지회는 공장에 상주하는 경찰에게 위협적인 구사대를 현행범으로 체포하라고 여러 차례 요구했으나 외면당했다.

오후 4시경 경주지부 확대 간부 1백여 명 정도가 집결한 가운데 서문을 통해서 드디어 지회 사무실 진입에 성공했다. 회사가 강제 폐쇄한 지 3년 5개월 만이다.

"직장폐쇄 이후 늘상 짜증나고 절망감만 들었는데 금속노조 경주지부에서 같이 치고 들어와서 같이 천막도 치고 그러니까, 아, 금속이 아직은 희망이 있구나, 이런 생각이 들었어요." (최준창)

노조 사무실 안은 참혹했다. 창문은 쇠창살로 가로막혀 있고, 비품과 집기는 통째로 사라지고 없었다. 식당이나 공장 생산 현장으로 연결되는 통로는 모두 막혀있었다.

구사대는 지게차로 지회 방송 차량을 치우려고 했다. 여의치 않자 통근버스로 사무실 앞을 막았다. 물과 음식 반입까지 차단했다. 급기야 회사는 오후 8시경 사무실과 연결된 전기와 수도를 모두 끊어버렸다. 비상등은 꺼졌고 물이 나오지 않는 사무실 옆 화장실에서는 악취가 진동했다. 사측은 사무실 앞에 1백여 명이 대기하며 선무방송과 사이렌을 주기적으로 틀어댔다. 경찰은 이 모든 상황을 지켜보고 있었지만 어떠한 조치도 취하지 않다가 철수해 버렸다. 오후 5시경 방문한 노동부 관계자는 회사쪽에 "이런 대응은 불법"이라고 무심하게 전했다. 물론 소용없는 경고일 뿐이다.

다음날도 지회 조합원과 지부 간부들은 공장 안에서 출근선전전을 하면서 침탈에 대비했다. 오후 5시 30분경 결의대회를 마친 조합원들이 구사대를 뚫고 북문 앞까지 이동하는 데 성공했다. 용역들은 조합원들이 화장실이나 세면대를 쓸까봐 쇠사슬을 묶어 잠가버렸다. 경찰은 북문 공장 안팎을 완전히 봉쇄했다.

지회는 7월 11일 아침에도 출근선전전을 진행했다. 사측은 15시 40분경부터 통근버스와 차량으로 사무실을 막았다. 그러다 갑자기 2백여 명의 구사대가 조합원들이 모여있는 잔디밭에 농약을 뿌리며 쳐들어왔다. 독한 농약이 눈, 코, 입으로 들어갔다. 구사대가 휘두른 폭력에 많은 조합원이 골절상 등을 입었다. 크게 다친 지부 간부 5명이 구급차로 후송됐다. 이 상황에 이르러서도 경찰은 아무런 조치를 하지 않았다. 노동부는 "회사가 금속노조 자체를 부정한다" 따위의 말만 늘어놓으며 수수방관했다.

이 와중에 지회가 용역과 충돌하며 입수한 동영상이 공개돼 충격을 던져줬다. 7월 10일 사장실에서 촬영된 동영상이다. 회사 간부가 강기봉에게 "제가 패도 돼요? 개값 물어주실래요?"라고 묻고 강기봉이 "개값이야 언제든 물어주지"라고 답하는 모습이 담겨있었

2013년 7월 11일, 구사대의 농약 살포로 아수라장이 된 현장.

다. 이와 관련 지회는 7월 15일 국가인권위원회에 긴급구제 신청과 인권침해 진정을 제출했다. 노동자를 '개'라 칭하고 농약을 살포한 이 사건은 '2013년 올해의 대구경북 5대 인권(침해)뉴스'[31]에 뽑히기도 했다.

석 달이 넘는 사무실 진입 투쟁에 이어 노조 사무실에 진입한 7월 9일부터 철야농성을 벌인지 12일 만인 7월 20일, 마침내 지회 조합원인 해고자들의 사내 출입을 쟁취했다.

사측은 지문인식을 통한 신분 확인 후 출입할 수 있고, 차량은 출

31 유엔이 정한 '세계인권선언일(12월 10일)'을 맞아 대구경북지역 인권단체와 시민사회단체가 선정해 발표.

입증을 부착한다는 조건을 달아 노조 사무실 출입 보장을 약속했다. 지회 업무가 가능하도록 회사가 비품도 협조하기로 했다. 아쉬움이 많이 남는 합의였지만 직장폐쇄 이후 3년 넘도록 고통받아 온 지회로서는 사무실 탈환 자체에 의미가 컸다.

다만 사측이 합의사항을 지키리라 믿는 사람은 많지 않았다. 아니나 다를까 강기봉은 합의서를 작성한 지 이틀도 안 돼 금속노조를 "폭도"라 칭하며 구사대의 '자발적인 행동'에 감사한다고 발언했다. 정문 경비실 옥상 벽을 높이고 노조 사무실 앞에는 컨테이너를 추가로 설치했다. 구조물을 설치해 차량 통행도 막았다. 해고자들의 차량 출입을 막기 위해 북문도 잠가버렸다. 해고자들의 노조 사무실 출입과 출퇴근 선전전은 물론 행동거지 하나하나를 캠코더로 촬영하며 감시하는 것도 잊지 않았다. 노조 사무실에도 CCTV를 설치했다. 조합원을 미행하다 들키기도 했다.

회사는 노조 사무실 원상회복을 위해 비품도 지원하겠다고 한 바 있다. 회사는 인터넷 연결도 안 되는 10년 넘은 데스크톱 컴퓨터 1대와 쓰다 버린 듯한 책상 2개, 의자, 그리고 휴대전화하고는 연결이 되지 않는 전화기 1대를 '지원'했다. 정수기와 냉장고, 팩시밀리 등 폐쇄 전 사무실에 있던 지회 자산은 돌려주지도 않았다. 교육장 전기는 끊어버렸다. 해고자들이 기업노조 조합원을 만나지 못하게 하려고 경비실 앞은 합판으로 가벽을 세웠고 공장 곳곳에 컨테이너를 놓아 이동을 가로막았다.

탄압은 공장 안에서 그치지 않았다. 금속노조 포항지부와 경주지부는 4월 8일부터 고용노동부 포항지청 앞에서 천막농성을 시작

조합 활동 관련 노조 간 차별행위 현황

조합 활동	발레오경주노조(기업노조)	금속노조 발레오만도지회
사무실/비품	사무실 제공 / 비품(컴퓨터·팩스·전화·복사기·차량·휴대폰·책상 등) 제공	빈사무실 제공 / 비품 제외
조합비 일괄공제	급여 일괄공제	일괄공제 제외
조합원 교육시간	연 4시간 보장	없음
조합 간부 활동시간	노조 요청 시 회의시간 등 보장	요청 시 불허
사내 홍보활동	선전물·대자보 허용	선전물·대자보 부착 시 강제철거
전임자	타임오프 초과 허용	불인정
창립기념일	휴무 인정	불인정
단체교섭 (노사협의회·산업안전보건위)	권한 없음에도 인정	불인정

한 바 있다. 농성단은 발레오만도를 비롯한 진방스틸, DKC 사업주 처벌과 현장 노동조합 활동 보장을 촉구했다. 포항시와 경찰은 5월 22일 3백여 명의 인력을 동원해 이 천막 역시 강제 철거해 버렸다. 그러나 금속노조는 이에 굴하지 않고 노숙하며 투쟁을 이어갔다.

금속노조는 6월 25일 대검찰청에 채동욱 검찰총장과 발레오전장 등 부당노동행위 사업장 담당 검사 5명에게 사업주 구속 수사를 촉구하는 진정서를 제출했다. 2012년 노조파괴 공작 실체가 드러나자마자 고소했으나 검찰이 기소조차 하지 않고 있어 노동자들의 피해만 더 커지고 있기 때문이다. 검찰이 사건 처리를 미루며 뭉개고 있는 사이 회사의 노동 탄압 강도는 더욱 거세질 뿐이었다.

한편 2013년 5월 30일 서울고등법원은 발레오전장 징계자 가운데 15명 해고와 11명에 대한 세 차례에 걸친 정직, 모두 부당하다고 판결했다. 일부 부당징계만 인정한 지노위와 중노위, 행정법원의 판단을 모두 뒤집은 판결이다. 그러나 강기봉은 "대법원에 상고하고 헌법소원까지 모든 수단을 동원해 싸우겠다"고 했다.

2014년 조직 복원에 나서다

노조 사무실 탈환에 이어 지회는 조직 복원 사업에 나섰다. 그러자 사측은 2013년 9월 27일, 금속노조와 체결한 단체협약을 해지하겠다고 일방적으로 통보해 왔다. 다시 긴장이 고조됐다.

발레오 자본은 기업노조와 맺은 단협을 앞세웠다. 하지만 법원은 이미 1·2심 모두 '기업노조 설립은 무효'라고 판결한 바 있다. 2012년 교섭창구 단일화 과정에서 지회는 설립 자체가 무효인 기업노조에 교섭권이 있는지 다시 소송을 제기했다. 서울행정법원은 2013년 1월 24일, 기업노조에 교섭권이 없다고 판결했다. 발레오 자본이 항소했지만 서울고법 역시 같은 해 8월 22일 이를 기각했다.

기업노조는 노조가 아니고, 교섭권도 없다는 점이 여러 차례 확인된 셈이다. 그런데도 발레오 자본은 불법노조와 임금·단체협약을 맺어 왔다. 2013년에도 교섭대표권이 금속노조에 있다는 법원 판결이 나왔다. 그러자 발레오 자본은 9월에 서둘러 기업노조와 통상임금 소송 취하와 임금동결에 합의해 버렸다.

지회는 이를 계기로 2014년 3월 4일부터 본격적인 조직 복원 사업에 돌입했다. 사측과 기업노조의 행태는 도리어 지회의 조직 복원 사업에 힘을 더했다. 해고자들은 모든 외부 활동을 중단하고 공장으로 집중해 본관과 식당에서 출퇴근 선전전을 했다. 휴식 시간에 집회와 선무방송도 대대적으로 벌이며 금속노조 가입을 독려했다. 이와 함께 지회는 "본인은 명확히 금속노조 조합원임을 밝힙니다"라고 서명한 '확약서'를 받기 시작했다. 해고자들만의 투쟁이 아니었다. 기업노조 조합원 일부가 다시 금속노조에 가입하면서 '현장 투쟁'이 시작됐다.

사측이 단체협약 해지 통보와 함께 지회의 정상적인 선전 활동조차 못 하게 해달라며 법원에 업무방해금지 가처분신청을 냈지만 기각당했다. 위기감을 느낀 회사는 기업노조, 보직 반장, 사무직, 용역을 총동원해 노조 활동을 방해했다.

그리고 "단협이 해지됐으니 4월 1일부터 노조 사무실을 폐쇄하고 단협에 보장된 각종 지원을 중단하겠다"고 통보했다. 사측은 조합원에 대한 폭력 행사는 물론 배우자와 형제 등 친인척까지 동원해 협박했다. 이 과정에서 사측 일당이 휘두르는 폭력에 조합원들은 하루가 멀다고 다치고, 입원 치료를 받아야 했다.

기업노조가 2014년에도 회사에 터무니없게 양보하는 상황을 보고 '확약서'를 쓰는 기업노조 조합원이 빠르게 늘어났다. 3월 시작한 조직 복원 사업은 이미 많은 성과를 내고 있었다. 4월에 공장 안에서 활동을 이어 온 43명의 금속노조 조합원 명단을 공개했다. 이

2014년 중식시간에 금속노조와 기업노조가 마주 보며 선전전하는 모습.

는 공개된 조합원 수일 뿐 지회에 '확약서'를 제출한 조합원 수는 이미 2백 명을 넘어서고 있었다.

회사는 '자본 철수' 운운하며 아웃소싱해야 한다는 협박을 이어갔다. 그리고 2014년에도 기업노조와 교섭창구 단일화를 강행했다. 매년 그랬듯 이번에도 노사는 연례행사인 제주도 여행을 함께 다녀왔고, 기업노조는 5월 29일 사측에 임금인상을 백지위임했다.

발레오 자본은 경영이 어렵다며 통상임금 적용을 피하려고 정기상여금을 성과상여금으로 돌리려 했다. 끝내 6월 3일, 강기봉은 정기상여금을 성과상여금으로 바꾸겠다고 일방통보한 뒤 6월 13일 언론을 통해 노사가 합의했다고 밝혔다. 2013년 12월 대법원이 "1개월 이상의 상여금은 통상임금"이라고 판결[32]한 이후 처음으로 정기상여금을 통상임금에서 제외하기로 한 사례다. 판례대로 하면 발레오도 상여금을 포함한 통상임금 확대 적용이 가능하다. 그런데 700%의 정기상여금 중 500%를 성과연동형 상여금으로, 나머지 200%는 명절상여금으로 전환하기로 합의했다는 것이다. 새로 마련된 성과상여금 기준에 따르면 최고 금액과 최저 금액의 차이는 연간 1,700만 원에 달한다. 결과는 임금의 대폭 삭감이다.

참고로 2013년 발레오 자본의 매출액은 5,178억으로, 2009년 3,067억 원에서 무려 2,111억 원 증가했다. 발레오는 4년 동안 순이익 1,588억 원의 61.5%에 해당하는 977억 원을 주주배당으로 챙겨갔다. 반면 같은 기간 급여는 고작 45억 증가해, 매출액 대비 인건비 비중은 반토막 난 상태였다. 게다가 2014년 당시 인원은 2009년보다 줄어든 반면 조립라인 시간당 생산량은 54~62% 증가했다.

통상임금 확대 적용은 이미 대세였고, 다른 노조들의 통상임금 청구 소송이 속속 이기고 있었다. 그런데도 기업노조가 고정상여금을 차등성과상여금으로 개악하는 데 합의하자 조합원들의 분노가 들끓었다. 기업노조 조합원들도 반발했다. 기업노조 조합원 2명은 재협상을 요구하며 조합원 4백여 명의 과반인 250여 명의 서명을 받았다. 이마저 기업노조와 사측이 거부하자 이들은 이후 9월에 기업노조 임원 불신임 총회까지 요청하기에 이른다. 이 과정에서 기업노조 조합원 100여 명이 지회에 '확약서'를 제출했다.

32 대법원 2013.12.18. 선고2012다89399 전원합의체 판결. 대법원 전원합의체는 갑을오토텍(현 케이비오토텍) 통상임금 소송에서 "통상임금에 속하는 임금을 통상임금에서 제외하기로 하는 노사합의는 무효"라고도 판결했다.

회사의 통상임금 축소 시도로 공장 안은 도리어 활기를 띠기 시작했다. 희망의 불씨를 본 것이다. 지회는 투쟁사업장 단합대회, 경주지부 결의대회에 참여하면서 더욱 단단히 결속해 나갔다. 10월 25일에는 전 조합원이 공단 공원운동장에서 단합대회를 진행했다. 이날은 지역 동지들까지 2백여 명이 함께해 금속노조의 파란색 깃발을 휘날리며 즐거운 한때를 보냈다.

한편 이 시기 지회가 제기한 소송은 속속 승리하는 반면 사측이 제기한 소송은 패소하거나 기각당하기 일쑤였다. 모두 불법인 기업노조와 맺은 단협에서 비롯된 부당노동행위를 다루는 재판이었기 때문에 당연한 결과다. 연이은 승소는 조합원들의 재결집에도 큰 영향을 미쳤다.

정년축소 해고자들이 낸 해고무효 소송에서 대구지법은 "불법노조와 맺은 2010년 단협은 인정할 수 없으며 2008년 금속노조와 맺은 단협의 정년 60세를 인정"해 해고는 무효라고 판결(2013년 11월 29일)했다. 2012년에 조합원 8명이 제기한 기업노조와 단체협약 때문에 빼앗긴 임금(각종수당, 호봉, 하기휴가비, 김장보너스, 상여금, 장기근속 포상 등) 청구 소송도 승소했다.

사측이 파업 참가를 이유로 징계해고한 지회 조합원 2명을 상대로 "2010년 12월 31일까지 사원아파트에서 나가라"며 제기한 건물명도소송은 대구지법에서 2014년 3월 18일 패소했다. 2014년 11월 17일에도 중노위는 발레오 자본이 컨테이너 등을 이용해 조합 사무실 출입을 방해하는 행위는 명백하게 노동조합에 대한 지배·개입으로, 부당노동행위라고 인정했다. 점심시간 선전전을 했다는 이유로 조합원 2명을 징계한 것 역시 부당노동행위라고 판결 났다. 단협이 해지됐으니 노조 사무실을 비워달라며 강기봉이 제기한 부동산 인도소송 역시 2015년 8월 18일 “이유 없다”며 기각됐다.

2013년 7월 15일 강기봉이 해고자들의 노조 사무실 출입과 노조 활동을 막아보고자 제기한 ‘주거침입 등 금지 가처분 신청’도 경주지원이 기각했다. 강기봉은 대구고등법원에 항고했지만 2015년 3월 13일 기각되자 “삼세판이니 한 판 더 해봐야지요?”라며 상고 의지를 밝혔다. 2014년 80여 명에 대한 상반기 성과상여금 차별지급도 중노위가 부당노동행위라고 판결(2015년 6월 4일)했다. 이렇게 2013년 하반기 성과상여금을 시작으로 연말 성과급까지 모두 차별에 해당해 부당노동행위라는 판결이 속속 이어졌다. 그러나 강기봉은 중노위 판결이 나오자 조합원들에게 “가~~봅시다, 대법원(조직형태 변경 관련 판결)까지 또 얼마가 걸릴지 모르겠지만 가봅시다”라는 문자메시지를 보냈다.

지회는 강탈당한 임금 청구 소송과 함께 정기상여금 통상임금 적용 소송까지 잇달아 제기하며 조합원들을 조직해 나갔다. 삭감임금 청구 소송 과정에서 소송 당사자인 승용공장 조합원의 삭감임금을 산출한 결과, 지난 3년 치가 무려 7,560만 원이나 되는 것으로 밝혀졌다. 그러나 강기봉은 조합원들에게 차액이 4~5백만 원 정도밖에 안 된다고 속이며, 이를 정산해 줄 테니 소송 포기각서를 내라고 압박하기도 했다.

노동자들의 임금을 강탈했다는 사실이 법정에서 드러난 가운데 발레오 자본이 세금까지 포탈한 것도 밝혀졌다. 앞서 지회는 2013

년 12월 국세청에 사측의 탈세를 제보하며 진정서를 제출한 바 있다. 발레오 자본이 2010년 직장폐쇄 당시 용역 깡패를 고용하며 작성한 세금계산서는 23,781명 36억 1,000여만 원이었다. 그런데 사측과 계약한 용역업체 (주)엔에스에이그룹과 (주)에스지티에스가 경주경찰서에 신고한 인원과 금액은 총 1,636명 2억 4,000만 원이었다. 용역 인원을 늘리고 인건비를 무려 33억 7천여만 원이나 부풀리는 수법으로 세금을 포탈한 것이다.

지회의 진정으로 조사를 진행한 대구국세청은 2014년 6월 30일 "법과 원칙에 따라 처리했다"는 처리결과를 통지해 왔다. 발레오 자본이 정상적인 세금 처리를 하지 않았다는 점을 인정한 셈이다. 다만 국세청은 추징세액 등 구체적인 처리 내용은 비공개라고 덧붙였다.

발레오의 노조파괴에는 국제적인 관심도 집중됐다. 2016년 1월 26일, 유엔 집회와결사의자유 특별보고관은 25~26일 발레오전장 금속노조 탈퇴 사건을 조사했다. 키아이 유엔특보는 고용노동부 포항지청을 찾아 비공개 면담을 진행한 뒤 발레오만도지회 농성장도 방문해 설명을 들었다. 그는 1월 29일 조사 결과를 발표하는 기자회견에서 "발레오 사례는 충격적이었다"라며 "사법당국에서는 향후 노사관계에 미칠 영향을 고려하여 국제기준에 부합해 이 문제를 판결하기를 희망한다"라고 밝혔다.

유엔 직속 상설기구 유엔인권이사회는 6월 17일 9시(스위스 제네바 현지 시각)에 열린 32차 회의에서 '평화적 집회와 결사의 자유 특별보고관 한국 조사 보고서'를 발표했다. 키아이 특별보고관은 결사의 자유 항목에서 노조에 가장 큰 비중을 할당했다. 특히 복수 노조를 활용한 발레오전장 노조파괴 사례를 소상하게 소개했다. 그는 "기업들이 사용자 책임을 회피해 친사용자 노조를 설립, 노동자에 대한 협박과 위협 등으로 독립적인 노조를 약화시켰던 사례들에 대해 알게 됐다"며 "정부는 중립을 넘어 노동조합의 자주성을 보장하기 위해 노력해야 한다"고 강조하며 "노조 가입 대상을 결정하는 판단은 정부가 할 일이 아니다"라고 꼬집었다.

2016년 기업노조 인정한 대법 판결도 거래였다

기업노조의 조직 형태 변경은 무효라는 1·2심 판결에 기업노조가 상고한 가운데 대법원판결이 다가오고 있었다.

강기봉은 거의 모든 소송에 패소하자, 오로지 대법 판결에 목을 매고 있었다. 사측은 연일 문자메시지로 "공장이 어려워 청산하겠다"라는 협박을 일삼았다. 강기봉은 2012년 9월에 2심에서 패소한 뒤 2013년 12월 12일 대구일보와 인터뷰에서 "금속노조 탈퇴 무효(총회결의 무효소송)가 대법에서 확정되면 걷잡을 수 없는 사태에 직면해 회사가 청산해야 할지 모를 어려움을 겪을 것"이라며 공장 청산 가능성을 내비쳤다. 이어 "문을 닫는다면 직원 800명과 협력업체 1,200명 등 모두 2천여 명이 일자리를 잃게 될 것"이라며 "회사가 문을 닫지 않도록 사법부와 행정기관이 적극적으로 도와주어야 할 때"라고 밝혔다. 사실상 사법부를 향한 협박성 메시지를 내놓은 셈이다. 강기봉은 2015년 2월 6일 금속노조 조합원들에게 "4월 16일의 대법원 공개 변론을 위한 100일 기도에 들어가니 당분간 당신들에 대한 문자 대응을 게을리할 수도 있습니다"라는 웃지 못할 문자 메시지를 보내기도 했다.

대법원 공개 변론을 전후로 보수언론까지 가세해 금속노조 탈퇴 총회를 인정하지 않는 사법부를 비난하고 나섰다. 발레오 자본 쪽의 주장을 일방적으로 담은 왜곡 보도가 쏟아져 나왔다. <한국경제>는 "'금속노조 탈퇴 무효' 판결에 시위 몸살…발레오, 존폐 기로"(2014년 11월 26일 자), "佛 발레오 회장 '금속노조 유지 판결 땐 경주 공장 철수'"(2015년 1월 28일 자), <중앙일보>는 "금속노조 승인 없으면 지회 탈퇴 못 한다고?"(2015년 4월 15일 자), "산별노조 탈퇴, 조합원 다수결에 맡겨라"(2015년 6월 2일 자), <문화일보>는 "상급노조 자율탈퇴 막는 法…강성 민노총 세력만 키워"(2015년 4월 21일 자) 따위 제목을 달아 드러내놓고 자본의 입맛에 맞는 기사 또는 사설을 쏟아냈다.

특히 <한국경제>는 2015년 5월 6일 자 기사에 "대법원 전원합의체의 판결이 남아있지만 여기서도 회사가 패하면 공장 철수를 검토하겠다는 얘기가 프랑스 본사에서 나오고 있다"며 "금속노조에서 해방된다면 2년 내 매출 1조 원도 가능하다"는 강기봉의 말을 그대로 받아 실었다. 이 보도에 대해 금속노조는 5월 19일 언론중재위원회에 명예훼손으로 정정·반론 보도를 청구해 받아들여졌다.

5월 28일 한 차례 연기된 대법원 공개 변론이 끝난 뒤, 강기봉은

<동아일보>와 인터뷰[33]에서 "나는 투사가 될 수밖에 없었다"고 말했다. 그는 "한국의 산별노조는 최근 들어 협상과 대안 마련의 능력을 높이는 대신 개별기업 근로자들의 사정을 고려하지 않고 투쟁 일변도로 나가 너무 정치화되었다는 비판을 많이 받는 편"이라고 끝맺었다.

반면 국회 법제사법위원회와 환경노동위원회 소속 의원 9명은 공개 변론에 앞서 2015년 3월 30일 "산별노조 하부조직의 집단탈퇴 효력을 인정할 경우 우리나라 산별노조 운동이 약화될 수 있다"는 우려를 담은 의견서를 제출했다. 이들은 "신자유주의와 노동시장 유연화, 노동운동 분권화라는 악조건 속에서도 상당수 기업별 노조가 산별노조로 전환한 것은 대단한 성과"라며 "수많은 이들의 땀과 눈물로 만들어 온 산별노조 운동의 역사적 흐름이 더욱 진전될 수 있도록 대법원이 현명한 판단을 내리기 기대한다"고 밝혔다.

국회 입법조사처 역시 4월 1일 해석을 내놓았다. "노조법상 조직 형태 변경 규정은 '기업노조에서 산별노조로' 전환을 쉽게 하려고 도입한 것"이라는 판단 아래 "산별노조 하부조직이 예외적으로 조직 형태 변경의 주체성을 갖기 위해서는 상당한 정도의 근로조건 결정 가능성, 독립성과 단체성 같은 사회적 실체가 있어야 한다"라며 독자성을 갖추지 못한 발레오만도지회의 조직 형태 변경 결의가 무효라고 본 하급심 판결과 같은 의견을 제시했다.

33 '금속노조와의 5년 전쟁…"나는 투사가 될 수밖에 없었다"', <동아일보> 2015년 6월 22일자 인터뷰 기사.

대법 판결을 앞두고 지회는 다시 투쟁의 고삐를 조였다. 금속노조는 기업노조 총회 무효소송 탄원서를 조직해 나갔다. 발레오지회는 2015년 2월 15일 공단운동장 농성장에서 해고자 전체회의를 하고 "이번에는 발레오 자본의 악랄한 탄압을 확실히 분쇄하자"고 결의를 모았다. 설 연휴를 지나면서 부당노동행위 책임자 처벌을 촉구하는 대구고등법원 압박 투쟁 수위도 높였다. 3월부터는 발레오 자본의 비인간적인 인권탄압과 불법적 행위를 알리기 위해 대법원 앞에서 1인 시위도 진행했다. 5월 19일에는 조합원 70여 명이 참석한 가운데 '총회결의 무효소송' 담당 변호사들과 간담회를 하고 조합원 단합대회를 열어 투쟁의 결의를 다졌다.

2015년 7월 6일에는 전 만도기계노동조합 경주지부장과 발레오지회 전 지회장들[34]이 "전 조합원 똘똘 뭉쳐 부당노동행위 분쇄하고 인간답게 살아보자!"라는 제목의 입장을 냈다. 이들은 입장문을 통해 "△민주노조 재건과 지난 6년간 빼앗기고 짓밟힌 우리 권리를 되찾는 투쟁에 전 조합원이 함께하자 △불법·부당노동행위 자행한 발레오 자본과 강기봉 처벌을 위해 전 조합원이 힘을 모으자 △현장조합원들 등골 빼먹고, 발레오 자본만 살찌우는 어용 서동철·정홍섭 몰아내자 △경쟁상대로 서로 짓밟고 눈치 보지 말고, 동지적 애정으로 서로 보듬어 주며 함께 웃을 수 있는 사람 사는 공장을 만들어 나가자"라고 호소하며 선전 활동을 펼쳤다. 지난 6년간의 억눌려 온 아픔을 갚아주고 이제는 인간답게 살아보자며 전·현직 간부

34 김상철 고종식 손병호 여인수 윤희용 이훈우 정연규 정연재 한규업, 이상 9명.

를 비롯한 조합원 전체가 똘똘 뭉쳐 다시 반격에 나선 것이다.

이러한 노력에도 대법원은 끝내 정의를 외면했다. 대법원 전원합의체(주심 김소영 대법관)는 2016년 2월 19일, 금속노조가 기업노조를 상대로 낸 총회결의 무효 등 소송에서 원심을 파기하고 사건을 서울고법으로 돌려보냈다.[35]

이 판결의 쟁점은 '산별노조의 하부조직인 지회가 독자적으로 기업별 노조로 조직 형태를 변경하는 것이 가능한가'였다. 1·2심 재판부는 산별노조의 지회는 원칙적으로 조직 형태 변경이 가능하지 않다고 판결했다. 그러나 대법원은 다른 판단을 내렸다. 소속 회사와 상관없이 동일 산업에 종사하는 노동자들을 구성원으로 하는 '산별노조'의 하부조직이 단체교섭권과 단체협약권이 없는 상태에서 '기업별 노조'로 전환할 수 있다고 판결한 것이다.

이렇게 조직 형태 변경의 길을 열어준다면 상대적으로 교섭권이 약한 기업별 노조로 전환을 기획하는 사업주의 부당노동행위가 급증할 것이 불을 보듯 뻔했다. 실제 발레오전장 사측이 창조컨설팅을 동원해 산업별 노조를 기업별 노조로 전환하기 위해 조직적으로 관여한 정황이 드러났던 바다.

노사관계 전문가들은 입을 모아 노동법 체계의 근간을 뒤흔든 대법원판결을 비판하고 나섰다. 근본적으로 노동운동의 가장 큰 축

35 대법원 2016.2.19. 선고 2012다96120 전원합의체 판결. 13명의 대법관 가운데 양승태 대법원장과 박병대, 김용덕, 박보영, 고영한, 김창석, 조희대, 권순일 등 8명이 파기환송 의견을 냈고, 이인복, 이상훈, 김신, 김소영, 박상옥 등 5명은 상고기각(탈퇴 무효 확정) 의견을 냈다.

을 담당하는 산별노조의 기틀을 크게 흔들 수 있는 판결이라는 평가다. 산별노조의 일부 사업장이 기업노조로 전환하려 하거나, 산별노조의 조직 장악력이 지금보다 더 떨어지고, 이를 악용하려는 기업들 때문에 노사갈등은 더욱 극심해질 것이기 때문이다.

이후 서울고법은 2016년 11월 30일 열린 파기환송심에서 금속노조의 청구를 기각했다. 파기환송심에서 사측은 총회 과정이 강압적이었다는 지회의 주장을 반박한답시고 조합원들이 웃고 있는 모습을 찍은 사진을 증거로 제출해 빈축을 사기도 했다.

한편 법원행정처가 2015년 7월 31일 작성한 '정부 운영에 대한 사법부의 협력 사례'(아래 '협력 사례')에는 발레오 사건이 '대통령의 국정 운영 뒷받침' 사례로 포함돼 있다.

당시 발레오만도의 '조직 형태 변경 결의 무효 확인 소송'이 대법원에 계류된 가운데 법원행정처는 협력 사례 문건에서 "유효 여부에 따라 향후 노동조합의 운영 방식 전반에 큰 파급력이 예상(기존 단협 효력 유지 여부, 사용자가 새 노조와 체결한 단협의 효력, 기존 노조 재산의 귀속 등)된다"고 적었다. 이는 박근혜 탄핵 이후 구성된 '사법행정권 남용 의혹 관련 특별조사단'이 2018년 6월 5일 의혹과 관련된 문건을 공개하면서 확인됐다.

앞서 2015년 6월 임종헌 전 법원행정처 차장은 서울의 한 식당에서 친박계 핵심인 이정현 의원(당시 새누리당 최고위원)을 만나 '창조경제 정책에 협조할 테니 상고법원 설치를 도와달라'고 요청했다. 이 의원은 그 자리에서 정호성 당시 청와대 부속비서관에게 전화해서 대법원장 양승태와 대통령 박근혜의 독대 일정을 잡아달라

조직형태 변경 소송 일지

1999년 7월	프랑스 발레오그룹, 만도기계 경주공장 인수
2001년 2월	발레오만도노조, 산별노조(금속노조 발레오만도지회)로 전환
2009년 3월	강기봉 대표이사 취임
2010년 2월	사측, 경비업무 외주화와 용역 투입 후 직장폐쇄
2010년 4월	조합원을 위한 조합원 모임(조조모) 결성
2010년 6월	조조모, 총회 열어 기업별노조 전환 결의, '발레오전장노조' 설립신고
2010년 12월	금속노조, 발레오전장노조 총회결의 무효 소송 제기
2011년 7월 31일	서울중앙지법(1심), 금속노조 청구 인용(총회 결의 무효)
2012년 9월 21일	서울고법(2심), 기업노조 항소 기각(총회 결의 무효)
2015년 5월 28일	대법원 전원합의체 공개변론
2016년 2월 19일	대법원(3심), 원심 파기 환송(총회 결의 유효)
2016년 11월 30일	서울고법(파기환송심), 금속노조 청구 기각(총회 결의 유효)

고 했다. 법원행정처는 며칠 후 이 의원 사무실에 '사법 한류를 통해 창조경제 정책에 협조하겠다'는 자료를 전달했다. 그로부터 두 달 후인 8월 6일, 청와대에서 양승태와 박근혜가 오찬 회동을 했다.

2015년 7월 법원행정처가 작성한 '협력 사례' 문건이 만들어진 직후 청와대 회동이 이루어진 것이다. 결국 대법원 전원합의체는 이듬해 2월에 발레오 사건 항소심 판결을 뒤집었다. 이 판결은 양승태 전 대법원장이 재임 시절 박근혜 정부와 재판거래를 한 대표적 사례로 꼽힌다.

2017년,
7년 7개월 만의 복직

2016년 대법 판결 이후 지회는 민주노조 재건을 위해 해고자 중심의 비대위 체계를 현장 중심으로 옮겼다. 현장조합원 한규업이 비대위원장을 맡고, 공장 안에 있는 비대위원들을 중심으로 현장을 조직했다. 온 힘을 쏟아 발레오 자본의 부당노동행위에 대응하기로 했다. 또 어찌 됐든 대법원판결로 기업노조가 합법이 된 셈이니 교섭창구 단일화 절차에도 참여했다. 최소한의 조합원 권리를 되찾고 더는 빼앗기지 않기 위해 임단협 교섭에 나섰다. 해고자 복직과 함께 발레오 자본과 강기봉에 대한 법적 처벌에 전념하기로 했다.

대법원의 조직 형태 변경 패소 판결은 부당해고·부당노동행위 구제신청에도 영향을 끼쳤다. 3월 24일에 대법원은 발레오만도지회 조합원 26명의 징계처분 취소소송에서 '징계 취소'로 판결한 원심을 깨고 서울고법으로 돌려보냈다. 쟁점은 산별노조의 기업노조 전환이 적법한지와 새 노조 위원장의 추천을 거친 징계위 구성이 정당한가였다. 1심은 "조직 형태 변경은 무효지만 징계위 구성은 정당하다"고 판결했지만 2심은 "징계처분도 위법하다"고 판결했다. 그러나 조직 형태 변경이 유효라는 대법원판결 이후 진행된 징계 무효소송에서 대법원은 "원심이 조직변경을 무효로 단정하고 징계처분 역시 무효로 판단한 것은 법리 오해와 심리 미진의 위법이 있다"고 파기 환송했다.

파기환송심은 2017년 2월 3일에 열렸다. 서울고등법원은 해고·

징계가 부당노동행위에 해당한다고 판단했다. 발레오 자본이 다시 상고를 제기했으나, 6월 29일 대법원은 심리불속행[36]으로 기각하고, 부당해고·부당노동행위를 인정한 원심을 확정했다. 이어 대법원이 원심을 확정하면서 중앙노동위원회 역시 승소한 노동자들을 복직시키라고 명령했다.

결국 발레오 자본은 2017년 9월 20일, 2010년 7월에 징계해고한 노동자 13명에게 징계처분 취소 통지서를 발송했다. 9월 27일 오전 8시까지 상용공장 2층 교육장으로 출근하라는 내용이다. 부당해고 판정을 받은 15명 가운데 2명은 정년이 지났다는 이유로 자동 퇴직 처리되고 말았다.

마침내 2017년 9월 27일이 밝았다. 발레오전장 해고노동자 13명이 7년 7개월 전 직장폐쇄 공고문이 나붙었던 공장 앞에 섰다. 오전 7시에 금속노조 경주지부는 북문 앞에서 '해고투쟁 승리 복직 환영 결의대회'를 진행했다. 비가 내리고 있었지만 발레오지회 조합원을 비롯한 80여 명이 참석해 복직을 축하했다. 쏟아지는 장대비가 발레오 노동자들의 눈물과 고통을 씻어주는 듯했다.

"옛날 이야기하면 화도 나고 안타깝고 그런데, 복직하던 날 생각하면 그래도 좀 웃음이 살짝 나요. 당연히 명예 회복이나 보상이 욕심대로 충분하지는 않았지. 그래도 이겨서 들어왔다, 복귀하고 하늘

36 상고사건 가운데 상고 대상이 아니라고 판단되는 사건은 더 심리하지 않고 상고를 기각하는 제도.

복직하던 9월 27일, 빗속에서 진행한 본관 앞 집회.

을 떳떳하게 볼 수 있다, 그런 생각이 컸죠. 그때 당시 주위에서도 축하한다는 말 많이 들었죠. 물론 혼자 한 일이 아니고 옆에 소중한 동지들이 많이 있었기 때문에 할 수 있었던 일이지만, 그 일원으로서 힘든 시간 버텨내고 공장에 당당하게 들어왔다는 게 그때 참 가슴 뿌듯했습니다." (추재덕)

결의대회를 마친 뒤 해고자들은 금속노조에서 준비한 장미꽃 한 송이씩을 건네받고 공장으로 들어갔다. 한편 부당정직을 인정받은 14명은 총 6차례 정직 후 해고돼 따로 소송을 진행 중이어서 이날 함께 공장에 들어갈 수는 없었다. 그들은 이후 2018년 10월 4일 대법원으로부터 최종 해고 무효 판결을 받아냈다.

한때 2백여 명 웃돌게 금속노조 가입 확약서를 제출하기도 했지만 발레오 자본의 온갖 회유와 협박으로 조합원은 다시 64명까지 줄어들어 있었다. 해고자 복직으로 조합원은 77명이 됐다. 지회는 조합원 과반 확보를 목표로 조직화에 매진할 것을 결의했다. 2018년 교섭창구 단일화 공고 전에 대표노조의 지위를 되찾아 단체협약 등의 권리를 회복하자고 손을 맞잡았다.

"8년 만에 공장에 들어오는데, 들어와서 뭘 할 거냐는 고민이 많았죠. 들어오면서 한 공정으로 너무 몰렸잖아요. 다만 몇 명씩이라도 1, 2공장 이렇게 갈라졌으면 뭔가를 해볼 수 있지 않겠냐 생각했는데 한 군데로 몰아넣으니까 절망감이 들었다고 해야 하나? 뒤집어엎는 데 시간이 오래 걸리겠다… 하여튼 좀 그런 마음이 많았죠. 일단 들어와서 공장 안에 사람들 보는 거는 한편으로 기쁘기도 하면서 저 많은 사람을 다시 어떻게 할 거냐에 대한 고민이 들었던 게 사실이죠." (정연재)

그런데 복직한 노동자들은 10월부터 승용공장과 약 1km 떨어진 상용공장으로 배치받았다. 코일피니싱 공정에서 일하는 노동자는 모두 23명으로 복직자를 포함해 다수가 노조 간부를 지낸 이들이다. 기업노조 조합원들과 아예 마주치지 못하도록 차단하기 위한 사측의 꼼수였다. 지회는 회사의 이러한 인사 발령이 금속노조 소속 노동자를 격리하는 부당노동행위라며 매주 철회를 촉구하는 선전 활동을 벌였다. 그리고 11월 13일 경북지노위에 부당인사 및 부당노동행위 구제신청을 냈다. 이 소송은 결국 중노위로 가서 2018

발레오 사태 관련 재판 현황 (2017.06.15.)

번호	사건번호	원고/피고(보조참가)	사건명	재판기일
1	경주지원2013가합1686	안병식외30명/발레오	임금	2013.11.13.접수(민사부)2017.07.06.14:00선고
2	경주지원2014가합2259	배재식외29명/발레오	임금(직장폐쇄기간)	2014.05.22.접수(민사부)2017.05.11.16:30변론,화해권고를 위해 추정
3	경주지원2015가합2027	이순남,최낙일/발레오	해고무효확인등	2015.01.08.접수(민사부)2017.05.25.14:00선고 일부승2017.06.09항소장제출
4	경주지원2015가합2478	이호철/발레오	임금(통상임금)	2015.06.02.접수(민사부)2017.07.06.14:00선고
5	경주지원2015고단306	강기봉,발레오,이재원,지대연	노조법위반	2015.04.08.접수(형사1단독)2017.05.11.구형의견서제출2017.06.16.14:00선고
6	경주지원2016가단12192	강순득외65명/정홍섭,최병일,박성규	위자료	2016.06.28.접수(민사1단독)2017.07.04.14:10변론재개
7	경주지원2016가합2154	이무영/발레오	해고무효확인등	2016.03.14.접수(민사부)2017.07.06.14:00선고
8	대구고등법원2013나5283	김영웅/발레오	해고무효확인등	2013.10.21.접수(제1민사부44호)2017.06.30.11:20변론
9	대구고등법원2013나5528	황대곤외10명/발레오	해고무효확인등	2013.11.01.접수(제1민사부44호)2017.06.30.11:20변론
10	대구고등법원2014나2465	김대학외7명/발레오	임금(단협차액)등	2014.06.20.접수(제1민사부44호)2017.06.30.11:20변론
11	대구고등법원2014나278	최옥순,김덕순,최병규/발레오	해고무효확인등	2014.01.20.접수(제1민사부44호)2017.06.30.11:20변론
12	대구고등법원2017나20099	김상철외5명/발레오	무급휴직처분무효확인	2017.01.05.접수(제2민사부)
13	대구고등법원2017나21566	권병순외12명/발레오	임금(통상임금)	2017.03.21.접수(제3민사부,42호)2017.08.16.10:00첫변론
14	대구고등법원2017나21573	김태영외7명/발레오	임금(통상임금)	2017.03.21.접수(제3민사부,42호)2017.08.16.10:05첫변론
15	대구고등법원2017나21580	권오진외25명/발레오	임금(통상임금)	2017.03.21.접수(제3민사부,42호)2017.08.16.10:10첫변론
16	대구고등법원2017나21672	김대수,김영수,류두현,최삼천/발레오	임금(통상임금)	2017.03.21.접수(제3민사부,42호)2017.08.16.10:15첫변론
17	대구고등법원2017나21689	최규환,김기수/발레오	임금(통상임금)	2017.03.21.접수(제3민사부,42호)2017.08.16.10:20첫변론
18	대구지방법원2017노600	이훈우,신시연,이상수,김영웅	폭처,업무방해등	2017.02.08.접수(제1형사부,신별관202호)2017.07.13.11:00첫공판
19	대법원2015마115	정연재외14명	임금지급가처분	2015.01.22.접수(민사3부)
20	대법원2017다7125	발전노/발레오만도지회,정연재	조합비반환	2017.02.28.접수(민사3부)2017.03.20.상고이유서제출04.07.법리검토개시
21	대법원2017두206	정연재외25명/중노위(발레오)	부당해고및부당노동행위	2017.03.16.접수(특별1부)04.17.상고이유서05.12.법리검토개시06.14.답변서제출
22	대법원2017두213	김덕순외11명/중노위(발레오)	부당정직및부당노동행위	2017.03.16.접수(특별1부)04.17.상고이유서05.12.법리검토개시06.14.답변서제출
23	대법원2017두220	김덕순외11명/중노위(발레오)	부당징계및부당노동행위	2017.03.16.접수(특별1부)04.17.상고이유서05.12.법리검토개시06.14.답변서제출
24	대법원2017두37031	발레오/중노위(허현구외56명)	부당노동행위	2017.02.27.접수(특별3부)04.06.상고이유서05.17.답변서제출05.19.법리검토개시
25	대법원2017두47311	발레오/중노위(강순득외68명)	부당노동행위	2017.06.08.접수(특별3부)2017.06.08.재판부지정
26	대법원2017두47328	발레오/중노위(강순득외74명)	부당노동행위	2017.06.08.접수(특별3부)2017.06.08.재판부지정
27	대법원2017두48109	송재석/중노위(발레오)	부당노동행위	2017.06.13.접수
28	서울고등법원2017나9376	금속노조/창조,심종두,발레오,강기봉	손해배상	2017.03.28.접수(제33민사부,서관306호)2017.07.07.15:50첫공판
29	서울남부지방법원2015고단2030	심종두,김주목,창조컨설팅	노조법위반	2015.06.05.접수(형사5단독)2015.07.23.10:30추정
30	서울행정법원2016구합64012	발레오/중노위(강순득외67명)	부당노동행위	2016.05.26.접수(제14부B208호)2017.07.13.14:20변론
31	서울행정법원2016구합73832	발레오/중노위(강순득외63명)	부당노동행위	2016.08.31.접수(제13부B202호)2017.07.13.14:40변론
32	서울행정법원2016구합76718	발레오/중노위(강순득외61명)	부당노동행위	2016.09.30.접수(제1부B220호)2017.07.21.14:30변론
33	대법원2016다56694	정연재외3명/발전노(발레오)	총회결의무효등	2016.12.29.접수(민사3부)2017.03.09.심리불속행기각
34	서울고등법원2016누447	민발노(금속노조)/중노위(발레오)	과반노조	2016.04.11.접수(제10행정부311호)2017.03.22.소취하2017.03.30.소취하 종결
35	대구고등법원2016나1190	정연재외6명/발레오	임금(직장폐쇄기간)	2016.06.16.접수(제2민사부42호)2017.04.20.13:50일부승(39일치)
36	대법원2017다8470	발레오/금속노조(발레오만도지회)	부동산인도	2017.03.10.접수(민사2부)2017.04.26.법리검토개시2017.05.31.심리불속행기각

2017년 6월 15일 현재 진행중인 노조파괴 관련 각종 재판 현황.

년 6월 4일, 차례로 전환 배치하는 내용의 화해조서[37]에 합의하고 마무리됐다.

이후에도 발레오 자본은 금속노조 조합원을 표적으로 삼은 탄압과 트집 잡기를 멈추지 않았다. 11월 10일에는 사내 식당에서 점심을 먹던 조합원이 강기봉 대표이사와 마주치자 사과를 요구했다는 이유로 '사내 질서 문란 행위'로 경고 조치를 내렸다. 경고가 징계

37 노동위원회에 접수된 사건 중 판정을 내리지 않고 당사자 간 화해로 사건을 해결하는 제도로 사용자와 노동자 간 화해조서 작성 후 심문회의 위원들의 직인을 받아 최종 성립된다.

는 아니더라도 인사고과에서 감점으로 이어지는 만큼 가벼운 일은 아니었다.

지회는 회사측의 탄압에도 굴하지 않고 더욱 활발한 활동을 벌여나갔다. 그해 12월 17일에는 공단운동장 천막 농성장을 철거했다. 해고자들이 복직하면서 공장 안 노조 사무실에서 안정적 활동이 가능해졌기 때문이다. 2010년 2월 16일 새벽 직장폐쇄로 공장에서 쫓겨나 거점을 차린 지 어언 7년 10개월 만이다.

사필귀정,
모든 것을 제자리로

지회는 노조파괴 주범 처벌 투쟁에도 주력해 왔다. 앞서 지회는 2012년 9월 창조컨설팅의 노조파괴 시나리오 문건이 공개되자 10월에 강기봉을 부당노동행위로 고발했다. 그러나 대구지검 경주지청은 2013년 12월 30일, 고소한 지 1년 2개월이 지난 뒤에야 그마저 '혐의없음'으로 불기소처분한 바 있다. 노조는 곧바로 항고했다.

검찰의 불기소 처분 후 현장에서 악의적 차별과 표적 징계, 노조활동 방해 등 탄압은 날로 극심해졌다. 2014년 2월 13일, 발레오지회는 특검을 도입해 재수사하라고 촉구했다. 자본 편향인 데다 노조파괴 공모의 한 축을 맡고 있다는 의혹을 사는 검찰을 믿을 수 없기 때문이다. 금속노조는 2월 19일 국회에서 '복수노조 악용 노조탄압 문제점과 대안'을 주제로 토론회를 하고, 20일에는 특검 도입을 촉구하는 결의대회를 이어 나갔다.

민주노총 경북본부도 5월 22일 다시 한번 발레오만도의 부당노동행위 재수사를 촉구했다. 그러나 대구고검도 26일 노조의 항고를 기각했다. 이미 백일하에 드러난 혐의를 끝내 인정하지 않은 것이다. 창조컨설팅 노무사들은 노동부 징계위에서 사실상 부당노동행위 사실을 자백했다. 노무사 등록 취소를 다투는 행정소송에서도 법원이 이를 증거로 인정했다. 그런데도 검찰은 '증거가 부족하다'는 말만 되풀이했다.

지회는 검찰이 잇달아 불기소 처분하고 항고를 기각하자 6월 11일 대구고법에 재정신청[38]을 냈다. 이후 재정신청 연내 수용을 촉구하며 현장 투쟁과 법원 앞 농성, 1인 시위 등의 투쟁을 이어갔다. 2015년 3월 5일부터 금속노조 경주지부 대표자들이 발레오전장 처벌과 재정신청 즉각 수용을 촉구하며 릴레이 단식농성을 벌이기도 했다. 그리고 마침내 3월 26일, 재정신청이 받아들여졌다. 대구고법이 창조컨설팅과 공모해 노조를 파괴한 혐의를 '일부' 인정, 발레오전장과 대표이사를 기소하라고 결정했다.

2016년 3월 11일, 대법원이 드디어 노조파괴 사업장 상신브레이크의 부당노동행위에 대해 유죄를 인정했다. 2012년 국회에서 노조파괴 공작이 폭로된 뒤 창조컨설팅이 개입한 사업장에서 발생한 부당노동행위가 처음으로 최고법원에서 유죄로 인정된 사례다. 발레

38 고소나 고발 사건에 대해 검사가 불기소 결정을 내렸을 때, 고소인이나 고발인이 그 결정에 불복해 피의자를 공판에 회부해 줄 것을 직접 관할 고등법원에 청구하는 일.

2015년 3월 5일, 금속노조 경주지부 대표자들이 대구고법 앞에서 발레오전장 노조파괴사건 재정신청 수용을 촉구하는 단식농성에 들어가며 기자회견하는 모습.

2015년 4월 10일, 국회에서 금속노조와 국회의원들이 유성기업과 발레오전장 노조파괴사업주에 대해 엄벌을 촉구하는 기자회견하는 모습.

오지회도 부당노동행위 인정을 위한 투쟁에 더욱 힘을 쏟았다.

법정에 서야 할 지경에 내몰리자 강기봉은 경주지역에 왜곡된 여론을 퍼뜨리며 처벌을 피하고자 몸부림쳤다. 자신이 처벌받으면 공장은 외국으로 이전할 수밖에 없고, 그리되면 지역경제가 어려워

2017년 6월 2일, 대구지법 경주지원 앞에서 금속노조 경주지부가 노조파괴범 강기봉 구속을 촉구하는 모습.

진다는 낭설을 내돌렸다. 그렇게 중앙시장 상가번영회 임원들을 속여 수백 명의 상인에게 탄원서를 받았다. 그러나 지회가 강기봉의 불법·부당노동행위와 발레오전장의 실제 상황을 설명하자 분노한 번영회 임원들은 탄원서를 철회했다. 법적인 책임을 모면하기 위해 강기봉이 벌인 여러 소동 가운데 한 가지일 뿐이다.

부당노동행위로 고소한 지 3년 7개월 만인 2016년 4월 28일, 발레오전장 노조파괴사건에 관한 첫 재판이 열렸다. 재판은 1년 넘도록 이어졌다. 그리고 2017년 6월 16일, 마침내 발레오 대표이사 강기봉이 법원에서 실형을 선고받았다. 대구지법 경주지원은 노조 와해 목적으로 노조 활동에 지배개입한 혐의를 인정해 강기봉에게 징역 8월, 발레오전장 법인에 벌금 5백만 원을 선고했다. 같은 혐의로 기소된 회사 관리자 2명에게는 무죄를 선고했다. 그러나 법원은 방어권을 보장할 필요가 있고 도주 우려가 없다며 강기봉을 법정구속하지 않았다. 지회는 "노동자에게 엄격하고 사용자에게 관대한 사법부 행태가 반복되고 있다"고 비판했다.

역시나 강기봉은 1심에 불복해 항소했다. 대구지법은 2019년 2월 15일 항소심에서 1심 판결을 유지했지만, 이번에도 법정구속은 하지 않았다. 그리고 마침내 대법원이 2019년 7월 25일 원심을 확정했다. 강기봉은 7월 30일 구속됐다. 노조파괴 범죄를 저지른 지 9년 만이다.

민주노총 경주지부와 금속노조 경주지부는 강기봉이 구속된 직후 31일 기자회견을 열어 법원의 사과와 검찰의 반성, 강기봉에 대한 회사 퇴출 등을 요구했다. 지회는 "2012년 노조파괴 시나리오 문건이 폭로됐지만 졸속수사를 통해 노동조합의 고발을 '혐의 없음'으로 결정하고 기소하지 않았던 원죄가 있다"며 검찰에 반성을 촉구했다. 이와 함께 "발레오만도지회 노조파괴 공작은 양승태 대법원장과 박근혜 정부의 사법 거래로 확인된 것"이라고 강조하고 "사건을 질질 끌면서 범죄자가 거리를 활보하게 하고, 노동자들의 고통을 무시했다"며 법원에 대해서도 사과를 요구했다. 강기봉은 2020년 3월 30일 만기 출소 후 다시 공장으로 돌아오지 못했다.

강기봉은 끈질겼다. 대법원에 상고할 때 노조법 81조4호 등에 대해 위헌법률심판 제청을 재판부에 신청했으나 기각되자 다시 헌법소원을 냈다. 81조는 사용자가 노동조합의 조직과 운영에 대해 지배·개입하는 행위, 노조에 전임자 급여나 운영비를 원조하는 행위를 부당노동행위로 규정한다. 강기봉은 이 조항이 '지배나 개입'

의 의미가 불분명해 명확성의 원칙에 어긋난다고 주장했다. 또 부당노동행위는 민사적 방법이나 행정 제재를 통해서도 예방할 수 있으므로 노조법 90조 벌칙 조항은 '과잉금지 원칙'에, 94조 양벌규정은 '책임주의'에 어긋난다고 주장했다. 그러나 헌법재판소는 2022년 5월, 재판관 전원일치로 "사용자가 노동조합 활동에 간섭하거나 지배하는 행위를 형사 처벌하는 규정은 헌법에 위배되지 않는다"며 합헌 결정[39]을 내렸다.

앞서 사용자가 노동조합을 약화할 목적으로 직장폐쇄를 단행했다면 직장폐쇄 기간 임금을 노조 조합원들에게 지급해야 한다는 대법원판결[40]도 나왔다. 대법원은 2016년 5월, 지회가 발레오 사측을 상대로 낸 임금 소송 상고심에서 2010년 회사 직장폐쇄를 정당하다고 본 원심[41]을 깨고 사건을 대구고법으로 돌려보냈다. 사용자의 직장폐쇄는 노조 쟁의행위에 대한 방어 수단일 때 정당성이 인정되며, 노조 조직력을 약화하려는 선제적·공격적 직장폐쇄는 정당하지 않다는 취지다. 파기환송심에서 대구고법도 직장폐쇄 기간 임금을 지급하라고 판결[42]했다.

한편 법원은 발레오 사측에 노조파괴에 대해 손해배상을 하라고도 명령했다. 2017년 10월 20일 서울고등법원은 금속노조가 노

39 헌법재판소 2022.5.26. 2019헌바341 결정.

40 대법원 2016.5.24. 선고 2012다85335 판결.

41 대구지방법원 경주지원 2012.1.27 선고 2010가합804 판결(원고패), 대구고등법원 2012.9.5. 선고 2012나1390 판결(항소기각).

42 대구고등법원 2017.4.20. 선고 2016나1190 판결(원고일부승).

무법인 창조컨설팅, 발레오전장, 상신브레이크를 상대로 제기한 손해배상청구 소송에서 각각 3천만 원을 배상하라고 판결[43]했다. 창조컨설팅은 두 기업에 '금속노조 경주지부 발레오만도지회'와 '금속노조 대구지부 상신브레이크지회'가 조직 형태 변경을 통해 금속노조를 탈퇴하도록 자문했다. 목적 달성을 위한 공격적 직장폐쇄, 조합원 선별적 업무 복귀 등 구체적인 방법도 알려줬다. 사측은 이를 실행했다. 재판부는 창조컨설팅 자문 내용이 부당노동행위를 전제로 한다고 판단했다. 이후 대법원은 2020년 12월 24일, 발레오전장과 상신브레이크 사측의 상고를 기각[44]했다.

2020년, 금속노조가 교섭 대표노조로

부당노동행위가 처벌받고, 잃어버린 임금을 되찾는 등 현장이 제자리를 찾아갔다. 그리고 2020년 5월에는 마침내 발레오지회가 다수노조가 됐다. 회사가 노조를 무력화하려고 와해 공작에 나선 지 10년 만이다.

금속노조 발레오지회 조합원 수는 2017년부터 본격화한 조직사업으로 점점 늘어나 2018년부터 기업노조 조합원 수와 비등비등해

43 서울고등법원 2017.10.20. 선고 2017나9383 판결.

44 대법원 2020.12.24. 선고 2017다51603 판결.

2018년 3월 27일, 조직화를 위한 금속노조의 중식선전전.

졌다. 다만 금속노조로 옮겨갔다는 사실이 밝혀지면 회사의 협박이 극심했기 때문에, 조합원들의 불안이 몹시 컸다. 성과급을 받지 못할까봐 일찍 출근하고 점심시간에는 물론 퇴근 시간을 넘겨서까지 일하던 시절이었다. 지회가 조합원들의 조건과 심정을 알고 있었기 때문에 명단을 공개하지 않았을 뿐이다.

불안해하는 조합원들을 위해 지회는 2018년에도 금속노조가 과반이 되지 않으면 절대로 명단을 공개하지 않겠다고 약속한 바 있다. 대표노조 지위를 확보할 수 있다고 최종 판단할 때 기업노조 탈퇴서와 함께 금속노조 조합비 공제 서명을 받아 회사에 제출하기로 했다. 따라서 금속노조 조합원 명단도 그때 공개한다는 조건으로 조직사업에 매진했다.

그렇게 조직사업은 공개적이고 공세적으로 진행했지만, 명단은 비밀스럽게 관리해 나갔다. 이러한 노력에도 2018년에는 3월 29일 현재 발레오지회 조합원은 240명으로 근소하게 과반에 미치지 못했다. 사실 이때 금속노조 조합원 수는 이미 절반이 넘었다. 다만 회사 관리자들의 협박과 회유를 견디지 못한 조합원 78명이 조합원 가입공개를 보류해달라고 요청한 사정이 있었다. 대표노조 지위를 확정하는 날까지 1주일가량 시간이 남아있었다. 발레오지회 내부에 의견이 분분했다. 도저히 더는 안 된다는 의견도 있었고, 안될 때 안 되더라도 할 때까지 해보자는 의견도 있었다. 결국 지회는 현장의 혼란과 분열을 방지하고 조합원의 피해를 최소화하기로 뜻을 모았다. 공개를 보류한 금속노조 조합원 명단을 스스로 파기하고 결과에 승복했다.

대표노조 지위를 확보하지는 못했지만, 지회는 이제 가능성을 확인했다. 발레오 자본의 분열 책동이 계속되는 와중에도 지회는 희망을 품고 조직사업에 박차를 가했다.

쉽지 않았다. 현장에 불안한 심리는 여전했다. 생산량은 올라갔지만 그만큼 현장 통제도 심했기 때문이다. 특히 회사는 성과급을 무기로 장난질을 했다. 당장 몇천만 원의 돈이 왔다 갔다 하니 조합원들은 함부로 움직이지 못했다. 전환 배치도 문제였다. 한번 찍히면 뜬금없는 업무에 배치하거나 잔업·특근에서 배제했다. 금속노조에 가입한 사실이 알려지면 관리자에게 불려 가 탈퇴할 때까지 시달렸다.

지회가 포기하지 않고 조직사업을 벌여나가던 2019년 7월 말 강기봉이 구속됐다. 기회였다. 2018년처럼 2019년에도 조합원들을 일일이 만나서 같이 싸우자고 설득했다. 성과가 나타나기 시작했다. 하지만 마음이 이미 금속노조로 돌아선 조합원들도 여전히 겁에 질려 있었다. 누가 볼세라 가입원서를 여러 번 접어서 은밀하게 간부의 손에 전달하는 조합원도 있었다.

지회는 전략을 바꾸었다. 가입원서는 나중 문제고, 일단 금속노조 가입 뜻을 확인하는 게 우선이었다. 구글 온라인 스프레드시트를 이용해 직접 써넣도록 했다. 관리자들의 눈을 피해 작성할 수 있으니 효과가 컸다. 구글에 가입 의사를 밝힌 조합원이 과반에 달했다.

지회는 곧바로 가입 의사를 밝힌 조합원들에게 과반을 확보했다고 알리고 비로소 '가입원서'를 취합했다. 2020년 4월 1일, 총원 458명 가운데 금속노조 조합원 246명, 53.7%. 드디어 금속노조 조합원 수가 절반을 넘어섰다.

"우리가 조직사업 해서 2020년에 다시 다수노조가 됐을 때, 그때가 제일 좋았죠. 소수노조일 때는 할 수 있는 게 없었지만, 이제 다수노조가 됐으니까 100% 다 따내지는 못해도 상대가 있고 교섭을 할 수 있잖아요. 최소한 우리 요구를 명확하게 던지고 우리가 주도적으로 끌고 갈 수 있으니까 그게 좋은 거지. 어쨌든 우리가 대표권을 갖고 뭔가 할 수 있겠다 싶으니까." (정연재)

그때까지만 해도 기업노조에 그대로 적을 두고 금속노조에 가입한 조합원들도 더러 있었다. 이런 사정 때문에 교섭 대표노동조합을 결정할 때 기업노조가 자신들도 과반이라고 우기는 바람에 논란을 빚었다. 노동위원회까지 간 끝에 교섭 대표노조는 금속노조 발레오만도지회라는 결정이 내려졌다.

금속노조가 대표노조 지위를 확보한 것은 지난 10년 동안 지치지 않고 조합원을 보듬어 가며 포기하지 않고 투쟁해 온 지회 활동에 대한 응원이다. 다른 한편으로는 기업노조가 그간 보여온 행태에 대한 냉엄한 평가이기도 하다.

2020년 대표노조 지위를 확보한 지회(지회장 이강식)는 6월 23일부터 2/4분기 노사협의회로 활동을 시작했다. 10년 만에 교섭권을 확보한 만큼 명실상부한 노조 활동으로 직장폐쇄 이전 단협으로 원상회복해야 했다. 대표노조 지위를 확보했다고 해서 당장 힘이 살아나지는 않았다. 10년 전에 비하면 모든 게 반토막 난 상황이었다. 노조 활동 시간, 조합비 등이 다 이전의 절반도 되지 않아 노동조합 활동에 어려움은 여전했다.

2014년부터 문제가 된 상여금과 관련해 성과평가제 폐지 없이는 타결도 없다는 배수진을 치고 교섭에 임했다. 그 결과 2020년 10월에 △비전임 간부 월 2시간 조합 활동 인정 △임금피크제 폐지 △성과평가제 상여금 폐지 △기본급 월 3천 원 인상 등에 합의했다. 통상임금 30% 추가 지급은 추후 협의키로 합의했다. 아쉬움이 많이 남는 합의였다. 예전 같았으면 부결돼도 할 말 없는 내용인데도 조합원들은 합의안을 인준해 줬다.

"그럴 거면 뭐하러 합의했냐는 조합원도 있었어요. 조정신청조차 하지 않고, 교섭 과정 자체가 끝까지 힘 있게 밀지 못한 거예요. 그 정도면 부결될 줄 알았는데 뜻밖에 70% 넘게 찬성했더라고요. 싸움이 쉽지 않구나, 싸우려는 의지조차 없구나, 이런 생각이 들었죠. 조합원들한테 왜 찬성했냐고 물어보니 '부결시켜 봐야 답 없다'라고 하더라고요. 노조파괴 10년이 만든 현장의 모습 아닐까요? 열이 채 이더라고요. 이건 우리가 그토록 염원해서 되찾으려고 한 민주노조의 모습이 아니지 않나…. 그러고 얼마 있다가 지회장이 사퇴했어요. 이제는 진짜 노동조합다운 노동조합, 민주노조를 재건해야 한다고 생각했습니다" (신시연)

2020년 말, 사퇴한 집행부의 부지회장이었던 안경복이 지회장으로 출마해 당선됐다. 그러나 대표노조 2년 차인 2021년 임금교섭에서도 조정신청 한번 해보지 못한 채 교섭 4회차 만에 합의했다. 기본급 월 52,000원(시급 217원) 인상과 특별성과상여금 1인당 1백만 원 지급 등의 합의안은 조합원 찬반투표에서 70.8% 찬성으로 가결돼 7월 22일 조인식을 했다. 조인식 이후 여름휴가를 떠난 김성호 대표이사는 자취를 감췄다. 그리고 10월, 경기도 화성 말레동현필터시스템 대표였던 서상해가 발레오전장의 대표이사로 들어왔다.

2021년 11월 30일 지회 임원 선거에서 해고자로 구성된 신시연(지회장), 이상수(부지회장), 이영철(사무국장) 후보 조가 당선됐다. 지회 집행 간부 또한 모두 해고자와 무급휴직자 출신으로 구성했다. 새로운 집행부 임기는 2022년 1월 1일부터였지만 2021년 12월 27일부터 전 지회장으로부터 권한을 위임받아 곧바로 업무를 시작했다. 회사에 2021년 4/4분기 노사협의회를 요구하는 공문부터 발송하며 본격적인 활동에 들어갔다.

13년 만에 마침내 하나가 됐다

지회는 조직화 작업을 지속하며 크고 작은 성과를 일궈 나갔다. 그리고 이제는 과반노조에서 나아가 단일노조 건설을 향한 의지를 행동으로 이어갔다.

> "그때 금속노조와 기업노조 조합원 400여 명한테 노조가 단일화될 필요가 있냐고 물어봤더니 답변한 320여 명 가운데 80%가 그래야 한다고 답하더라고요. 그 사이 금속노조로 넘어온 조합원들은 회사 갑질이 너무 심해서 넘어왔다고 하고요. 기업노조에서는 안 되니까 금속노조가 변화시켜 달라는 거예요. 우리가 교섭 대표노조가 된 뒤에 그래도 성과상여금제하고 임금피크제 폐지시키고 노동조합 통합을 위해 노력하고 있었어요. 당장 노동조합이 통합하지 못하더라도 노조가 힘을 가지려면 단결이 관건이다, 함께 싸우는 것밖에는 답이 없다고 생각했죠. 갈라져서 각자 자기쪽 노동조합 발전만 이야기하면 안 된다, 공동의 이익을 걸고 싸워야 한다고요. 임금이랑 단협을 향상하는 게 우선이니 노사협의회든 교섭이든 다 같이 하자고 했어요. 기업노조도 동의했죠. 그렇게 2022년 임단투 때

는 교섭과 투쟁을 같이 하고 철농도 같이했어요. 옛날 만도기계 시절 무용담 이야기도 해가면서. 양쪽 집행부 뜻이 어느 정도 맞아떨어진 면도 있죠. (신시연)"

대표노조 3년 차인 2022년 발레오만도지회는 기업노조인 발레오경주노동조합과 함께 노사협의회에 참가했다. 두 노조는 중식 선전전도 같이하며 유류 지원 등 복지 부분 원상회복을 촉구했다. 7월에는 임단협 공동교섭단을 구성했다. 공동 확대간부 수련회 등으로 발레오 자본에 맞서 힘차게 투쟁하자고 현장에 결의문을 게시했다. 두 노조는 함께 9월 2일부터 잔업 거부를 시작으로 특근 거부 8일, 부분파업 3일을 진행했다. 투쟁 열기를 올리다 9월 19일부터는 마침내 전면파업에 돌입했다.

금속노조와 기업노조 간부는 철야농성을 같이 하며 투쟁 승리 결의를 다졌다. 12년 만이었다. 파업이 가능하다, 함께 투쟁할 수 있다는 사실을 확인했다. 현장조합원들도 투쟁에 대한 자신감을 회복하기 시작했다. 마침내 두 노조는 공동교섭·공동투쟁을 성공적으로 성사시키며 빼앗겼던 '2008년도 단체협약'을 원상회복했다.

"2021년에는 임금이 교섭 4번 만에 타결돼 버렸잖아요. 만족할 만한 수준이 아니라고 생각했는데도 가결되더라고요. 조합원들이 진짜 싸우기 싫어한다는 걸 느꼈죠. 조합원들에게서 분노가 보이지 않았어요. 그해 말 제가 당선되니 고민스럽더라고요. 어떻게 해야 하나…. 처음 올라와서 잔업 특근 위임해달라 했더니 서명 잘해주

2022년 9월 19일 공동임단투 파업 집회.

더라고요. 첫 지침으로 시업 시간을 지키자고 했어요. 조출하지 말자고. 근데 그건 또 잘 안되더라고요. 하려던 사람조차 눈치 보게 되고 결국 흐지부지됐어요. 현장에서 일하는 저랑 동갑인 조합원이 '이거 안 되네…. 이것도 안 지켜지는데 임단협 하면서 파업하자고 하면 되겠나? 금속노조 조합원들 시업시간 지키기도 안 되는데, 기업노조까지 있는 마당에 파업이 되겠어?' 이러더라고요. 파업을 선언할 수는 있지만 선언만 하고 이도 저도 못 할 수도 있고, 임단협 준비하면서 다 원상회복하자고 선전 선동했지만 조합원들은 그냥 그러려니 하는 것 같기도 하고. 부담은 되고 정말 답답했죠. 그래서 투쟁을 쉽게 안 걸었어요. 조정신청 끝난 뒤에 잔업 거부도 안 하고. 그러다 9월 들어서도 회사가 안을 내놓지 않으니 어쩔 수 없겠더라고요. 쥐도 구석에 몰리면 어쩔 수 없다고, 잔업 거부를 시작했어요. 추석 앞두고 길게 가지 않으려고 한 거예요. 2010년 설날에 당했던 트라우마(직장폐쇄)가 있어서 추석 전에 다 걸지는 않고 잔업 거부 정도만 걸고 간 거죠. 본격적인 투쟁은 추석 후에 했어요. 회사가 계속 안을 내지 않았어요. 계속 그렇게 가면 서로 힘들죠. 어쩔 수 없이 짧게라도 전면파업 가자, 그렇게 해서 2시간, 4시간, 4시간, 이렇게 부분파업 가다가 전면을 걸어버렸어요. 막상 투쟁이 시작되자 조합원들 분위기가 달라졌죠. 전면파업 3일 만에 회사가 안을 내놨죠." (신시연)

2022년에 노조는 단체협약 원상회복과 함께 △기본급 월 91,000원 인상 △2024년 1월 1일부터 주간연속 2교대 시행 △통근

2023년 5월 19일 공동 확대간부 수련회(위)와 6월 공동임투 파업집회(아래).

편의 유류 지원 60리터 회복 △과거청산과 미래지향적 노사관계를 위해 격려금 지급 △교섭위원 시간 할애 인정 △2024년부터 지부 집단교섭 참여 등의 성과를 일궈냈다.

2022년에는 사무직까지 조직해 냈다. 사무직은 임금 인상에 차등을 두다 보니 연차가 오래될수록 성과급이 도리어 줄어드는 문제가 있었다. 연차수당도 받지 못했다. 내부에서 차별을 겪은 사무직들이 스스로 모이기 시작했다. SNS로 소통하던 사무직들이 지회에 찾아와 상황을 공유하고 상담을 진행하다 가입까지 이어졌다. 11월 17일 24명이던 사무직 조합원은 조직 확대 사업으로 그해 연말 30명으로 늘어났다. 기능직으로만 조직된 노동조합에 사무직까지 가입한 만큼 단체협약도 개정해야 했다. 이에 따라 2023년에는 보충협약도 요구해 임금협약 교섭과 같이 진행했다.

금속노조 발레오지회와 기업노조는 2023년도에도 노사협의회 위원과 임금·보충협약 교섭위원을 공동으로 구성해 참여했다. 12년 만에 파업 투쟁을 맛본 현장의 요구와 투쟁 의지는 그 어느 때보다 높았다. 공동 확대간부 수련회와 중식 선전전, 현장 순회를 같이하며 회사의 만행을 폭로하고 함께 싸워 함께 승리하자는 의지를 다져갔다.

2022년 단체협약 원상회복으로 유효기간이 6월 말에서 3월 말로 당겨짐에 따라 교섭은 4월 18일부터 시작했다. 회사는 타임오프를 핑계로 상견례 이후 6차례나 교섭에 나오지 않았다. 대표도 9차례나 교섭에 불참했다. 두 노조는 불성실한 교섭 태도를 규탄하면서 5월 18일 10차 교섭을 하고 노동위원회에 조정신청을 했다. 5월 26일 조정회의에서 조정 중지 결정이 나자 공동교섭단은 다음날 바로 특근 거부를 시작으로 전면파업까지 결의했다. 전면 파업 결의는 상견례 이후 한 번도 참석하지 않던 회사측 대표를 교섭에 나오게 했다. 그렇게 5월 27일 특근 거부부터 시작한 투쟁은 6월 8일 의견접근을 이뤄 조합원총회에서 합의안이 가결될 때까지 13일 동안 계속했다.

합의한 주요 내용은 △기본급 월 9만 원 인상 △타결금과 특별상여금 지급 △수당인상 및 주간 2교대 보전수당 1일 잔업 1.5시간 지급 △조합원 범위 팀장 미만 인정 △2024년 중앙교섭 및 지부 집단교섭 참여해 최종 합의 결과에 따른다 등이다. 특히 사무직 조합원 임금 인상에도 합의를 이뤘다. 마지막까지 쟁점이 됐던 상용공장 매각과 관련해서는 회사측이 진행하지 않겠다고 약속했다. 노동조합 사무실 확장 이전에도 합의함에 따라 2024년 초에 확장공사와 단장을 마무리했다.

2년 연속 전면파업을 진행한 현장은 조심스레 지난 10여 년의 아픔을 치유해 나갔다. 그리고 2023년 6월 14일 임금·보충협약 조인식 이후 두 노조의 통합을 바라는 목소리가 커지기 시작했다. 자동차산업은 전기자동차로 산업전환이 이루어지고 있다. 그런데도 발레오 자본은 내연기관을 생산하는 경주공장에 투자는 하지 않으면서 마른 수건 쥐어짜듯 있는 기계와 인원으로 최대 수익을 내겠다는 태도를 유지하고 있다. 앞으로 매년 40여 명씩 정년퇴직을 앞두고 있기 때문이다. 이런 상황에서 노동조합마저 둘로 갈라져 현장이 나뉘어서는 안 된다는 위기감이 컸다.

현장에서 느끼는 위기감에 공감하는 금속노조 발레오지회와 발레오경주노조 집행부도 통합에 적극적으로 나섰다. 임기에 연연하지 않고 통합되면 각각 바로 사퇴해 새로운 통합지도부를 선출하자고 결단했다. 발레오경주노조가 먼저 확대간부회를 통해 금속노조와 합병하기 위한 조합원총회를 결정했다. 그리고 7월 21일과 24일 발레오지회와 발레오경주노조 공동으로 조합원 교육을 진행했다. 조합원 교육에서 정진홍 금속노조 경주지부장이 금속노조 산별협약과 지부 집단협약을 소개했다. 박문환 발레오경주노조 위원장은 노동조합 통합을 결심하게 된 배경을 설명하고 조합원들에게 통합을 호소했다. 신시연 발레오지회장은 발레오 자본과 경주공장 경영진의 무능과 무책임함을 짚고, 지난 과거를 거울삼아 더 나은 내일을 위해서 함께 하자고 강조했다.

마침내 2023년 7월 25일, '금속노조와 통합'에 대한 발레오경주노조 찬반투표에서 조합원의 87.12%가 찬성표를 던졌다. 2010년 직장폐쇄 이후 13년이 넘는 시간을 이겨내고 발레오전장 노동자가 하나 되는 가슴 벅찬 순간이다. 아흔아홉 번 쓰러지면서도 단 한 번의 승리를 위해 포기하지 않고 달려온 노동자들이 만들어 낸 결과다.

"그때 생각하면 눈물 나려고 한다…. 통합해서 단일노조 됐을 때 가장 행복했어요. 그리고 신시연이 지회장 당선돼서 단협 원상복구하고 그러면서 조합원들이 힘을 얻어갔던 것 같아. 그때 생각하면 좋아요. 옛날에는 사실 현장에서 '노동조합'의 '노' 자도 안 꺼냈는데 요즘은 자연스럽게 노동조합이 뭐 하고 있다, 잘하고 있다, 지금 집행부가 그만두면 절단 난다, 앞으로 어떻게 대응할 거냐, 뭐 이런… 하여튼 과거에 금속노조 시절에 했던 동료들과의 대화가 다시 활발해졌고 솔직해졌지. 옛날에는 숨기고 표현을 잘 안 했는데 지금은 좋으면 좋다 싫으면 싫다 토론 문화가 많이 형성된 것 같아서 그것도 좋아요. 지도부가 솔직하게 조합원들하고 대화하고 홍보물로도 알리고 있어서 더 바라는 건 없어요. 지도부가 지금처럼 조합원 전

2023년 7월 25일, 기업노조가 총회에서 '금속노조와 통합'을 결의하자 기다리고 있던 금속노조 경주지부 간부들이 발레오경주노조 간부에게 금속노조 조끼를 입혀주고 있다.

체와 소통하고 공유해 나간다면 소기의 성과가 있을 거라 생각합니다." (한규업)

"통합됐다고 뭐 크게 달라진 건 없다고 봐요. 사람들이 이제 같은 목표를 가지고 하나의 금속노조로 가니까, 두 조직이 하나로 같이 움직인다는 게 좋죠. 같은 생각으로 같이 가고 있으니까 그게 제일 좋죠. 사업들을 같이 해나가는 게 좋아요. 이제 딴지 걸 사람도 없고 태클 걸 사람도 없으니까. 이젠 못하던 사업들 다 해나가야겠죠. 정체돼 있던 10년 전 단협도 이제 조합원들이 하나의 금속노조로 가니까 조합하고 얘기 많이 해서 상황에 맞는 단협으로 바꿔나갔으면 좋겠고요. 지회 간부들도 열심히 해줄 거라고 믿고 금속노조 조합원으로서 저도 최대한 열심히 따를 거고요." (송재석)

이들 앞에 이제는 더 힘 있는 노동조합으로 나아가는 과제가 놓여있다. 통합 이후 9월 1일 치른 임원 선거에서 경선 끝에 신시연 지회장, 박문환 부지회장, 김환진 사무장이 새로운 지도부로 선출됐다. 이들의 어깨에는 13년 전보다 더 무거운 책임이 얹어졌다.

"어느 쪽이었든 조합원들 모두 가슴에 응어리가 많을 겁니다. 그럼에도 노동조합은 단결해야 한다는 대의, 더 나은 일터를 만들기 위해서는 하나가 되어야 한다는 깨우침이 있었으니 가능했던 일 아닐까요? 전국에 많은 노동조합이 정권과 자본의 탄압으로 복수노조 사업장이 되고 소수노조가 됐습니다. 그 동지들도 포기하지 말고 민주노조 재건을 향해 한 걸음 한 걸음 전진해 갔으면 좋겠습니다." (신시연)

보쉬전장 노동자들의 함성

2011년 쟁의 유도, '노조파괴'의 시작

2010년 1월 1일 새벽, 비극의 씨앗을 품은 노조법 개정안이 여야 극한 대치 끝에 국회에서 통과됐다. 이에 따라 13년 동안 유예됐던 '전임자 임금 지급 금지'는 2010년 7월부터, 복수노조는 2011년 7월부터 허용을 앞두게 됐다.

2010년 7월 전임자임금지급금지제도 시행을 앞두고 금속노조는 6월 11일 파업 투쟁을 벌였다. 대전충북지부도 △노조 활동 보장 △최저임금 인상 △고용 창출 △사내하도급 제한 △노동시간 상한제 도입 등을 촉구하며 파업에 나섰다. 보쉬전장 사업장 안에서 열린 파업 집회에는 보쉬전장을 비롯해 콘티넨탈, 유성기업(영동) 등 10개 지회 3천여 명이 참가했다. 보쉬전장지회는 이처럼 지역 동지들과 함께 활동을 이어가면서 타임오프제 도입과 복수노조 시대에 대비했다.

하지만 발레오전장의 민주노조가 탄압받는 모습을 보며 활동 폭이 움츠러들었다. 게다가 2011년 5월, 같은 충청지역 금속 사업장이자 조직력이 탄탄하기로 유명한 유성지회에 직장폐쇄와 함께 용역 깡패가 들이닥쳤다는 소식은 엄청난 두려움으로 다가왔다.

보쉬전장 사측도 2011년 하반기부터 민주노조에 대한 치밀한 탄압을 시작했다. 발레오전장이나 유성기업처럼 보쉬전장 역시 창조컨설팅의 자문에 따랐다는 사실은 뒤늦게 밝혀졌다.

그러던 중 2011년 임원 선거에서 정근원 지회장과 정광문 사무장이 선출돼 10월 1일 7기 집행부가 출범했다. 회사가 지지·지원하는 후보가 낙선하고 금속노조 쪽 후보가 당선된 것이다. 그러자 보쉬 자본은 민주노조에 대한 탄압을 노골화하기 시작했다.

사측은 7기 집행부를 아예 인정하지 않았다. 민주노조가 당선됐으니 2011년 연말 성과급 교섭이나 2012년 단체협약 교섭 등에서 요구가 거셀 것으로 지레 판단했기 때문이다. 지회의 싹을 완전히 밟아버리려고 했다. 이러한 어리석은 판단은 이후 노사관계를 파탄내기에 이른다.

회사는 우선 새 집행부 전임 간부 4명의 10월 임금을 지급하지 않았다. 10월은 새 집행부가 뽑힌 직후 인수인계 기간이다. 그런데 회사는 7기 전임 간부에게는 임금을 지급하지 않았고 6기 집행부에는 어떠한 사전 논의도 없이 현장에 복귀하라고 통보했다. 11월 임금도 지급하지 않겠다고 통보하고, 노조의 보충 교섭 요구도 거부했다. 이러한 조치는 노조 활동 자체를 위축시키기 위해서다. 나아가 노조 핵심지도부를 자극해 노사관계를 악화시켜 투쟁을 유도, 불법으로 몰아가려는 꼼수였다. 이즈음 공장장이 교체되고 공석이던 인사·노무 담당 이사가 새로 선임된 것도 우연이 아닐 것이다.

회사는 여태껏 통상적으로 해왔던 노조에 대한 사소하고 정당한 지원조차 거부했다. 7기 집행부 취임 후 노조 사무실 내 휴게실과 회의실, 지회장실의 위치를 바꾸는 아주 간단하고 단순한 구조변경 요청을 차일피일 미뤘다. 낡아 못 쓰게 된 업무 차량을 승합차로 교체해달라는 요구에도 감감무소식이었다. 이뿐만 아니라 사측은 생산성 향상을 빌미로 유연한 전환 배치, 외주 처리, 성과급제 도입 등을 일방적으로 밀어붙였다.

12월 들어 지회는 모든 조합원과 32차례에 걸쳐 간담회를 진행하며 4/4분기 정기노사협의회 안건을 접수했다. 연말이다 보니 성과급에 관한 관심이 높아진 시기였다. 지회가 조합원들의 의견을 모아 12월 23일부터 정기 노사협의회를 진행하다 '12월 30일 휴무'가 쟁점으로 떠올랐다.

2011년은 연초 목표였던 3,400억보다 무려 9백억 원을 초과 달성, 4,300억 원이라는 창사 이래 최대 매출을 달성한 해다. 지회는 12월 31일과 1월 1일이 토·일요일이라 휴일과 겹쳤으니, 12월 30일 휴무를 요구했다. 최대 매출 기록은 조합원들이 1년 내내 노동한 결과이므로, 이는 너무도 당연한 요구일뿐더러 관례기도 했다.

그러나 회사는 8시간 유급은 무리라고 고집했다. 결국 노사는 '2

시간 유급+6시간 무급'으로 하되 야간근무는 하지 않기로 했다. 지회는 조합원이 연말연시에 가족과 함께 쉬는 게 우선이라고 판단, 금전적 피해를 감수하고 합의한 것이다. 그런데 회사가 12월 29일 돌연 태도를 바꿔 합의사항을 무시한 채 전 조합원에게 출근을 명령했다. 지회는 앞선 노사협의회 결과를 공고하고 합의사항 존중을 요구했다.

30일 야간조(21~08시)에 대해 지회는 노사협의회 결과에 따라 '출근 없음'으로 공고했다. 반면 회사는 정상 출근을 명했고, 출근하지 않으면 무단결근 처리하겠다고 협박했다. 당일 주간 조는 2시간 유급과 2시간 조합원 교육시간을 사용해 4시간 근무 후 12시에 퇴근했다. 12월 30일 저녁이 되자 야간조 가운데 출근한 사람과 하지 않은 사람이 뒤섞여 현장은 혼란스러웠다. 그런데 회사는 출근을 명해놓고도 막상 출근한 직원들에게 어떤 근무 지시도 내리지 않고 도리어 퇴근하라고 하는 등 우왕좌왕했다.

지회가 노사협의 결과를 조합원에게 알리는 것은 근로자대표의 의무다. 그런데도 회사는 12월 30일 휴무 관련 지회의 '노사협의 결과 공고'를 불법으로 몰아갔다. 회사는 30일 상황을 빌미로 지회를 업무방해 등으로 고소·고발했다. '공고'를 '지침'으로 둔갑시켜 검찰, 경찰, 노동위원회, 법원 등에 증거로 제출했다.

그리고 노사협의 결과에 따른 휴무인데도 회사는 조합원들에게 강제로 연월차를 쓰도록 했다. 회사는 1월 4일 <경영소식지> 창간호를 발행해 "12월 30일 연월차를 사용하지 않으면 무단결근 처리하겠다"고 협박했다. 지회는 회사에 강제 연월차 사용 중단을 요구했지만, 조합원 대부분은 울며 겨자 먹기로 연월차 휴가를 쓸 수밖에 없었다. 회사는 1월 6일 <경영소식지> 2호에서도 "12월 30일 노동조합 지침 때문에 야간 생산이 이루어지지 못해 3.5억 원의 생산 차질이 발생했다"며 "노동조합의 불법 집단행동에도 불구하고 직원들의 피해를 최소화하기 위하여, 결근자 중 사후에 휴가를 신청한 직원에 대해서는 12월 30일 근태를 휴가로 인정해 처리했다"고 선전했다. 그러면서 회사는 "금속노조는 회사와 문제를 풀지 못한다"는 말을 내돌렸다.

게다가 회사는 12월 30일에 지회장이 조합원을 노조 사무실로 불러들여 간담회를 한 뒤에 퇴근시켰다는 거짓 주장까지 했다. 지회의 업무방해 혐의를 만들기 위해 조합원들에게 출근을 명한 뒤 바로 퇴근을 지시한 주체는 바로 회사였는데도 말이다. 소송 중에 만들어진 기업노조로 옮겨간 조합원들이 사측 회유에 넘어가 허위 진술을 했다. 중노위는 회사의 거짓 주장을 그대로 받아들였다.

이는 모두 회사가 지회의 지도집행력 훼손을 노린 일이었다. 조합원들에게는 성과급에 대한 기대를 높이는 한편 결실이 없으면 조합원들의 원성과 불만이 지회 집행부로 돌아가게 할 의도다. 지회가 이런 상황을 돌파하기 위해 파업을 선택할 수밖에 없게 만든 것이다. 이처럼 지속해서 노조의 불법을 유도하는 등 빠져나갈 수 없는 덫을 쳐놓고 치밀하게 기획하고 실행에 옮겼다. 지회가 노사협의에 따라 '12월 30일 휴무'를 공고한 것도 '연말 성과급 요구를 관철하기 위한 불법 쟁의행위'로 몰아갔다.

회사는 <경영소식지>를 통해 "노조가 100% 400만 원을 요구해서 부담이 크다"라는 헛소문도 퍼트렸다. 회사는 2011년 최소 200억 원의 흑자를 적자로 둔갑시켜, 적자 상황에서 노조가 무리한 요구를 한다는 식으로 안팎에 유포하는 거짓 선동으로 노조를 자극했다. 근거 없는 공격에 지회는 도리어 소식지 <민주함성>을 통해 공식적으로 이러한 요구를 한 바가 없다는 사실을 밝혀야 했다. 본격적인 공작이 작동하기 시작하고 있었다.

2012년 1월 10일 4차 노사협의에서 회사는 지회가 요구하지도 않은 '2012년 목표달성 격려금 100%'를, 그나마 구두로 제안했다. 지회는 문구를 수정해 문서로 제출할 것을 요구했다. 그러나 회사는 "다른 안은 없다"라며 딱 자르고 노사협의회 속개조차 거부했다. 불성실한 태도로 일관하던 회사는 4차 이후 회의 참석조차 하지 않아 노사협의회는 이날부터 결국 중단되고 말았다.

노조는 불가피하게 1월 10일부터 잔업을 거부하고 법정 근로시간을 지키며 11일부터 로비에서 농성을 시작했다. 대표이사는 1월 12일 담화문을 통해 더는 노사협의회를 할 수 없다고 선언했다. 그리고 일방적으로 "1월 16일에 격려금 100%를 지급하겠다"라고 발표하고는 출장을 핑계로 독일로 떠나버렸다.

보쉬전장 노사는 2000년부터 해마다 연말 성과급과 관련한 성실한 협의를 거쳐 지급 금액, 방법, 일정 등을 합의해 왔다. 그런데 이 해에 회사는 노조와 어떠한 협의도 하지 않다가 1월 16일에 일방적으로 격려금 100%를 지급해 버렸다. 정 지회장은 17일, 노사협의회 속개를 요구하며 단식에 돌입했다. 그러나 회사는 같은 날 지회에 공문을 보내 "잔업 거부와 로비 농성을 종료해야만 대화할 수 있다"라고 통보해 왔다. 지회는 사태 해결을 위해 다음날인 18일 잔업·특근 거부와 단식농성을 중단하고 회사에 1월 19일 노사협의를 요청했다. 그러자 회사는 도리어 정 지회장과 정 사무장에 대한 징계위원회 개최를 통보했다.

이런 식으로 보쉬 자본은 노사관계를 극단으로 몰아갔다. 회사는 일방적인 교육도 강행했다. 2011년 12월부터 2012년 초까지 터무니없게 큰 비용을 들여가며 비밀스럽게 사무관리직(직장 포함)에 대한 소통 교육[45]을 실시했다. 당시 금속노조 보쉬전장지회는 노사협의회 근로자측 위원이기도 했다. 근로자에 대한 교육 훈련은 당연히 노조와 협의해 의결할 사항임에도 몰래 진행했다. 단체협약은 물론 '근로자참여 및 협력증진에 관한 법률(근참법)' 위반이다.

교육 내용은 뻔했다. 회사가 어려워서 변화해야 살 수 있는데 현재 노동조합의 활동 방식 때문에 독일에서 투자하지 않으며 생산직 임금은 너무 높다는, 전형적인 정신교육이다. 창조컨설팅에서 강사로 나와 "단체협약을 분석해 보니 노조가 경영·인사를 너무 제약하고 있어 경영활동이 위축된다"라는 식으로 교육했다. 교육을 통해 이후 있을 복수노조에 대한 사무관리직의 호응을 높여내고 금속노조를 불신하게 하려는 회사의 노림수였다.

또 2011년 12월 30일 휴무에 관한 왜곡된 내용을 유포했던 바로 그 <RBKB[46] 경영소식>을 1월 4일부터 발행하며 금속노조에 대한

45 세종시 홍익대 연수원에서 2달에 걸쳐 1박 2일로 전체 사무관리직 대상으로 시행.

46 Robert Bosch Korea Buyong.

부정적인 내용을 지속해서 유포했다. 금속노조가 회사 발전과 독일 본사의 투자에 걸림돌로 작용한다는 따위의 내용들로 채워졌다. 또 금속노조의 모든 행위를 불법으로 단정 짓고, 사용자노조 설립을 위한 사전 여론화 작업을 계속했다. 회사는 이후 어용노조가 설립된 후에도 어용노조를 지지·엄호하는 데 소식지를 적극적으로 활용했다. 역시 금속노조 활동에 대한 지배개입으로, 명백한 부당노동행위다.

2012년 지회장 해고하고 곧바로 기업노조 설립

회사는 1월 10일 이후 시간이 없다는 이유로 노사협의회를 지속적이고 의도적으로 해태했다. 그러면서 노조 간부들을 징계위에 회부했다. 교섭 해태와 성과급 일방 지급에 항의하며 잔업을 거부하고 로비에서 농성을 벌였다는 이유다. 시간이 없어서 노사협의회 회의를 할 수 없다던 사측 위원들이 징계위원으로 선정됐다. 징계위는 노측 징계위원 선정이나 일정은 전혀 고려하지 않은 채 일방적으로 징계위를 진행했다.

일사천리로 진행한 징계위는 전원일 노안부장과 심재일 교선부장에 '서면 경고' 징계를 결정했다. 이어 2월 15일에는 정 지회장을 해고하고 정 사무장에 대해서는 정직 3개월이라는 중징계 조처를 내렸다. 징계위는 당초 2월 15일 오후 3시로 회의가 잡혀 있었으나 당일 아침 9시에 갑자기 10시로 변경한다고 통보하는 바람에 노측 징계위원들은 참석조차 할 수 없었다.

지회는 2월 20일 징계 재심을 신청하고 21일에 2012년 단체교섭을 요구했다. 그러자 회사는 곧바로 전 공장 벽면과 휴게실, 식당에 징계 결과를 공고했다.

그리고 다음 날인 22일, 끝내 조합원 18명으로 구성된 보쉬전장 노동조합(아래 '기업노조')이 설립됐다. 청원군청은 신속하게 이틀 뒤에 신고필증을 내줬다.

과정에서 알 수 있듯 2011년 하반기부터 이어진 금속노조와의 대화 단절과 금속노조에 대한 탄압은 일련의 목적 아래 일사불란하게 진행된 것이다. 현장 여론을 조성해 조합원들이 금속노조 집행부에 불만을 품도록 했다. 동시에 지회장을 해고해 현장을 위축시키고 지도집행력을 약화시킨 뒤 복수노조를 설립한 것이다.

지회는 앞서 2월 21일 회사에 2012년 단체교섭을 요구한 바 있다. 회사는 공문에 하자가 있다며 트집을 잡아 교섭 공고를 하지 않고 늦장을 부렸다. 이는 사실 기업노조가 조합원 수를 늘릴 수 있도록 시간을 벌어주려는 꼼수였다. 3.1절 공휴일과 3~4일로 이어지는 주말을 이용해 대대적으로 금속노조 탈퇴와 기업노조 가입을 조직하기 위해서다. 그렇게 과반 노조 결정 기준일을 늦춰서 기업노조를 대표노조로 만들려는 그림이었다.

이 기간에 회사의 주요 임원과 관리자들은 자정까지 현장에 상주하다시피 하며 금속노조의 현장 순회를 가로막았다. 반면 기업노조 간부들은 아무런 제재 없이 현장을 돌며 가입원서와 금속노조 탈퇴서를 배포할 수 있었다. 회사는 더 노골적으로 주·야간 가리지 않고 '면담'을 핑계로 금속노조 조합원들을 직장실로 불러들였다. 직장실 앞에서는 노무부장이 도와달라며 악수를 청했다. 안으로 들어가면 해당 반·직장이 금속노조 탈퇴서, 기업노조 가입원서, 조합비 공제서 따위를 놓고 금속노조 탈퇴를 종용했다. 이 자리에서 직장들은 "지금 금속노조를 탈퇴하고 기업노조에 가입해야지 나중에 하는 건 도움이 안 된다", "성과급·진급에서도 그렇고 회사가 어려워 구조조정이라도 하게 되면 지금 가입한 사람들은 모두 살려줄 수 있다"라며 금속노조 조합원들을 회유했다.

> "기업노조가 만들어졌다고 해도 그저 소수로 그칠 거라고 생각했어요. 노조끼리 서로 견제하면 오히려 복지나 처우가 나아질 수도 있을 거라고 생각했죠. 그런데 회사 동호회 모임들이 하나둘 넘어가더니… 나중엔 거의 다 넘어가 버리더라고요. 인맥이 이렇게까지 크게 작용한다는 데 놀랐어요. 기획된 시나리오라던데, 사실 예정된 일이었다고 봐요. 자본가들은 복수노조 법제화되니까 이렇게 민주노조를 앓던 이처럼 시원하게 뽑아내는 거죠." (이명주)

회사와 기업노조가 한 몸으로 공작을 펼친 결과 2월 29일까지 140명에 지나지 않던 기업노조 조합원은 연휴를 지난 3월 5일 224명으로 늘어나 있었다. 금속노조 조합원은 389명에서 167명으로 줄어들어 과반수 노조의 지위를 잃게 됐다. 이런 결과는 회사의 꼼수로 가능했다. 지회가 교섭을 요구한 날 공고하지 않음으로써 교

2013년 7월 9일, 금속노조 대전충북지부가 노조파괴 사업장의 불법감시와 인권침해를 규탄하는 기자회견을 열었다.

섭 요구노조 확정 공고 기간을 늦춰서 과반 노조를 결정하는 기준일을 3월 연휴 이후로 넘긴 덕이다.

지회장 해고와 기업노조 출범을 전후해 보쉬 자본의 움직임은 매우 치밀했다. 2월 25일 밤 10시경 조합원들 몰래 정문 일대에 CCTV 16대를 추가 설치했다. 2대는 최신형 인지 감시카메라로 교체했다. 회사는 시설 안전관리를 위해서라고 했다. 실제로는 간부와 조합원들의 움직임을 마구잡이로 녹화·녹취해 금속노조 활동을 감시함으로써 위압감을 조성하는 게 목적이었다. 회사는 녹화 영상과 녹취를 지회 간부들 징계에 증거자료로 썼다. 조합원들의 일거수일투족을 감시하는 등 심각한 인권침해도 일삼았다.

기업노조가 설립되자 회사는 그나마 구색 갖추기로 응하던 금속노조와 면담이나 간담회, 노사협의회 등 대화 일체를 딱 끊어버렸다. 반면 2월 22일 출범한 기업노조와는 2월 27일 상견례를 시작으로 고용보장, 복리후생, 사무실 제공 등에 빠르게 교섭을 이어갔다. 기업노조는 이만행 사장과 상견례 사진을 선전물로 배포하며 이제는 금속노조가 아니라 자신들이 회사와 대화한다는 식의 홍보에 열을 올렸다.

회사는 더 나아가 자신들의 대화 파트너는 기업노조라는 점을 각인시키기 위해 조치를 했다. 3월에는 아시아태평양 총괄사장을 불러들여 기업노조와 면담을 주선했다. 이도 부족했는지 이 사장은 기업노조 위원장, 정책국장과 함께 독일 본사까지 찾아가 독일 보쉬ED 임원과의 면담도 주선했다. 기업노조가 보쉬전장의 대표노조라는 점을 확인시킨 것이다. 보쉬전장지회 사백기 기획부장이 같은 달 20일부터 23일까지 독일에서 열리는 세계 보쉬노동자평의회에 참석하고 있는 동안 벌인 일이다.

사측은 노조파괴사업장들의 특기인 손해배상 청구 소송도 제기했다. 2011년 12월 30일부터 2012년 1월 19일까지 야간조업 중단 및 잔업·특근 거부, 2012년 6월 정문 출입 공사방해에 대한 업무방해와 대표이사 차량에 오물투척, 회사와 사장 이미지 훼손 등을 이유로 총 2억 1천만 원을 지회에 청구했다. 청주지법은 2014년 11월 28일, 공사방해와 사장 출근 방해에 대해서는 각하하고, 대표이사 차량 오물투척과 차량 파손과 비방 현수막 등에 대해서는 기각했다.[47] 그 밖에 각종 손해배상에 대한 지리한 법정 공방 끝에 손해배상액은 최종 1천만 원가량으로 결정됐다.

이러한 모든 과정 뒤에 창조컨설팅이 있었다. 2012년 9월 국정감사에서 드러난 바에 따르면 보쉬 자본은 2011년 11월 2일 창조컨설팅과 '노조파괴'를 위한 컨설팅 계약을 체결했다. 창조컨설팅은 보쉬에 2011년 8월 29일에 작성한 '회사 경쟁력 강화와 기업가치 증대를 위한 노사관계 합리화 컨설팅 제안서'를 건넸다. 제안서는 총 26쪽으로 컨설팅의 배경, 추진 내용, 성공 요건, 비용까지 세세하게 담고 있다. 창조컨설팅은 보쉬전장에 '쟁의행위 대응 요령'까지 자세하게 작성해 전달했다. 그리고 11~12월 사이에 세 차례에 걸쳐 꼼꼼한 전략회의를 진행했다. 12월부터 조합원을 내사해 '대안세력(어용 세력)' 조직을 위한 검토와 접촉에 들어가 2012년 2월 어용노조를 설립한 것이다. 사측은 창조컨설팅에 자문의 대가로 2011년 11월부터 2012년 8월까지 총 8억 4,379만 원을 송금했다. 조직 형태 변경은 1억 원, 단체협약 체결은 1억 원으로 별도 계약해 성공보수까지 따로 챙겨줬다.

47 '기각'은 형식적인 요건은 갖췄지만 타당한 이유가 없다고 판단해서 소송을 종료하는 것이며, '각하'는 형식적인 요건조차 갖추지 못해서 내용에 대한 판단을 하지 않고 소송을 종료하는 것.

노골적 차별로 어용노조 밀어주기

당하고만 있을 수 없었다. 비록 규모는 줄어들었지만, 그럴수록 금속노조 조합원들에게 '민주노조 사수'는 더욱 절실했다. 지회장은 2012년 3월 8일부터 곧바로 출근 투쟁을 시작했다. 매주 수요일에는 정문 앞에서 촛불문화제를 진행했다.

기업노조를 설립한 회사는 2012년 4월 3일, 금속노조 보쉬지회에 단체협약 일방 해지를 통보했다. 그리고 단체협약 교섭을 위한 상견례(4월 7일)에서 합의한 원칙인 '교섭 횟수' 약속까지 깨트려 버렸다. 기업노조와는 주 1회 교섭하면서, 금속노조와는 2주에 1회만 교섭하겠다고 했다.

회사는 기업노조를 설립하면서 규약에 조합원 가입 범위를 확대했다. 대상에서 제외됐던 직장, 그리고 사무관리직도 부장 이하는 노조에 가입할 수 있도록 한 것이다. 회사와 기업노조의 단협에서도 조합원 가입 범위를 규약과 같게 합의했다. 이는 금속노조가 과반을 유지할 때에 대비한 것이다.

회사가 이렇게 금속노조와 모든 대화를 단절하고 지회장 해고를 비롯해 손배·가압류, 단체협약 일방 해지, 기업노조 설립, 교섭 지연 등 탄압으로 일관했어도 3월 초 연휴 이후 금속노조 탈퇴 흐름은 정체돼 있었다. 4월 24일 충북지방노동위원회에서 지회장에 대해 부당해고 판결이 난 가운데 금속노조도 조직화 사업에 박차를 가한 결과다. 도리어 기업노조에서 탈퇴해서 다시 금속노조로 가입하는 조합원이 늘어나기도 했다.

실제 5월에 금속노조 조합원이 다시 절반을 넘어서자 당황한 회사는 급기야 직장 15명을 기업노조에 가입시켰다. 그리고 직장 15명에게 1인당 3명씩 할당해 기업노조에 가입시키도록 지시했다. 직장들은 기업노조에 가입하며 금속노조에 대한 비판과 기업노조 지지·가입을 호소하는 내용의 선전물을 모든 공장과 식당에 게시했다. 또 할당을 채우기 위해 조합원을 직장실로 불러들여 면담하거나 회사 밖에서도 만나 금속노조 탈퇴를 종용했다. 회사와 기업노조는 규약과 단체협약을 근거로 금속노조가 과반 노조를 계속 유지하면 사무관리직까지 기업노조에 가입시키고자 했다. 그러나 이후 금속노조 조합원이 급속히 감소함에 따라 그럴 필요가 없어져서 실행하지 않은 것으로 파악됐다.

회사는 지회의 활동에 대해서도 대대적인 방해 공작에 나섰다. 지회의 아침 출근선전전과 촛불문화제를 방해할 목적으로 같은 장소에 회사 명의로 집회 신고를 했다. 아침에는 금속노조를 헐뜯는 <경영소식지>를 배포했다. 매주 1회 열리는 금속노조의 저녁 촛불문화제 시간에는 관리자들을 모아놓고 회사를 살리자는 캠페인을 했다. 이는 명백하게 금속노조의 활동을 방해할 목적으로 한 행위다.

또 회사는 6월 3일부터 정문 출입 통제시스템을 설치한다는 명분으로 각종 중장비를 정문 앞에 배치했다. 공사를 한다며 아침 7시 30분 출근선전전을 하는 지회 간부들 근처에서 중장비 시동을 켜고 선전전을 방해하다가 8시 15분쯤 선전전이 끝나면 시동을 껐다. 이후에도 근무 시간 내내 중장비를 정문에 두었지만, 실제 공사를 하지는 않았다. 매일 공사하는 시늉만 하는 우스꽝스러운 일이 되풀이됐다. 정문 출입 통제시스템 설치는 노조와 합의를 거치기로 약속한 사항이다. 그런데도 회사는 6월 30일에 공사 방해금지 가처분 신청을 냈다. 물론 이는 이후 법원에서 기각됐다. 또 선전전을 방해하지 말라고 항의하는 지회 간부를 징계하고, 세종경찰서에 형사고발하고, 청주지방법원에 손해배상을 청구했다.

회사는 공장 담벼락에 철조망도 설치했다. 게다가 정문을 막을 수 있을 정도로 크고 육중한 바리케이드를 제작해서 공장 뒤편에 두었다. “파업하면 금속 조합원들은 출입 못 하게 할 것”이라는 말도 덧붙였다. 조합원들에게 언제든 ‘직장폐쇄’를 할 수 있다는 위기감을 퍼트리기 위해서다.

앞서 회사는 6월 1일 부로 타임오프를 일방적으로 적용해 금속노조 전임자를 1.1명으로 축소하고 나머지는 기업노조에 강제 배분했다. 금속노조 전임 간부 3명이 무급을 감수하며 활동하자 회사는 현장에 복귀하지 않으면 징계하겠다고 으름장을 놓았다. 그리고 실제 연말에 무더기 징계를 감행했다. 지회장 해고만으로는 금속노조의 지도집행력에 타격을 가할 수 없자 아침 출근선전전을 방해하고, 이에 항의하면 공사방해로 몰고, 금속노조 간부들에게 2차 징계까지 내리는 등 금속노조 파괴를 위한 2단계 시나리오를 작동한 것이다.

회사는 금속노조에 대한 공격과 동시에 조합원들을 기업노조로 가입시키기 위한 공작에도 계속 열을 올렸다. 금속노조의 임단협 교섭과 투쟁이 한창이던 6월 14일부터 8월 14일까지 두 달 동안 회사는 노사협의회는 진행하지 않으면서 일방적으로 조합원에 대한 교육을 진행했다. 금속노조와 기업노조 조합원 전체를 대상으로 속리산 연송호텔에서 1박 2일씩 진행한 교육 내용은 유답[48], 팀워크 향상, 생산성 향상 등이었다.

특히 1일 차 교육이 끝나면 곧바로 이어지는 뒤풀이에 공장장, 노무 이사, 노무부장까지 참석해 기업노조가 대세임을 강조했다. 금속노조 조합원에게는 개별적으로 접근해 회유했다. 관리자들은 뒤풀이가 끝나면 2차 노래방으로 이동해서 기업노조 핵심 간부들과 어울려 술잔을 높이 들었다. 이러한 회사의 일방적 교육은 단체협약 위반임은 물론 임단협 교섭 기간에 이루어졌다는 점에서 더욱 큰 문제다. 이 모든 과정이 금속노조 파괴 전략으로 사전에 계획된 것이었다.

악랄한 통제와 협박…
불안한 현장

회사는 교섭에서 불성실한 태도로 일관하다 5월 16일 5차 교섭에서 단협 갱신 안을 내놓았다. 이유가 있었다. 보쉬전장 단협에는 교섭 만료 15일 전까지 갱신을 요구하지 않으면 기존 단협으로 체결하게

48 YOU-答, "내 안에 답이 있다"는 뜻으로 자아 성찰과 긍정적 사고의 중요성을 일깨운다는 식의 정신교육.

돼 있기 때문이다. 기존 단협으로 체결되지 않도록 수를 쓴 회사는 개악 안만 내놓은 채 정작 교섭은 차일피일 미뤘다. 기업노조가 아직 단협을 요구하지 않았기 때문이라고 했다.

지회는 2012년 임단협의 원만한 타결을 위해 절박한 심정으로 2012년 단체협약 요구를 전면 철회했다. 임금 인상 요구도 12만 원에서 5만 원으로 수정했다. 그러나 회사는 <경영소식지>를 통해 이마저 반박하며 받아들이지 않았다. 반면 기업노조와는 110개 조항에 이르는 단체협약을 일사천리로 합의해 나갔다. 그리고 7월 14일 금속노조의 임금 수정안을 웃도는 55,000원 인상을 포함한 임단협을 타결했다. 금속노조에는 기업노조와 체결한 단체협약보다 후퇴한 안을 고수했다. 조합원들은 임금과 복지 등에서 기업노조와의 차별을 고스란히 감당해야 했다. 현장에 "이제 대세는 기업노조"라는 인식이 퍼지기도 했다.

기업노조와 회사는 여름휴가를 앞두고 임단협을 타결하며 악랄하게도 "금속노조를 탈퇴하면 기업노조 쪽의 임금인상, 타결금, 단체협약을 적용받을 수 있다"는 내용에도 합의했다. 이 때문에 50여 명의 조합원이 끝내 금속노조를 탈퇴하고 기업노조에 가입했다. 여기에 그치지 않았다. 여름휴가가 끝나자 회사와 기업노조는 다시 "8월 22일 조인식 전까지 금속노조 탈퇴하고 기업노조에 가입하면 임금인상과 임금소급분 적용 및 타결금을 받을 수 있다"고 합의하고, 대대적으로 홍보했다.

보쉬전장지회는 7월 30일부터 8월 3일까지 여름휴가 기간이 끝난 다음 주 8월 7일 교섭을 중단하고 다음 날 집행부가 총사퇴했다.

해고 등 징계로 집행력 담보가 어려워졌다는 판단 때문이다. 그러나 조합원들은 금속노조라는 둔덕이 무너지고 있다는 불안에 시달렸다. 끝내 80명가량이 더 기업노조로 넘어가 금속노조 조합원은 46명으로 줄어들고 말았다.

회사가 단체협약 일방 해지를 통보한 지 6개월이 되는 2012년 10월 3일, 결국 금속노조의 단체협약이 해지됐다. 22차 교섭에서 회사는 "단체협약이 해지됐으므로 1차 교섭"이라고 억지를 부리며 교섭을 진전시키지 않았다. 이 역시 예정된 노조파괴 시나리오였다. 금속노조와 단체협약을 체결하면 조합원들이 다시 금속노조로 돌아갈 것을 우려해 회피한 것이다. 또 다른 목적은 다음 해에도 기업노조를 대표노조로 임금 교섭을 진행하기 위해서다.

회사는 2012년 2월 기업노조를 만든 이후 철저하게 민주노조를 파괴하기 위한 일관된 시나리오를 충실히 따라갔다. 무엇보다 현장에 금속노조를 무능한 세력으로 낙인찍고 기업노조가 대안이라는 인식을 심어 이후 편안한 노동 통제를 목적한 것이다. 그 시작은 교섭 절차에서 차별이다. 사측은 기업노조와는 주 1회 교섭하면서 금속노조와는 2주 1회 교섭을 제안하고 그마저 성실히 임하지 않았다. 복수노조 상황에서 어용노조 쪽에 힘을 실어주기 위해 차별을 두는 것이다.

교섭 내용에서도 어용노조 쪽에 더 많은 혜택이 담긴 안을 제시했다. 고용 및 근로조건과 관련된 단협 사항에 대해 기업노조와 합의한 것보다 훨씬 개악된 안을 지회에 내놓았다. '차별'이 임단협에 명문화되기 시작했다. 기업노조와 맺은 '공장 신설로 조합원이 이동하는 경우, 조합에 1년 전 통보하고 3개월 전 합의한다'는 단체협약 조항이 지회에 건넨 요구안에선 '통보한다'로 바뀌었다. 그 밖에도 △조합원 공직 취임 인정 △취업규칙 등 노동조건과 관련된 규정·규칙 개정 협의 △생산시스템 변경, 임시직 사원 채용, 전환 배치, 임금체계 개편, 근무시간 변경 등에 대한 조합과의 합의 등에서 차별이 발생했다. 특히 지회가 양보안을 제시하면 회사는 기업노조와 이보다 상향된 조건에 합의하는 등 악독한 행태를 벌였다.

회사는 또 기업노조와 임금 타결 후 사무직 등 비조합원에게까지 격려금을 지급하는 등 금속노조 조합원만 표적으로 차별했다. 금속노조와의 교섭은 의도적으로 질질 끌면서 기업노조와만 합의해 놓고, 금속노조 조합원에게는 교섭 중이라는 핑계로 임금인상분과 격려금을 지급하지 않았다. 이후 이런 공방은 매년 반복됐다.

교섭 외에도 일상적인 노조 활동에서 차별은 다 열거하기 어려울 지경이었다. 기업노조에는 설립과 동시에 단협이 체결되기 전부터 사무실과 집기 일체를 제공했다. 조합비 일괄공제와 전임자 활동, 자유로운 현장 순회도 보장했다. 반면 보쉬전장지회 간부가 현장을 순회하면 업무방해라며 협박했다. 업무차와 유류 지원도 중단했다. 기업노조에는 전임자 2.1명을 보장한 반면 지회에는 무급활동조차 승인을 거부했다.

이렇게 기업노조, 사실상 어용노조가 들어선 이후 지회의 현장 장악력은 급격하게 축소됐다. 회사는 '민주노조'라는 걸림돌이 사라지자 구조조정을 멋대로 할 수 있게 됐다. 외주 생산 물량을 대폭 늘려 최저임금만으로 생산이 가능하게 됐다. 게다가 정규직의 잔업·특근이 없어짐에 따라 연봉이 줄어들며 인건비는 감소했다. 자연스레 현장은 고용불안까지 떠안아야 했다.

사실상 보쉬를 포함해서 발레오만도, 상신브레이크, 유성기업 등 민주노조 탄압을 통해 어용노조가 설립된 곳들 대부분은 사상 최고의 매출을 기록한 사업장들이다. 2010년부터 이어지는 민주노조 탄압의 특징은 경영 위기가 아닌 회복 시기에 이뤄졌다는 점이다. 구조조정과 노조 탄압은 경영 위기 시기에 이루어진다는 통념이 깨졌다. 자본은 오로지 이윤 확대라는 목표에만 충실할 뿐이라는 점이 확인됐다.

또 보쉬전장처럼 외국인 투자기업들이 어용노조를 만들며 들이미는 가장 큰 무기는 공장 철수다. 금속노조에서 탈퇴하지 않으면 물량을 줄이고 공장을 철수하겠다는 협박이다. 물론 노동자들의 불안을 이용한 심리전일 뿐이다. 그러나 2010~2011년에 이들 사업장에서 매출은 도리어 늘어났다. 노조 때문에 물량이 줄고 매출이 줄어들 것처럼 이야기했지만, 뒤로는 이미 주문을 충분히 확보해 놓고 있었다. 이들 기업에서는 경영 위기는커녕 주주들에 대한 배당잔치, 임원과 노조파괴에 공을 세운 관리직들에 대한 급여 인상이 이어졌다. 결국 노조파괴 공작으로 자본의 이익은 늘었고, 노동자의 몫은 줄었다.

한편 7기 1차 집행부가 사퇴한 뒤에 8월 16일 선출된 김기형 지회장과 심재일 사무장이 임단협 교섭을 이어갔다. 그러나 보쉬 자본이 계속해서 개악 안만 제출하는 바람에 1·2차 임단협이 모두 부결됐다. 두 번째 집행부도 사퇴하고, 10월 31일 7기 세 번째 집행부로 이화운 지회장과 유규선 사무장이 선출됐다

"당시 상황은 풍전등화였죠. 회사가 조금만 더 밀면 금속 깃발을 내려야 하는 상황이었습니다. 46명 남은 상태였고, 현장 분위기는 '이제 금속은 끝장났다' 였으니까. 그런데도 단협과 임금 개악에 분노한 조합원들이 1차, 2차 부결을 만들어 냈습니다. 모두가 죽었다고 끝났다고 했지만 부결은 조합원들의 마지막 자존심을 지켜내는 결정이었어요. 두 차례 부결이 금속노조가 살아있다고 알리는 신호탄이 된 거죠. 왜 싸워야 하는지를 스스로 각인시킨 결정이자 다시 살아나는 계기…. 7기 3차 집행부는 최악의 상황 속에서도 민주노조를 다시 하는 것을 중심에 놓았습니다. 사실 수십 년 노조를 운영해 왔지만 현장과 조합이 보이지 않는 벽으로 인해 소통이 잘 되지 않았거든요. 문제 제기나 토론은 파벌 싸움 비슷하게 변질되고, 집행부 바뀔 때마다 내 생각이 무조건 옳고 다른 사람 생각은 짓밟아 버리는 과정이 반복돼 왔죠. 이런 우리 내부 문제도 노조파괴 원인 중 하나였을 거예요. 뼈아프지만 이런 문제들을 인정하고 노조 활동을 기본부터 다시 시작한다는 각오로 집행을 시작했어요. 세 가지 사업을 중점으로 활동을 계획하고 실천했어요. 매주 조합원 간담회, 매일 현장 순회, 파업권 유지. 조합원 간담회는 매주 목요일 30분씩 했는데, 2017년 9월까지 168차례 진행했고. 조합원 간담회는 모든 조합활동을 공유하고 전체 조합원의 결의를 바탕으로 사업을 진행하려면 반드시 필요하다고 생각했죠. 소수노조니까 주간 조합원들

간담회 결과는 야간 조합원들에게 일일이 보고하고 의견을 모아 나갔고요." (이화운)

보쉬전장지회는 전체 조합원이 모여 2012년 임단협을 타결하지 않기로 결의했다. 회사가 금속노조와는 교섭을 회피하고 개악 안만 고집하는 가운데 어떻게 해도 기업노조보다 나은 조건으로 타결하기는 어려운 상황이었다. 지회는 임단협을 타결하지 않은 채 이미 확보해 놓은 쟁의권을 유지하며 투쟁해 나가기로 했다. 간부들이 타임오프도 모두 빼앗긴 상황이므로 파업 말고는 할 수 있는 게 없었다. 쟁의권을 유지한 채 '지명파업' 형태로 활동하기로 결의했다. 조합원들도 모두 뜻을 함께했다.

고난의 행군이 시작됐다. 이화운 지회장은 매일 현장을 순회했다. 현장에서 기업노조와 금속노조 조합원들에 대한 차별은 모질었다. 기업노조로 넘어간 조합원들은 차별의 의미를 알기에, 미안해 하면서도 금속노조로 돌아올 수 없었다. 금속노조 조합원들은 그런 옛 동료들에게 엄청난 배신감과 분노를 느꼈다. 사측의 통제가 도를 넘고 있어서 양쪽 모두 달리 할 수 있는 일이 없었다.

기업노조 조합원과 금속노조 조합원들이 같은 공간에서 일하고 있었다. 현장은 말 한마디 떼기 어려울 정도로 위축됐다. 그 현장을 지회장이 매일 돌았다.

"제가 순회하고 나가면 관리자들이 곧바로 뒤따라 들어와서 조합원들한테 무슨 이야기가 오갔는지 확인하고 다녀요. 처음엔 조합원들한테 불이익이 갈까봐 인사만 했어요. 그래도 현장 순회를 빠트리지는 않았어요. 조합원들한테 매일 올 테니까 현장에 내가 하루라도 안 보이면 조합에 찾아와서 지랄해 달라고 했어요. 진짜 찾아와서 오늘 왜 안 오냐고 난리 친 조합원도 있었죠. 고맙다고 했어요. 다음에도 그렇게 해 달라고. 그렇게 악착같이 현장을 돈 건 금속노조로 다시 데려와야 하는데, 어용은 미안해하면서도 못 넘어오고, 우리 조합원들은 엄청난 분노와 배신감에 힘들어하니까. 그렇게라도 위축된 조합원들한테 힘이 되고 싶었거든요. 6개월 동안 하니까 처음엔 인사조차 부담스러워하던 조합원들이 나중에는 신세 한탄을 늘어놓더라고요. 그러다 분노도 드러내고. 나중에는 오히려 저한테 '우리도 싸워야 하지 않냐'며 큰 소리를 내기 시작했어요" (이화운)

한편 사측은 2012년 11월 22일 전원일 노안부장을 해고하고, 정광문 전 사무장 정직 3개월, 심재일 교선부장 정직 2개월, 유규선 전 대의원(현 사무장) 정직 1개월의 징계를 내렸다. 6월 정문 공사를 방해했다는 게 이유였다. 또 회사가 일방적으로 타임오프를 적용해놓고 전임 간부가 이에 따르지 않고 현장에 복귀하지 않았다는 이유다. 지회는 부당징계를 비롯한 노조 탄압에 항의하며 11월 26일부터 아침 출근선전전을 시작했다. 이때 시작한 선전전은 2012~2014년 임단협을 타결한 2017년 11월까지 공휴일을 제외하고도 1,200회 넘도록 계속됐다.

2013년 4월 출근선전전.

2013년,
되찾기 위한 필사의 현장 투쟁

2012년 9월, 국정감사에서 창조컨설팅과 공모한 기업주들의 노조 파괴 행위의 실체가 드러났다. 금속노조는 2012년 10월 23일 보쉬전장과 발레오만도시스템즈코리아, 상신브레이크, 유성기업 등 창조컨설팅에 노조파괴를 사주한 4개 기업 사용자를 검찰에 고소했다.

검찰은 11월 들어 노조파괴를 기획·실행했다는 의혹을 받는 기업들에 대해 동시다발로 압수수색을 벌였다. 11월 6일 KEC, 9일에는 발레오전장시스템스코리아, 상신브레이크, 골든브릿지증권을 압수 수색했다. 그러나 보쉬전장과 유성기업, 만도에 대한 압수수색은 하지 않았다. 이미 '노조파괴' 관련 내부 문건이 공개됐고, 실제 실행했다는 사실까지 확인됐는데도 검찰은 늦장을 부렸다. 유성기업에 대한 압수수색은 14일에야 이루어졌다.

금속노조 대전충북지부와 충남지부 조합원 200여 명은 11월 16일 4시간 파업을 전개하고 오후 3시 30분에 대전 고용노동청 앞에서 집회를 열어 "노조파괴 불법행위 사용주들과 창조컨설팅 대표를 구속 수사하라"고 촉구했다. 국회 청문회 과정에서 추가로 밝혀진 보쉬전장, 콘티넨탈 등의 노조파괴에 대해서 수수방관하고 있는 사법부를 향해서도 규탄의 목소리를 높였다.

이어 21일 오후 1시부터는 대전지방검찰청 앞에서 기자회견을 하고 대전 고용노동청까지 삼보일배 행진을 이어가며 "보쉬와 콘

2012년 11월 대전 고용노동청 투쟁.

2012년 11월 대전지방검찰청에서 고용노동청까지 삼보일배로 행진하는 모습.

티넨탈에 대한 압수수색을 비롯해 확실한 수사를 진행하라"고 강조했다. 검찰이 늦장을 부리는 사이 사업주들은 컴퓨터 하드디스크를 바꾸는 등 압수수색에 대비해 증거를 인멸할 충분한 시간을 벌었다.

11월 27일부터는 민주노총 김성민 충북본부장과 최만정 충남본부장, 금속노조 김기덕 대전충북지부장과 박창식 충남지부장이 대전 고용노동청장실 농성에 들어갔다. 조합원들은 앞에서 천막농성을 시작했다. 농성단은 처벌을 미루고 있는 고용노동부를 비판하며 기업노조 설립 취소와 부당노동행위 사업장 사용자 구속, 보쉬전장과 콘티넨탈에 대한 특별근로감독 실시를 요구했다. 이 농성은 한

겨울을 나고 2013년 3월 말까지 이어졌다.

12월 대통령 선거에서 박근혜가 당선되자 노조파괴 사업장 노동자들은 다음 해 1월 인수위 앞에서 1인 시위도 시작했다. 보쉬전장지회는 1월 7일 콘티넨탈지회 등 금속노조 소속 사업장들과 오전에는 집회를 하고 오후에는 피켓시위에 나섰다.

2013년 1월 대통령인수위원회 앞 기자회견과 1인 시위.

보쉬전장 회사에 대한 압수수색은 2013년 1월 15일에야 이루어졌다. 대전지검과 노동청 근로개선지도과 직원 등 16명은 회사 임원실과 인사노무팀, 경리팀, 공장장실, 문서고 등에서 각종 자료를 압수했다.

전직 간부들에 대한 징계해고와 사퇴, 손해배상 청구 등이 이어지고 탄압이 계속되면서 현장에서 금속노조는 소수노조로 전락해 고립됐다. 현장 권력이 회사로 넘어갔다는 사실을 부인할 수 없었다. 복지축소와 생산량 결정에서 전환 배치까지 뭐든 회사가 일방적으로 시행해도 무기력한 상황이 계속됐다. 특히 근무 형태 변경과 월급제 도입은 회사가 현장을 자유롭게 탄압하는 핵심 도구가 될 게 분명했다. 범죄는 있었지만 처벌받는 자는 없는 하루하루가 속절없이 이어졌다. 이대로 끝낼 수는 없었다.

보쉬전장지회는 다시 민주노조 사수를 다짐했다. 2013년 1월 24일 정기총회에서 조합원들은 금속 조직력을 강화해 민주노조를 사수하자고 손을 맞잡았다. 지회는 △금속노조 복원 △현장 권력 강화를 통한 노동 탄압 분쇄 △조합원 소통 강화 △부당해고 철폐와 원직 복직 쟁취를 목표로 투쟁에 나서기로 결의했다. '소수'라는 사실을 인정하고, 할 수 있는 역할을 다하기로 했다.

우선 현장 순회와 선전·교육사업을 강화하기로 했다. 또 실질임금 삭감 없는 월급제와 심야 노동 폐지, 주간 연속 2교대제 대안 마련에도 힘쓰기로 했다. 지회는 무엇보다 회사의 전략으로 개별화되는 조합원들과 소통을 강화해 모든 것을 함께 공유하고 결정하기로 했다.

노조파괴 시나리오에 희생된 전직 간부들의 부당한 해고와 징계에 맞선 법정 투쟁과 생계비 마련도 중요한 과제였다. 1년 전과 달리 조합원이 38명으로 줄어들어 예산 수립에 어려움이 컸다. 그럼에도 '민주노조 사수'라는 절체절명의 과제 앞에서 지회는 힘을 모으기로 했다. 그렇게 정기총회에서 결연한 의지를 다진 보쉬지회는 유성기업을 중심으로 한 충청지역의 다른 복수노조 사업장들과 공동투쟁도 강화해 투쟁의 불씨를 살려 나갔다.

그러나 검찰 수사는 진전을 보이지 않은 채 보쉬 자본과 기업노조의 핍박에 조합원들의 고통은 깊어만 갔다. 부당노동행위 사업장들을 고소한지 다섯 달이 지난 가운데 금속노조는 다시 3월 13일 국회 앞에서 '노조파괴 부당노동행위 사용주 구속수사 촉구 기자회견'을 열었다. 기자회견에 참여한 보쉬전장지회 조합원들은 "관할 검찰은 시간 끌기를 멈추고 공정한 법 집행에 나서라"고 외쳤다.

"금속노조가 교섭 대표노조" 판결

그러던 중 2013년 4월 17일, 보쉬전장에서 교섭 대표노조는 기업노조가 아니라 금속노조라는 판결[49]이 나왔다. 금속노조가 제기한 소송에서 대전지법은 "보쉬전장 사측이 복수노조 창구 단일화와 관련해 노조의 교섭 요구 사실 공고와 교섭 요구노조 확정 공고를 늦춰

49 대전지방법원 2013.4.17. 선고 2012가합35037 판결.

개별교섭 동의 시기를 지연시키거나 과반수 노조를 결정하는 조합원 수 산정 시점을 늦춘 행위에 대해 법적 효력을 인정할 수 없다"고 판결했다. 사용자가 노조법에서 규정한 복수노조 교섭창구 단일화와 관련한 공고를 지연시켜 특정 노조가 교섭 대표노조 지위를 잃어버렸다면 법적으로 무효라는, 매우 뜻깊은 판결이다.

앞서 지회는 2012년 2월 21일 사측에 교섭을 요구한 바 있다. 노조법에 따르면 사측은 같은 달 22일부터 29일까지 교섭 요구 사실을 공고해야 한다. 그런데 사측은 하루 늦은 23일에 공고했다. 공고 기간에 공휴일(3.1절)이 포함되면서 공고 기간은 3월 2일까지 이틀 더 늘어났다. 처음부터 공고 기간을 지켰다면 3월 1~6일에 해야 하는 교섭 요구노조 확정 공고도 3월 6~12일로 늦춰졌다. 그러는 사이 2월 22일 기업노조가 새로 만들어져 3월 5일 사측에 단체교섭을 요구했다.

사측은 노조법에서 정한 개별교섭 동의 기간도 지키지 않았다. 사측은 교섭 요구노조 확정 공고일인 3월 1일부터 14일 뒤인 15일까지 복수의 노조들이 요구하는 개별교섭에 동의해야 한다. 해당 기간은 복수노조 간 자율적으로 교섭 대표노조를 결정하는 기간이다. 그런데 사측은 3월 21일에 기업노조가 교섭을 요구하자 23일 동의했다. 당초 사측이 노조법에서 정한 공고 기간을 지켰다면, 교섭 요구노조 확정 공고가 나갔어야 할 3월 1일 당시 과반 노조인 금속노조 보쉬전장지회가 교섭 대표노조가 되는 것이다.

법원은 "사측이 실제로 확정 공고한 날을 기준일로 삼으면 사용자가 자의적으로 과반 노조를 결정하는 기준일을 정하게 되고 노조

간 형평성 문제가 발생하므로 노조법에 따라 과반 노조를 결정하는 기준일은 2012년 3월 1일이 돼야 한다"며 금속노조 보쉬전장지회가 2012년 임금 및 단체협약 체결을 위한 교섭 대표노조의 지위에 있다고 판결했다.

판결 다음 날 27명이 다시 금속노조 조합원으로 가입했다. 지회는 앞서 2월 21일 통상임금 소송 접수를 시작하며 1+1 조직화 사

2013년 4월 조합원 야유회.

업과 연결해 진행하기로 했다. 조합원들이 낸 의견을 받아들여 진행한 이 사업은 결실을 맺어 4월 18일에 27명이 재가입하며 조합원이 70여 명까지 늘어나기도 했다. 조합원과 함께 야유회를 하며 전열을 가다듬었다. 하지만 소송이 끝난 뒤 10여 명은 다시 기업노조로 돌아가고 말았다. 이날 회사는 기업노조와 함께 크루즈여행을 떠났다.

6월 11일에는 지회가 제기한 사측과 기업노조와의 교섭 중단 가처분 소송도 승소했다. 그러자 보쉬 자본은 다음날 황급히 기업노조와 임단협을 체결했다. 대전지법 판결에 따라 금속노조에 대표교섭노조 지위가 있다는 사실을 이미 알고 있고, 심지어 법원에서 교섭 중단 가처분 결정까지 내렸는데도 기업노조와 임금협약을 체결한 것이다. 사측은 기업노조와 임금을 동결하는 대신 150만 원의 일시 보상금과 임단협이 끝날 때마다 지급해 오던 격려금 270만 원에 합의했다. 물론 420만 원 지급 대상에서 금속노조 조합원들은 제외됐다. 명백한 부당노동행위다. 이후 회사가 교섭 중단 가처분에 이의신청을 제기했지만 역시 9월 5일 기각됐다.

복수노조가 설립된 보쉬전장 기업노조도 마침내 수사 대상에 올랐다. 2013년 7월 26일, 대전지방검찰청은 기업노조 사무실을 압수수색하고 한 상자 분량의 증거물을 압수했다. 검찰이 노조파괴 의혹을 받은 사업장을 압수 수색한 적은 있어도 기업노조 사무실을 압수 수색한 일은 처음이었다.

보쉬전장지회는 꾸준하게 활동을 이어갔다. 8월 6일부터 대검찰청 앞에서 1인 시위를 시작했다. 8월 9일에는 콘티넨탈지회와 함

2013년 9월 금속노조 대전충북지부 임원 선거에 출마한 후보들이 보쉬전장 정문 앞에서 출근투쟁에 함께하고 있다.

께 전 조합원이 부강지역에서 선전전을 벌였다. 금속노조는 8월 12일 대법원 앞에서 '노조파괴 사용자 구속처벌 촉구 및 정리해고 남용 대법원 규탄 기자회견'을 했다. 이어 14일까지 대법원과 대검찰청을 오가며 피켓시위와 선전전, 대규모 집회 등을 벌였다. 그러나 노조파괴 전문집단과 공모한 사업주들에 대한 처벌 소식은 들려오지 않았다.

8월 12일에는 회사와 기업노조가 맺은 2012·2013년 임단협 효력 정지 가처분 소송에서도 보쉬전장지회가 승소했다. 앞서 4월에 교섭 대표노조가 보쉬전장지회라는 판결이 있었고, 6월에 기업노조와 교섭 중지 가처분 결정이 있었다. 그런데도 결정문을 송달받기 하루 전에 임금 합의를 한 것은 보쉬전장지회의 배타적 권한을 침해한 것이다. 따라서 기업노조와 체결한 협약은 정지해야 하며 보쉬전장지회와 체결한 협약이 유효하다는 판결이다. 지회는 판결에 따라 9월부터 개별교섭을 중단하고, 사측에 "금속노조가 대표노조임을 인정하고 배타적 대표교섭에 나서라"고 요구했다. 하지만 사측은 끝내 개별교섭을 고집했다.

회사의 끝없는 탄압에도 쟁의권을 확보하고 있는 지회는 의미 있는 성과를 일궈내기도 했다. 사규에 조퇴는 회사 승인을 얻게 돼 있었다. 회사는 지회 조합원들의 조퇴 요청을 모두 불승인하고 무단이탈로 처리했다. 2013년 8월 13일에도 조합원들이 노동청 집회에 참여하려고 조퇴를 신청했다. 회사는 집단조퇴라며 역시 승인을 거부했다. 사측은 공장장 명의로 "집단적 조퇴는 정상적인 회사 업무(생산 운영 등)에 막대한 지장을 초래할 뿐만 아니라, 조퇴제도의 근본 취지에도 어긋나는 것이므로 회사 관리감독자의 조퇴 불승인에도 불구하고 근무 장소를 이탈하는 경우에는 무단이탈에 해당되므로, 취업규칙과 단체협약 등 제반 사규에 따라 징계처분을 받을 수 있음을 공지하여 드립니다. 회사는 생산활동에 차질이 예상되는 경우에는 부득이 조퇴 승인을 유보할 수 있음을 알려드리며, 그럼에도 불구하고 회사의 사전 승인 없이 근무 장소를 무단으로 이탈할 시에는 관련 제반 규정에 따라 엄중 조치할 방침임을 거듭 알려드립니다."라는 공고문을 내붙였다. 이 공고는 도리어 조합원들의 분노만 더 자극했다. 긴급 간담회에서 조합원들은 징계를 감수하겠다고 결의하고 파업에 돌입, 전원 집회에 참여했다.

이후 지회는 이 공고문을 부당노동행위로 노동청에 고발해 파업으로 인정받았다. 쟁의권을 가지고 있었기 때문에 가능한 일이었다. 그동안에는 2012년 임단협과 관련한 파업권을 가지고 있으면서도 쓰지 못했다. 그런데 이 집단조퇴 투쟁을 계기로 실제 파업을 벌일 수 있게 됐으며, 이후 다양한 파업 전술을 펼칠 수 있었다. 덕분에 회사 급여명세서에는 '무급'만 있던 분류에 '파업' 코드가 추가되기도 했다.

법조차 무시하는 회사는 금속노조 간부들에 대한 징계도 남발했다. 2013년 10월 12일, 사측은 쟁의행위 기간인 7월에 공장 안에서 피켓시위를 했다는 이유로 금속노조 조합원 6명을 경고 처분했다. 검찰이 회사 경영진에 대한 수사를 미적거리는데 힘입은 회사가 합법적 쟁의행위 기간 중 피켓시위마저 문제 삼아 중징계하려다 명분이 없으니 그나마 경고에 그친 것이다. 회사는 현장 순회를 '업무방해'라고 우겨 12월 13일에 이화운 지회장(출근정지 5일), 심재일 교선부장(견책)에게도 또 징계를 내렸다.

한편 노조파괴 혐의로 검찰 조사를 받는 와중에도 보쉬전장은 기업노조와 '노사 화합 선포식'을 열어 빈축을 샀다. 회사 창립 20주년인 11월 29일, 회사 전·현직 임원이 참가한 가운데 양봉준 기업노조 위원장과 임동우 사장이 노사화합선언문에 서명했다. 당초 이 자리에는 세종시장, 세종경찰서장, 대전지방고용노동청장 등 지역 인사까지 참석할 예정이었다. 그러나 금속노조 대전충북지부가 항의 공문을 보내자 참석하지 않겠다는 답변을 보내왔다. 행사가 열리는 날 금속노조 대전충북지부와 보쉬전장지회는 회사 입구에서 항의 집회를 열었다.

징계 남발에도 싸움 이어가며 희망 찾기

임단협 교섭, 노조파괴 공작과 탄압, 이에 맞선 금속노조 복원과 사수 등 현장의 현안은 끝없이 밀려오고 있었다. 노조 전임자에 대한 계속되는 징계 조치로 일손은 턱없이 부족했다.

그럼에도 지회는 무엇보다 중요한 해고자 복직 투쟁을 꾸준하게 이어갔다. 지회는 최선을 다해 법정 싸움을 전개하면서도 법에만 매달리는 한계를 극복하기 위해 노력했다. 출근 투쟁을 넘어서는 투쟁 전술로 회사를 압박해 전 조합원들의 힘으로 해고자 전원 복직의 발판을 만들어 가고자 했다. 해고자 지원을 위해 2013년부터 조직한 CMS는 해고자들이 최소한의 생계를 유지하는 힘이 되었다. CMS 후원 조직사업은 금속노조와 기업노조 가릴 것 없이 현장조합원 전체를 대상으로 진행했다. 그 결과 기업노조 조합원들까지 1백여 명이 후원에 동참한 덕에 해고자들에게 월 1백만 원가량을 지원할 수 있었다. 해고자 2명이 모두 복직될 때까지 CMS로 모금한 액수는 1억 2천만 원을 웃돌았다.

지회의 투쟁으로 마침내 정근원 전 지회장에 대한 부당해고 및 부당노동행위와 관련한 각급 소송에서 모두 승소하기에 이르렀다. 서울행정법원은 2014년 3월 28일 판결에서 중노위와 달리, 정 전 지회장이 노조 활동을 정당하게 했는데도 회사가 징계를 내렸다며 부당노동행위라고 판결했다. 재판부는 “회사와 창조컨설팅 사이에 작성된 문건 내용대로 노조에 대한 회사의 대응 및 징계가 이뤄졌고, 위 문건에서 별도 노조 설립을 예정하고 있었는데 해고 처분 다음 날 보쉬전장노동조합이 설립돼 활동한 점 등에 비춰 회사는 원고가 노조 대표자라는 점을 실질적인 이유로 해고 처분한 것"이라고 밝혔다. 앞서 지노위 판정을 뒤집고 정 지회장의 해고가 적법하다고 한 중노위 판정은 이른바 '신청 짬짜미' 사건으로 알려졌다. 중노위 조사관 2명이 노조파괴 업체인 창조컨설팅이 맡은 사건 대부분을 배당받은 사실이 드러난 것이다.

이로써 정 전 지회장은 2013년 11월 13일 대전지방법원에서 해고 무효 판결을 받아낸 데 이어 이번 판결로 부당노동행위까지 입증했다. 이어 2014년 11월 19일 대전고법도 정 전 지회장에 대한 해고는 무효라고 선고했다. 회사에는 정 전 지회장에게 지급하지 않은 임금 1억 9천여만 원을 지급하라고 했다. 1·2심 재판부 모두 "쟁의행위에 따른 손해가 사측이 주장하는 정도로 크다고 보기는 어려우며 정 씨의 점거 농성이 회사의 명예나 신용 등에 실질적인 해악을 초래했다고 단정하기 어려운 만큼 정 씨에게 근로관계를 계속할 수 없는 정도의 중대한 징계 사유가 있다고 볼 수 없다"고 판시했다.

그러나 서울고법 행정6부는 2015년 2월 4일, 원심(서울행정법원 2014년 3월 28일 판결)을 깨고 원고 패소 취지로 판결했다. 1심과 달리 항소심 재판부는 "창조컨설팅의 문건에 징계와 관련해서는 조합원의 불법행위를 징계해야 한다는 취지의 일반적·추상적 내용만 기술하고 있을 뿐 정당한 노조 활동에 불이익을 가하는 수단으로 징계를 이용하고자 하는 구체적인 내용은 없다"며 부당노동행위를 인정하지 않았다. 재판부는 다만 연장근무 거부로 생산 차질이 빚어진 것은 아니라는 점을 들어 해고는 부당하다고 판시했다. 이에 정 전 지회장은 상고했지만, 대법원이 2015년 7월 5일 심리불속행으로 파기하면서 보쉬전장의 부당노동행위를 인정하지 않은 원심이 확정됐다. 이미 2015년 6월 26일 검찰이 노조법 위반으로 창조컨설팅 전 대표 심종두를 기소했는데도 대법원은 이를 인정하지 않아 거센 비난에 휘말렸다.

한편 해고자 복직 투쟁을 진행하는 와중에도 보쉬 자본은 금속노조 간부와 조합원들에 대한 끊임없는 징계 조처로 지회의 활동을 위축시키려 들었다. 2014년 1월 10일에는 2013년 12월 13일 징계에 대한 재심에서 이화운 지회장 출근정지 5일과 심재일 교선부장 견책을 그대로 확정했다. 징계위에서 노측 위원들이 증거나 입증자료를 요구했으나 사측 위원들은 "자료를 제출할 수는 없지만 무조건 징계 사유"라고만 했다.

사측은 1주일 뒤에 또다시 이 지회장에게 정직 1월의 징계를 내렸다. 사유는 2013년 11월 17일부터 30일까지 무단결근이다. 당시 전임자인 지회장은 타임오프가 종료되자 회사에 무급 전임을 요구하며 정상적으로 출근해 전임자로서 노조 활동을 계속해 왔다. 앞서 2013년 2월부터 6월까지도 무급 전임활동을 한 바 있다. 그런데 회사가 이번에는 특별한 사유 없이 무급 전임을 인정하지 않은 채 무단결근으로 처리해 징계한 것이다.

2월 6일에는 '출입카드 도용'을 이유로 사무장을 징계했다. 회사는 지회 간부들의 조합 사무실 출입을 강제로 막는 불법을 자행해 왔다. 그러다 금속노조 대전충북지부 부지부장들의 출입마저 막은 뒤 사무장이 항의하자 '견책' 조처한 것이다. 이후 충남지노위는 5월 30일, 지회장과 사무장에 대한 표적 징계가 모두 부당하다고 판결했다. 9월 4일에 중노위도 모두 부당징계라고 판결해 징계는 무효가 됐다.

계속되는 징계 조처와 관련해 지노위와 중노위 모두 부당징계라고 보면서도 부당노동행위는 인정하지 않았다. 검찰도 회사가 노조법을 위반한 사항에 대해서는 대부분 무혐의 처분을 내리고 있었다. 반면 회사가 지회 소식지 <민주함성>을 허위사실 유포와 명예훼손으로 고소한 건에는 벌금 1백만 원 약식 명령을 내렸다. 지회는 정식재판을 청구해 2015년 1월 14일 승소했다.

어려운 상황에서 희망적인 소식도 전해졌다. 7기 지회 전임자 체불임금을 지급하라는 고등법원 판결(2014년 11월)이다. 앞서 보쉬전장 사측은 2011년 10월 7기 집행부로 전임을 시작한 정근원 지회장과 정광문 사무장의 임금을 지급하지 않았다. 재판부는 2013년 5월 24일을 기준으로 체불된 임금을 다 갚는 날까지 연 20% 이자도 지급하라고 명령했다. 전임자 임금 지급이 금지되기 이전에 단협이 체결됐다면, 단협 유효기간인 2012년 3월까지는 단협에 따라 전임자 임금을 지급해야 한다는 판결이다.

보쉬전장이 금속노조 보쉬전장지회 간부들을 상대로 불법 파업에 따른 회사 손해액 3,600여만 원을 청구한 소송도 각하됐다. 2012년에 특별상여금 지급을 요구하며 잔업과 특근을 거부해 손해를 끼쳤으니 배상하라는 소송이다. 청주지법 민사합의11부는 2014년 12월 8일, 노조가 쟁의행위 찬반투표 없이 파업에 돌입했더라도 폭력이나 파괴행위가 없었다면 '부제소 특약'이 적용돼 손해배상 책임을 지지 않는다고 판결했다. 산별노조인 금속노조와 금속산업사용자협의회가 체결한 중앙교섭 합의안에 '손해배상·가압류 금지에 관한 협약'이 포함돼 있으므로, 노조 소속 지부·지회를 상대로 한 기업의 손해배상 청구 소송 제기는 무효라는 것이다. 금속노조와 금속산업사용자협의회는 2004년 중앙교섭에서 손배·가압류 금지에 관한 협약을 체결하고, 손해배상 범위에 대한 판단은 법원의 결정에 따르기로 한 바 있다. 재판부는 "정도가 경미한 경우에 대해서까지 위법한 쟁의행위라는 이유로 근로자 개인에게 전체 손해에 대한 책임을 묻는 것은 지나치게 가혹하고 결국에는 노조 활동을 위축시키게 돼 노동관계법의 기본 정신에 어긋난다"고 밝혔다.

쟁의권 유지하며
조직정비·임단협 지속

보쉬전장지회는 조합원 100명 달성을 2014년 핵심 목표로 세운 바 있다. 이는 조직의 강화·발전뿐만 아니라 기업노조의 과반 확보를 막기 위한 목표이기도 하다. 지회는 어려운 조건에서도 2014년 2월 8일 조합원 정기총회에서 세운 목표인 △대표교섭 쟁취 △해고자 원직 복직 △조합원 100명 달성을 위한 현장 투쟁에도 최선을 다했다. 그러나 보쉬 자본과 기업노조가 합작해서 금속노조 죽이기에 나선 상황에서 성과를 내기는 어려웠다.

교섭 대표노조 지위와 관련해 고등법원까지 보쉬전장지회 쪽에 손을 들었으나, 고등법원이 지회의 '교섭응낙 가처분 신청' 판결을 수개월 보류하더니 2014년 말에 기각 처리하고 말았다. 결국 지회는 2014년에 개별교섭을 진행할 수밖에 없었다. 2014년 교섭이 개별로 진행되며 사측과 기업노조는 1월에 일찌감치 임금협상을 마무리했다. 3년 무쟁의 대가 320만 원과 신 교섭문화창달 명목으로 150만 원, 설 상품권 30만 원어치가 기업노조 조합원의 손에 쥐어졌다.

사측의 금속노조에 대한 차별은 더욱 노골화됐다. 회사는 7월에 보쉬전장지회에 3년 치 임금과 2014년 단체협약 개악 안을 제출했다. 한편으로는 지회 사무실을 강제 이전하겠다면서 명도소송을 제기했다. 회의실, 고충처리실, 문서고를 만들겠다는 이유다. 그러나 속내는 분명했다. 아예 공장 밖으로 쫓아내서 현장과 노동조합을 완전히 분리하겠다는 속셈이다.

한편 회사와 기업노조는 2014년 단협 체결 과정에서 통상임금 범위 축소와 교대제 개악에 잠정 합의하고 말았다. 이는 기업노조 조합원들에게조차 반발을 샀다. 합의안 찬반투표가 2번이나 부결되는 사태가 벌어졌다.

회사는 변화되는 생산 물량에 따라 교대제를 수시로 바꿀 수 있도록 하는 변형근로제를 도입하려 했다. 잔업·특근이 일정하게 형성돼 있던 과거와 달리 민주노조가 힘을 쓰지 못하자 생산 물량 현황이 공유되지 않았다. 이 틈을 타서 사측이 멋대로 물량에 맞춰 2교대, 3교대를 수시로 바꿔가며 대응하려는 꼼수다. 사측은 또 정기상여금을 불량률에 따라 지급하는 성과급으로 바꿔 통상임금도 축소하려 들었다. 사측이 이렇게 멋대로 개악안을 내고 합의까지 이를 수 있었던 것은 '든든한 동반자' 기업노조가 있기에 가능했다.

보쉬전장지회는 회사와 기업노조가 합의한 개악 안에 분명한 반대 근거를 제시하며 부결 운동을 벌였다. 기업노조는 7월 29일 합의안 찬반투표가 312명 중 127명 찬성과 184명 반대로 부결되자, 7월 31일에 다시 투표에 부쳤다. 2차 투표를 앞두고 회사는 반대를 찍었다고 판단되는 사람들을 쫓아다니며 고용을 무기로 협박하는 등 온갖 술수로 찬성을 조직했다. 현장은 이번에도 '152명 찬성, 165명 반대', 부결로 답했다. 그 와중에 금속노조 조합원에게까지 "기업노조로 넘어와서 돈이나 받으라"고 회유한 사실도 드러났다. 부결 사태 이후 반노동자성이 폭로되며 기업노조 위원장이 사퇴하기도 했다. 그러나 사측과 기업노조가 한 몸이 돼서 추진하는 단협 개악을 막아내기에는 역부족이었다.

회사는 부결 이후 여름휴가 직전에 사무직에만 100만 원을 지급했다. 사무직은 연봉제로 급여에 이미 여름 휴가비 50만 원이 포함돼 있는데도 금품 차별로 현장을 통제하겠다는 의도다. 이러한 임금차별이 계속되니 더는 버티지 못한 일부 조합원들이 금속노조를 이탈하기도 했다.

2014년 말이 되자 회사가 교대제 시행을 앞두고 임단협 일괄 타결을 제안했다. 회사가 제안한 임금은 일시금 500만 원이 삭감된 안이었다. 2012~2014년 타결하지 못한 3년 치 임금을 삭감된 안으로 제시하며 기업노조와 임금차별을 자행했다. 금속노조가 제기한 기업노조와의 임단협 효력 정지 가처분 신청이 승소했기 때문에 기업노조 조합원에게도 55,000원 인상분은 체불되고 있었다. 분노한 현장조합원들과 함께 지회는 임금차별 철폐와 교대제 쟁취를 위한 투쟁의 결의를 다졌다. 그러나 결국 지회는 팽팽한 이견 속에 12월 29일 임단협을 제외한 교대제와 통상임금 소송중단에 합의할 수밖에 없었다.

"회사는 2015년 1월부로 3교대제를 도입하려고 했어요. 다수노조인 어용노조는 2014년 임단협에서 이미 회사와 3교대 시행에 합의했고, 근로조건은 노사 합의사항이니까 지회는 끝까지 주간연속 2교대를 주장했고요. 우리 내부에 계속 버텨서 싸우자는 의견하고 회사가 다급한 것 같으니까 이참에 임단협까지 모두 마무리하자는 의견이 팽팽하게 맞섰죠. 교대제 변경은 근무시간, 휴식시간, 통근버스, 점심시간까지 소수노조에 피해가 클 것으로 판단했지만, 조합원들 역시 엄청난 혼란 속에 현장에서 고립될 수도 있다는 점 때문에 교대제만 합의했습니다. 통상임금은 우리가 2012년에 제기했는데, 기업노조가 2014년 단협 갱신하면서 상여금을 통상임금에서 제외하는 개악 안에 합의해 버렸어요. 회사는 추후 통상임금 소송을 제기하지 않는 조건으로 700만 원을 제시했고 어용이 합의한 거죠. 금속은 2013년 12개월 치 통상임금 관련해서는 소송을 해도 700만 원이 채 되지 않는다는 점이 있었습니다. 그리고 어용이 단협 개악과 취업규칙(각종 관련 회사 규정) 개악 변경에 다 합의해 버리

는 바람에 지회는 관련한 소송을 더 제기할 수 없는 상태였기 때문에 중단할 수밖에 없었죠.” (이화운)

합의 과정에서 임금까지 합의하지 못했다는 데 대한 일부 조합원들의 질책도 있었다. 내부 의견이 팽팽했던 만큼 혼란은 조직력 훼손으로 이어질 수도 있었다. 지회는 즉시 임단협 쟁취를 위한 로비 철야농성을 시작해 조직을 정비하고 결의를 모아나갔다. 임단협은 아직 끝나지 않았다.

무엇보다 25년 동안 단체협약으로 지켜온 조합원들의 권리를 사수하려면 교섭 대표노조 지위를 유지하는 게 관건이었다. 앞서 대전지법으로부터 보쉬전장지회가 대표교섭 노조라는 확인(2013년 4월 17일)을 받은 뒤 11월 13일에 요구안을 내용증명으로 발송하고 15일 찬반투표를 거쳐 쟁의행위도 결의했다. 대전고법도 보쉬지회가 교섭 대표노조라고 판결(2014년 1월 22일)했다. 이로써 교섭 대표노조 지위와 관련한 법적 다툼에서는 지방법원, 교섭 중지 가처분, 교섭 중지 이의신청(회사측 제기), 임단협 효력 정지, 효력 정지 이의신청(회사측 제기), 고등법원(회사측 항고)까지 6차례의 판결 모두 금속노조 보쉬전장지회가 승소했다.

쟁의권을 확보해 둔 지회는 이후에도 임단협 투쟁을 이어갈 수 있었다. 그러나 회사는 여전히 변호사비용을 낭비해 가며 소송을 끌어가는 데만 몰두할 뿐 대표교섭에 참여하지 않았다.

2014년 검찰·사법부, 끝까지 자본 편들기

보쉬전장지회가 노조파괴 사업주 처벌을 촉구하며 투쟁을 이어가던 2013년 12월 30일, 검찰이 보쉬전장을 비롯해 창조컨설팅과 공모해 민주노조를 탄압한 혐의로 고소당한 기업들에 대해 '증거 불충분' 등을 이유로 일제히 불기소처분했다.

검찰은 보쉬전장을 비롯해 콘티넨탈, 유성기업, 발레오만도, 상신브레이크 등 5개 회사에 대한 106개 혐의 가운데 구속 기소는 한 건도 하지 않았고, 고작 22건을 불구속 기소, 8건을 약식기소했다. 창조컨설팅 관련한 혐의는 전부 불기소 처분해 노조파괴를 지시한 사용주는 털끝 하나 건드리지 않았다. 그나마 보쉬전장 사측이 기존 노조에 불리한 단협 조건을 제시하거나 기업노조에 특혜를 제공한 사실만 노조 차별 혐의로 인정해 기소했다.

금속노조는 "검찰이 업체 측의 일방적 주장만 받아들인 뒤 증거 불충분 등의 이유로 불기소처분한 것은 부당하다"며 2014년 1월 22일 검찰에 항고장을 제출하고 재수사를 촉구했다. 사건은 대전지검으로 넘겨졌다. 금속노조는 2월 13일 기자회견을 열어 "자본 편향적인데다 노조파괴 공모의 한 축을 맡고 있다는 의혹이 있는 검찰을 믿을 수 없고, 검찰 항고와 법원 재정신청 절차를 밟는 동안 회사의 노조 탄압이 극심해질 것"이라고 우려하며 특검을 도입해 재수사하라고 주장했다. 또 2월 19일 '복수노조 악용 노조 탄압 문제점과 대안'을 주제로 국회에서 토론회를 열어 "복수노조 상황에서 차별을 해소하기 위해서는 부당노동행위의 규제력을 전반적으로 강화해야 하고, 적극적으로 차별을 규율하는 입법이 필요하다"고 제기했다.

4월 15일 창조컨설팅과 노조파괴 협의를 받는 사업주와의 금융거래 내역이 공개됐다. 보쉬전장 자본은 창조컨설팅에 8억 4,379만 원을 건넸다. 금속노조는 "노동부와 검찰에 사용주 처벌 의지가 있었다면 빠른 압수수색을 통해 창조컨설팅과의 관계를 입증했어야 한다"며 "최소한 고용노동부가 확보한 금융거래 내역을 토대로 사용주의 노조파괴 범죄를 기소했어야 한다"고 강조했다. 또 "이번이야말로 고등검찰이 '자본의 시녀'라는 오명을 벗을 마지막 기회임을 명심하고 노조의 항고를 즉각 수용해 노조파괴 사용주를 기소·처벌하라"고 거듭 촉구했다.

그러나 지방검찰청이 1년 2개월 동안 수사를 끌다가 2013년 12월 불기소처분한 데 이어 2014년 5월에는 고등검찰청마저 노조의 항고를 기각하고 말았다. 검찰은 보쉬전장 불기소 이유로 "대안세력 구성 등에 대해 컨설팅받은 사실은 인정되나 그것만으로 2노조 설립에 직접 관여했다고 보기는 어렵다"고 밝혔다. 부당노동행위를 입증할 자료가 차고 넘침에도 제대로 된 소환조사나 압수수색도 없이 오로지 피의자 진술에만 의존해 불기소 결정을 내렸다. '시간 끌기'에 이어 노골적인 '봐주기 수사'라는 비난을 피할 수 없었다.

금속노조는 포기하지 않고 검찰의 불기소 처분을 다시 판단해 달라며 6월 11일, 법원에 재정신청을 냈다. 보쉬전장지회도 다시 투쟁을 이어갔다. 지회는 8월부터 대전지방법원 앞에서 노조파괴

2014년 9월 대전지방법원 앞 재정신청 수용 촉구 기자회견.

공작을 벌인 사업주를 즉각 구속하라며 1인 시위를 시작했다. 금속노조 차원에서도 8월 27일과 9월 3일 잇달아 '노조파괴 분쇄와 노조파괴 범죄자 처벌을 위한 재정신청 쟁취'를 내걸고 4시간 파업을 벌였다.

9월 15일부터는 보쉬전장, 콘티넨탈, 유성기업 등 충청지역 노조파괴 사업장들이 대전고법 앞에서 노숙농성을 시작했다. 매일 아침·점심·저녁에는 재정신청 판결 촉구 108배를 진행했다. 재정신청마저 3개월이 넘도록 결정이 미뤄지자 민주노총과 금속노조 대전충북본부는 10월 8일 대전고법 앞에서 기자회견을 열어 신속한 결정을 촉구했다. 대전고법은 재정신청서를 받은 날에서 석 달 이내에 이를 받아들여 공소 제기를 결정하거나 신청을 기각하게 돼 있는 형사소송법을 위반하고 있었다.

10월 21일 국회 법제사법위원회의에서 대전고법과 대전고·지검에 대한 국정감사가 진행됐다. 노조 탄압 사업주 고소 사건의 처리 과정이 쟁점이 됐다. 야당 의원들은 고소된 보쉬전장, 콘티넨탈, 유성기업 관계자들이 대부분 무혐의 또는 기소유예 처분된 이유를 밝히라고 요구했다. 금속노조가 대전고법에 낸 재정신청 수용 여부가 법정 기한을 넘겨서까지 결정되지 않는 이유도 집중적으로 따져 물었다. 이날 국정감사가 시작되기에 앞서 노조파괴 사업장을 비롯한 금속노조 조합원들은 대전고법 앞에서 쏟아지는 빗줄기를 맞으며 재정신청 수용과 사업주 처벌 등을 촉구하는 108배를 올렸다. 이 와중에 보쉬전장 사측은 10월 29일과 30일 법원에 탄원서를 제출해 빈축을 샀다.

2014년이 끝나가도록 대전법원의 외면은 계속됐다. 금속노조는 12월 24일에도 기자회견을 열어 재정신청 연내 수용을 촉구했다. 대전고법은 2015년 1월 20일에 기어이 재정신청을 기각했다. 재판부는 "이 사건은 보쉬전장이 기존 노조와 신생 노조를 차별해 노조 운영에 지배적으로 개입했다는 것이나, 기록을 검토한 결과 증거가 부족해 무혐의 처분한 검찰의 결정이 타당하다"고 밝혔다. 노조가 재항고했으나 대법원마저 3월 20일에 기각해 버렸다.

한편 회사가 민주노조 파괴를 위해 쓴 재판비용만 해도 억대가 넘을 것으로 추정됐다. 그런데 회사는 앵무새처럼 '경영위기' 운운만 반복했다. 그러며 간식으로 제공되는 빵값을 줄여 경비를 절감하겠다는 치졸한 경고를 실행에 옮기기까지 했다. 회사는 2013년

2013년 7월 25일 현장 선전전.

4,300억 매출을 올렸는데도 적자가 60억이라고 주장했다. 회사는 적자가 나서 성과급을 줄 수 없다고 주장하며 주주 배당도 없다고 했다. 그러나 2013년 감사보고서에 따르면 주주들은 24억을 배당금으로 챙겨갔다. 심지어 2013년 말에는 공정거래위원회가 불법 부품값 담합행위로 보쉬전장에 과징금 56억을 부과하고 검찰에 고발하는 일이 벌어지기도 했다. 이는 당시 공정위가 적발한 담합행위 가운데 역대 3번째로 큰 규모였다.

보쉬전장지회가 사업주 처벌에만 매달린 것은 아니다. 현장에서 금속노조를 복원하고 사수·강화하기 위한 투쟁에도 온 힘을 기울였다.

2013년 유성기업 투쟁과
노동절 집회에 참여하고 있는
보쉬전장 조합원들.

보쉬전장지회는 노조파괴 분쇄, 금속노조 복원, 해고자 원직 복직을 위한 출투 등 현장 투쟁을 이어갔다. 이화운 지회장과 정근원 해고자는 5월 12일부터 정문 앞에서 매일 108배를 이어갔다. 100일째가 되는 10월 17일에는 전체 조합원이 지역 연대 단위와 함께 투쟁문화제를 했다. 또 노조파괴 사업주 처벌을 위한 재정신청 쟁취를 위해 법원 앞 1인 시위, 노숙 투쟁, 샘머리공원 촛불집회를 계속했다. 지회는 어려운 상황 속에서 충청지역 노조파괴사업장들과의 연대투쟁도 소홀히 하지 않다.

2015년
'새로운 판짜기' 시작하다

보쉬전장지회는 2015년 1월 24일 조합원 정기총회에서 '새로운 판짜기를 통한 금속 조직 확대 강화'를 결의했다. 다수 노조로 가기 위한 발판을 마련하고 장기적 투쟁을 준비하자는 것이다. 지회는 이를 위해 △임금차별 해소 △이념전쟁 △금속노조 확대·발전을 위한 조직화 △해고자 복직 △구조조정 대응 등의 사업을 벌이기로 했다.

특히 2012~2014년 임단협을 타결하지 않았기 때문에 여전히 쟁의권을 확보하고 있었다. 지회는 파업권을 중심축에 배치해 유연한 파업 전술을 구사하며 사업계획을 실현하고자 했다.

지회는 기업노조 조합원들의 고착화를 막는 길은 지속해서 문제의식을 심어줘 고민하게 만드는 것이라고 판단했다. 지회는 현장의 각종 문제점, 회사와 기업노조의 현장 탄압에 대해 선전과 선동을 적극적으로 펴나갔다. 선전물과 대자보를 강화하고 영상뉴스를 제작해 각종 소통 방에 올렸다. 선전물은 기업노조 조합원들도 공유할 수 있도록 했다.

지회는 금속노조 확대·발전을 위한 조직화에도 힘써 왔다. 기업노조 설립 이후 꾸준하게 1+1 조직화, 통상임금 조직화, 조별 모임 구성 등 조직적·개별적으로 다양한 조직화 작업을 진행해 왔다. 이는 때론 성공하기도 했지만 뼈아픈 실패가 계속된 만큼 조합원들에게 큰 상처를 줬다. 2014년에는 기업노조의 단협이 2차례 부결되고 위원장 사퇴까지 끌어낸 바 있지만, 어용의 붕괴까지는 만들어 내지 못했다.

2015년부터는 공장 전체에 3교대가 도입돼 현장에 혼란이 가중됐다. 조합원들의 교대 조가 모조리 섞여버리니 간담회를 잡기도 쉽지 않았고 집회 조직도 어려웠다.

사측은 민주노조를 무력화했다고 판단하자 구조조정을 본격화하고 나섰다. 보쉬는 경창산업과 합작해 'KB와이퍼 시스템'을 건립, 2016년 5월까지 설비 이전을 마무리하겠다고 밝혔다. 회사는 그 과정에 고용불안은 없다고 했지만 2015년 1월부터 이전 대상자를 선정하면서부터 문제가 불거졌다. 손쉬운 사무직군부터 강압으로 사표를 쓰게 하거나 경창으로 전직하도록 해서 회사가 원하는 인원을 채워나갔다. 이후 설비 이전이 마무리되면 현장까지 구조조정이 본격화될 가능성이 큰 만큼 지회도 대비해야 했다.

노사협의회 권한도 기업노조로 넘어가 버렸고, 회사는 교섭보다는 노사협의회를 통해 모든 것을 개악하고 입맛대로 변경하려 했다. 이를 극복하고 사용자노조를 붕괴시킬 수 있는 유일한 길은 금속노조가 다수 노조가 되는 것뿐이다.

2014년 12월에 시작한 로비 농성은 2015년 12월까지 이어졌다. 이화운 지회장과 김덕철 부지회장이 로비를 지켰다. 로비 위 2층이 바로 사장실이었다. 주간 근무자들은 매주 수요일 퇴근 후 로비에서 3분 동안 집회를 했다. 이 밖에도 중식 선전전, 수요일 노동가 틀기, 30분 현장 집회, 포스트잇 붙이기를 진행했다. 로비 철야농성 돌입 57일 차인 2015년 3월 17일에는 임금차별을 분쇄하기 위한 파업 프로그램으로 조합원의 요구를 담은 '현수막 만들어 걸기'도 했다. 로비 농성장은 온갖 리본과 현수막으로 울긋불긋 요란했다. 조합원들까지 오가며 로비는 북적북적 자못 활기를 띠었다. 로비에만 있지는 않았다. 법원 앞 조합원 릴레이 1인 시위, 단합대회 등 소수노조가 할 수 있는 모든 투쟁을 전개했다. 그러나 여전히 임금차별은 해소되지 않았고, 조합원도 늘어나지 않았다. 지회는 노조파괴 싸움은 단기전이 아닌 장기전이라는 점을 되새기며 꾸준하게 회사를 압박해 나갔다.

회사는 2016년 초 로비 농성장을 철거하라는 소송을 제기했지만 일부 패소했다. 이후 2014년 금속노조 임단협 파업에 참여한 조합원들을 무단이탈 처리하며 탄압의 수위를 높였다.

2016년 1월 16일 정기총회에서 지회는 △자본 대응 전략·전술 마련 △조합원 주체화 △기업노조 조합원 대책 마련 △지도집행력 강화를 사업계획으로 수립했다.

2016년 임단협 과정에서 보쉬전장지회는 경영진의 '경영악화로 인한 구조조정 및 실질임금 하락' 논리를 정면으로 반박했다. 2015년 독일로 넘어간 상표특허권이 107억이다. 한국 보쉬전장은 100% 보쉬 자본인데도 매년 상표특허권 사용료를 지불하고 있어서 매년 흑자가 적자로 둔갑하고 있었다. 특히 상표권은 2012년 이전에는 순 매출액의 1%였던 것이 노조파괴 이후 고무줄이 돼서 2013년에는 72억, 2014년 94억, 2015년에는 순 매출액의 2.3%에 달하는 돈을 빼돌렸다. 노조파괴 이전 수준이면 보쉬전장 공장이 적자일 이유가 없는데 감시하는 민주노조의 힘이 약해진 틈을 타 수십억 원을 빼돌린 것이다. 기업노조는 이를 모른 척하며 회사의 논리를 현장에 유포했다.

금속노조는 자본의 횡포를 계속 제기했다. 현장도 더는 자본의 적자 논리에 순응하지 않았다. 불만은 현장 전체로 퍼졌다. 2016년 임단협 합의안을 놓고 기업노조 조합원들만 투표했는데도 부결됐다. 금속노조의 지속적인 현장 활동이 '침묵과 순응'을 선택했던 기업노조 조합원들을 움직인 셈이다.

그러자 자본은 보복이라도 하듯 추석 연휴가 끝나자마자 노조 사무실을 뺐겠다고 달려들었다. 지회 사무실을 이전하겠다면서 제기한 명도소송에서 승소한 회사는 9월 21일 사무실을 비우라며 20여 명의 공무원을 데리고 들이닥쳐 1차 강제집행을 시도했다. 이미 명도소송에서 패소했으므로 사무실을 뺏기는 건 시간문제였다. 그러나 지회는 쉽게, 앉아서, 그냥 포기하지 않겠다는 결의로 임했다.

이날 전 조합원이 파업을 벌이고 집결해 강제집행을 막아냈다. 지회는 만일의 사태에 대비해 중요한 자료들은 일단 밖으로 빼놓고, 언제라도 강제집행이 들어오면 무조건 조합원이 다 같이 모여서 막아내자고 결의했다.

회사의 특별한 움직임이 없었지만 불안함은 사그라지지 않았다. 아니나 다를까 몇 달 뒤 월요일에 출근해 보니 사무실이 폐쇄돼 있었다. 회사가 아무도 없는 틈을 타 일요일인 12월 11일에 기어이 사무실을 침탈한 것이다. 항의해 봤지만 돌이킬 도리가 없었다. 회사는 지회 사무실로 쓰던 공간을 휴게실로 썼다. 지회는 로비로 들어가는 공장 복도에 천막을 쳐서 임시 사무실을 차렸다. 전 조합원이 절대 굴복하지 않겠다는 투지를 보이며 조직력을 굳건히 유지해 나갔다. 천막을 치고 차린 임시 사무실에서 2년이나 더 보내게 될 줄을 그때는 몰랐다. 천막은 작업장에 드나들 때 거쳐야 하는 곳에 있어서 조합원들이 출퇴근 때마다 지회 사무실에 들렀다. 이전보다 조합원들이 더 자주 방문하게 된 셈이다.

비록 사무실은 빼앗겼지만 지회는 현장을 되찾기 위해 각고의 노력을 기울여 나갔다. 지도집행력과 간부 역량을 강화하기 위해 학습을 진행했다. 간부들은 지속적으로 현장을 순회하며 현장과 소통을 넓혔다. 현장에서 발생한 문제를 찾아내 해결하기 위해 노력했다. 조합원을 주체로 세우고 내부를 강화하기 위한 다양한 조직화 사업도 모색했다. 안타깝게도 조합 사무실마저 침탈당하다 보니 쉽지 않았다. 기업노조 조합원을 금속노조로 조직하는 일도 진척이 없었다.

그럼에도 기업노조가 하지 않는 현장 순회, 선전 활동 등을 통해 금속노조가 여전히 현장 여론을 주도했다. 숨죽인 채 기업노조와 회사에 짓눌려 살아가는 기업노조 조합원들에게 금속노조의 선전물은 가려운 곳을 긁어주는 역할을 톡톡히 했다. 역설적이게도 보쉬전장지회가 끊임없이 회사의 악행을 폭로하고 투쟁하는 모습을 본 기업노조 조합원들은 금속노조에 의지하는 바가 컸다. 그런 상황에서 2016년 기업노조는 자신들이 대표교섭으로 합의한 임단협이 부결됐는데도 기어이 사측과 조인식까지 해냈다. 이런 모습을 본 기업노조 조합원들은 다시 한번 기업노조의 본질을 깨달았다. 그들은 기업노조의 한계를 인식하고 금속노조만이 회사에 맞서 싸울 수 있다는 사실을 알고 있었다. 한편 똑같은 이유로 금속노조로 다시 넘어올 수 없는 모순된 상황이 반복됐다.

'부당노동행위' '부당징계'
줄줄이 노조가 승소

앞서 정근원 전 지회장 부당해고 재판에서 1심과 달리 2심은 해고가 부당하다면서도 부당노동행위는 아니라고 판결해 노동계가 거세게 반발한 바 있다. 2015년 7월 5일 대법원마저 2심 재판부의 판단을 받아들여 '노조파괴' 행위에 면죄부를 줬다. 그런데 이틀 뒤인 7월 7일에 마침내 보쉬전장 사측의 금속노조를 무력화하기 위한 부당노동행위에 유죄판결이 내려졌다.

대전지방법원은 이만행 전 보쉬전장 대표이사 등 4명에게 3~5백만 원, 그리고 보쉬전장에 5백만 원의 벌금형을 선고했다. 이 전 대표이사 등이 2012년 2월 기업노조와 단체협약이 체결되기도 전에 기업노조에 조합비 공제 등의 편의를 제공해 보쉬전장지회 운영에 부당하게 지배·개입한 것은 "사용자가 단협과 달리 보쉬전장지회에 귀속돼야 할 조합비를 다른 노조에 지급한 것으로 부당노동행위"라고 밝혔다. 또 2012년 9월 기업노조와 단체교섭을 하면서 공무, 조합비 공제, 징계 절차, 고용안정, 신설공장, 임금체계 개편, 근무시간 등과 관련해 기업노조 단협보다 불리한 내용을 보쉬전장지회에 제시한 것과 관련해서도 "복수노조 상황에서 사용자가 노조 간의 경쟁에 개입하거나 특정 조합을 우대하고 다른 노조를 차별하는 정책을 실시해선 안 된다는 '사용자 중립 의무'에 반하는 것이기 때문에 보쉬전장지회에 대한 부당노동행위"라고 밝혔다.

당시 이만행은 2011년 12월 1일부터 2012년 1월 30일까지 파업에 대비해 재고를 쌓고 생산량을 늘리기 위해 일부 라인에 근무하는 노동자들에게 총 1,373시간을 중식 시간에 일하도록 했다. 이는 휴게시간과 관련한 단협 위반으로 인정됐다. 2011년 7월부터 2012년 1월까지 관리직 사원 14명을 안전교육 없이 현장에 투입시킨 것 역시 안전보건과 관련한 단협 위반 판결을 받았다. 이번 판결은 교섭안 차별 제시를 부당노동행위라고 본 첫 사례다. 터무니없이 약한 처벌이지만 그나마 조합원들의 법원 앞 릴레이 1인 시위와 노숙 농성 등 끈질긴 실천 투쟁이 만들어 낸 성과다. 1심 판결은 이후 2016년 1월 21일 2심에서도 유지됐다. 물론 회사는 대법원에 상고했다.

한편 정근원 전 지회장이 마침내 2015년 6월 15일 복직하게 됐다. 해고자 복직은 지회 활동의 최우선 과제였다. 보쉬전장지회 조합원들의 결의와 힘으로 1명은 복직하는 쾌거를 이루었지만, 여전히 해고자 1명이 남아있었다. 게다가 사측은 부당해고 판결이 징계 사유는 맞으나 징계 양정이 과했다는 취지라며 다시 징계를 시도했다. 9월 10일 정 전 지회장에게 정직 3개월 처분을 내렸다. 이처럼 금속노조 조합원들은 사측의 징계와 고소·고발 등 불법 표적 탄압이 끊이지 않아 지리한 법적 다툼을 계속 해야 했다.

지회의 조직적 투쟁에 힘입어 정 전 지회장 부당해고 판결에 이어 보쉬전장이 노조파괴 시나리오를 진행하면서 노조 간부들에 대해 내린 징계에 대해서도 잇달아 무효 판결이 나왔다.

대전고법은 2016년 7월 7일 전원일, 정광문, 심재일이 제기한 징계 무효확인 소송에서 1심 판결을 뒤집고 일부 승소 판결을 내렸다. 앞서 2012년에 회사 임원들은 정문 앞에 CCTV를 설치해 조합원들을 감시하고 창조컨설팅의 자문에 따라 금속노조 소식지에 대응하는 <경영소식지>를 만들어 직원에게 배포했다. 사측은 12월 5일 이에 항의하는 전원일 노안부장을 해고하고 정광문과 심재일에게 각각 정직 2개월과 3개월의 징계를 내린 바 있다.

재판부는 "보쉬전장은 1노조의 무력화를 목표로 창조컨설팅의 자문을 받아 2노조의 설립과정을 지원하고 2노조가 설립된 후에도 1노조에 대한 차별적 취급을 하는 등 노조의 운영에 부당하게 지배·개입해 전 씨 등이 징계 사유에 해당하는 행위를 하는 데 중요한 원인을 제공한 것으로 보인다"며 "보쉬전장이 전 씨 등에 대해 내린 징계는 지나치게 가혹해 징계 재량권을 남용한 경우"라고 설명했다. 이후 사측은 대법원에 상고했지만 기각됐다. 해고자 2명이 모두 복직함에 따라 지회는 그간 해고자 생계비를 후원해 준 당사자들에게 후원금을 모두 고스란히 돌려줬다.

지회 조합원 57명이 사측을 상대로 낸 통상임금 항소심에서도 일부 승소했다. 1·2심 재판부 모두 "정기적·일률적·고정적으로 지급된 상여금은 통상임금에 해당한다"고 판결했다. 다만 신의성실의 원칙(신의칙) 적용 기준에 대해서 1심은 "회사 당기순이익 기준으로 과거 미지급된 임금을 소급해 지급하면 기업의 존립이 흔들린다"며 소급분 청구를 기각한 바 있다. 그러나 대전고법(2심)은 2016년 8월 18일 "당기순이익과 사내유보금을 종합적으로 살펴본 결과 신의칙을 적용할 이유가 없다"며 조합원들의 청구를 받아들였다. 2심은 휴일근로 가산 수당을 중복으로 할증해 지급하라는 노동자들의 청구도 받아들였다.[50]

통상임금 소송은 금속노조 보쉬전장지회가 했지만, 혜택은 전체 조합원에게 돌아갔다. 통상임금을 돌려받은 기업노조 조합원 몇몇이 미안한 마음에 소송비용을 보태겠다고 전해오기도 했다. 하지만 지회는 그들에게 돈을 받음으로써 면죄부를 줄 수 없다고 판단해 거절했다.

---

50 그러나 대법원은 2018년 12월 27일 "근로기준법상 1주 40시간을 초과해 이뤄진 휴일근로는 연장근로에 해당하지 않으므로 휴일근로에 따른 가산임금 외에 연장근로에 따른 가산임금을 중복으로 지급하는 데 의견이 배치된다"라며 파기 환송했다.

2017년,
5년 만에 2012~2014년 임단협 타결

2017년 들어 사측은 현장에 휴대폰 보관함을 설치했다. 4월 1일부터 휴대폰 사용을 통제하겠다고 으름장을 놓았다. 기초질서 확립, 안전 수칙과 근무시간 준수라는 명목으로 현장을 더욱 옥죄왔다.

징계 무효소송이 승소함에 따라 전원일 전 노안부장이 이듬해 2017년 1월 3일 복직했지만 사측은 인사 발령을 내지 않았다. 도리어 전원일이 복직하자마자 또다시 간부들에 대한 줄 징계를 자행했다. 2월 7일 전원일을 3개월 정직 처분하고 이화운 지회장과 정광문, 심재일에 정직 1개월 징계를 내렸다. 징계자들은 2월 13일부터 사장실 앞에서 피케팅을 시작했다. 여성에게 폭언하고 위협하며 난동을 부린 기업노조 조합원은 감봉 처분을 받고, 현장에서 배가 고파 컵라면에 물을 부은 금속노조 조합원은 출근정지 5일 징계를 받는 기가 막히는 날들이 이어졌다.

2014년 초에 시작한 교섭은 햇수로 4년째로 접어들었고, 교섭 차수는 100차를 훌쩍 넘겼다. 2012년 임금·단협, 2013년 임금, 2014년 임금·단협을 진행 중이었다. 회사는 2016년 말에 교섭 중단을 요청했다. 2014년 단협을 체결해도 이미 유효기간이 지났기 때문에 효력이 소멸한다며, 교섭을 중단하면 임금을 지급하겠다고 압박했다. 그러더니 2017년 1월 11일, 2014년 임단협 100차 교섭에서 또 개악안을 내놓으며 일괄 타결을 주장했다.

지리한 공방이 계속되는 가운데 2017년 임단협 교섭도 시작해야 했다. 보쉬전장지회는 6월 19일 기업노조에 요구안을 통보하며, 현장의 힘을 모으기 위한 공동교섭단 구성을 정식으로 제안했다. 기업노조는 대표노조로 교섭을 진행해 온 지난 2년간 회사를 압박하기는커녕 도리어 손발을 맞춰왔다. 이번에도 기업노조는 공동교섭을 거부했다. 생활임금을 쟁취할 여력이 충분하고, 올해는 어려운 교섭이 예상돼 임금에만 집중하겠다는 이유다.

앞서 서울행정법원은 2016년 6월 콘티넨탈 사건 소송에서 교섭 대표노조가 잠정 합의 찬반투표에 소수노조 찬반 결과를 포함하지 않는 것은 공정대표의무 위반이라고 판결한 바 있다. 보쉬전장에서는 2016년부터 기업노조가 대표 교섭을 진행했다. 하지만 찬반투표 합산 의무가 없다며 잠정 합의안에 대한 금속노조의 투표 결과는 배제해 왔다. 금속노조의 투표 결과를 반영했다면 기업노조의 2016~2017년 임단협 잠정합의안은 모두 부결이었다.

보쉬전장지회는 7월 한 달 동안 2012~2014년 임단협 타결을 위해 상경 투쟁을 전개했다. 조합원들은 독일대사관 앞과 광화문 등지에서 1인 시위를 벌이며 반인륜적 노조파괴 행위를 알렸다. 폭염과 매연, 경찰과 건물 경비들의 방해에도 한 달 동안 투쟁한 결과 독일대사관과 면담이 성사됐다. 8월 7일 대사관 서기를 만나 한국 보쉬전장 현장에서 벌어지고 있는 현실을 전달했다.

2017년에 지회는 손해배상과 소송비용을 마련하기 위해 8월 18일에 일일주점을 열기도 했다. 뷔페식당을 빌려 진행했는데 “다녀본 일일주점 중 음식이 제일 낫다”라는 평가를 받을 정도로 호응이 대단했다. 맛 좋은 음식만큼이나 보쉬전장지회 조합원들에 대한 동지애도 뜨거워서 일일주점은 3천만 원 정도를 모으고 성황리에 마무리했다.

보쉬전장지회는 2017년에는 반드시 타결하자는 기조로 교섭에 임했다. 9월 20일 정광문 지회장과 김동욱 사무장으로 구성된 새로운 집행부가 교섭을 이어받았다. 핵심은 쟁의권이었다. 2016년부터 기업노조가 대표 교섭을 하고 있다. 쟁의권을 확보해서 끌어왔던 지난 임단협을 타결하면 쟁의권까지 사라지는 것이다. 파업권조차 없는 소수노조는 식물노조로 전락할 것이라는 우려가 컸다. 그렇다고 언제까지 미타결로 계속 갈 수는 없었다. 계속되는 차별로 조합원들도 많이 지친 상태였다.

회사도 이번에는 타결하자고 응해옴에 따라 실무교섭 6차례, 본교섭 2차례를 진행했다. 그리고 마침내 2012~2014년 임단협과 해고자 원직 복직을 포함한 각종 현안에 관한 합의를 이루었다. 조합사무실도 확보했다. 지회가 11월 16일 합의안을 찬반투표에 부친 결과, 총 60명 가운데 사고를 뺀 54명이 투표해 34명(63%) 찬성으로 가결됐다. 이에 따라 17일 로비 농성장을 철거한 데 이어 21일 조인식을 했다.

2012년 11월 26일 시작한 아침 출근선전전이 1,200여 회, 로비 농성 670여 일, 노조 사무실을 강탈당한 뒤 천막으로 옮겨 농성을 시작한 지 350여 일이 지난 때다. 사측은 이 과정에서 금속노조를 파괴하기 위해 사소한 꼬투리도 그냥 넘기지 않았다. 징계와 고소·고발을 남발하고 손해배상까지 청구했다. 그러나 금속노조 조합원들은 기업노조와의 임금·처우 차별 속에서도 굴하지 않았다. 총파업을 비롯한 1인 시위, 선전전, 집회 등 온갖 현장 투쟁을 꿋꿋하게 전개해 왔다. 그리고 마침내 타결을 이룬 것이다.

"나중에 후회가 컸어요. 타결하지 말고 쟁의권이라도 쥐고 있을 걸 하는…. 교섭권도 없고 파업권도 없으니 회사가 우리 요구를 들어 줄 이유가 없잖아요. 게다가 소수노조다 보니 할 수 있는 게 없더라고요." (이화운)

5년을 끌어왔던 임단협이 타결됐으나 안타까운 일도 벌어졌다. 지회 선출 간부의 조합비 유용 사태가 벌어진 것이다. 금속노조 대전충북지부의 진상조사를 거쳐 10기 집행부가 책임지고 사퇴했다. 지회는 2018년 2월 7일 비상대책위원회를 구성했다. 이화운 전 지회장이 비대위원장을 맡아 차기 집행부 구성까지 지회 업무를 대행하기로 했다.

2018년, 대법에서 보쉬전장 자본 유죄 최종확정

2018년 1월 24일 금속노조가 서울 광화문과 청와대 앞에서 대정부 3대 요구안 쟁취를 결의했다. 금속노조는 '일방 구조조정 저지, 노동 악법 철폐, 노조할 권리 보장, 산별교섭 제도화 쟁취, 금속노조 2018년 신년 투쟁선포식'을 하고 청와대까지 행진해 요구안을 직접 전달했다. 보쉬전장 등 이날 선포식에 참가한 복수노조 사업장 조합원들은 교섭창구 단일화제도 문제의 심각성을 폭로하며 해결을 촉구했다.

8월 23일에는 창조컨설팅 대표 심종두와 전무 김주목이 구속됐다. 2012년 창조컨설팅의 실체가 드러난 지 무려 6년 만의 구속이었다. 그러나 고작 징역 1년 2개월이어서 금속노조는 솜방망이 처벌이라고 반발했다. 노조파괴 당사자들의 책임이 명확한데도 범죄에 대한 법정형량이 너무 낮아 이런 일이 근절되지 않는 것이라고 지적했다.

그리고 마침내 9월 13일, 대법원이 보쉬전장 법인과 회사 간부들의 부당노동행위 혐의를 유죄로 확정했다.[51] 복수노조 제도를 악용해 2노조(기업노조)를 적극 지원하는 방식으로 금속노조를 차별하고 무력화하려 한 혐의다. 금속노조가 고소한 지 6년, 1·2심에서 유죄판결을 받은 뒤 대법원에 계류된 지 3년 만의 판결이다. 대법원은 보쉬전장 주식회사와 전 대표 이만행에게 벌금 5백만 원, 사측 임원 2명에게 벌금 3백만 원을 선고한 원심을 확정했다.

판결 직후 보쉬전장지회는 9월 19일 용인 한국로버트보쉬 본사 앞에서 기자회견을 열어 회사에 공식 사과와 책임자 처벌을 요구했다. 기자회견에서 지회는 "벌금형으로 끝난 법원의 판결은 노동자들이 겪었던 지난 6년간의 고통에 비한다면 솜방망이 처벌에 불과하다"며 울분을 삼켰다. 이어 "노조파괴에 대한 책임은 비단 보쉬

---

51 대법원 2018.9.13. 선고 2016도2446 판결.

경영진에게만 있지 않으며 정부도 책임져야 한다"며 "노조파괴가 다시는 반복되지 않도록 노동법을 개정해 노동자들의 노동3권을 보장하고 복수노조의 자율교섭을 보장해야 한다"고 강조했다. 이만행은 2019년 퇴사했다.

10월 8일 국회에서 열린 '노동행정개혁위원회 후속 과제와 노조할 권리 토론회'에 발제자로 나선 김상은 변호사는 "창조컨설팅의 노조파괴행위가 지속됐던 원인은 노동부의 직무유기 때문"이라고 비판하며 "2011년 12월 노동부가 창조컨설팅의 불법적인 자문행위를 인지했을 때 입건하고 노무법인을 통한 노조파괴수법에 대해 대책을 수립했다면 유성기업과 보쉬전장 등에서 진행 중이던 노조파괴 행위는 중단될 수 있었다"고 강조했다.

특히 보쉬전장에 대한 검찰의 부당한 수사 지휘 정황도 확인됐다. 고용노동행정개혁위 조사 결과(2018년 8월)는 "(2012년 창조컨설팅 내부 문건을 통해 보쉬전장에 대한 노조파괴 협의가 모두 드러난 상황이었음에도) 검사가 불기소 처분한 것은 기소독점권을 남용한 것"이라고 지적했다. 노동부는 이미 2011년경 창조컨설팅이라는 노무법인에서 사업주들을 대상으로 노조파괴 컨설팅을 하고 있다는 사실을 파악하고 있었다. 검찰 역시 수사 지휘를 통해 이 사실을 인지하고 있었지만 입건하지 않았다.

고난 속에도 행진은 계속된다

지회는 2018년 10월 보궐선거에서 이화운 지회장과 황용하 사무장을 선출했다. 사측이 기초질서 지키기 등을 통해 현장을 더욱 옥죄어 오는 가운데, 기업노조 조합원들조차 기업노조에 대한 실망이 커지고 있었다. 지회는 금속노조 내부 강화와 조직 확대를 목표로 일상활동 강화, 어용 조합원 조직화, 회사 현장 통제 대응 전술 마련 등의 사업계획을 수립했다. 그리고 노조파괴 범죄에 대한 사회적 인식과 처벌에도 총력을 기울였다.

지회는 내부 결속력 강화를 위해 상집 간부들과 조합원들의 조별 소통에 힘썼다. 조합원과 번개모임 등 활용할 수 있는 모임을 최대한 자주 추진했다. 조합원 간담회를 안착하고 SNS 소통도 확대하고자 했다. 조합원과의 일상적인 소통을 위한 지회 소식지 <민주함성>은 꾸준히 정기적으로 발행해 현장과 연결고리 역할을 톡톡히 해냈다. 이미 사측의 통제가 만연해 있는 상황이라 쉽지만은 않았다. 사측과의 법정 공방이나 현장 투쟁을 벌이는 것만으로도 버거운 실정이었다. 소수노조로서 한계를 극복하기 어려운 객관적 조건에 처해 있었다.

한편 사측과 대표 교섭을 벌이고 있는 기업노조의 어용적 행태에 대한 현장의 분노는 가득 차 있었다. 계속되는 평화 선언, 임금동결, 복지축소 등에 기업노조 조합원들조차 실망하고 있었다. 기회라고 생각한 지회는 기업노조 조합원들 조직화를 도모했지만 역시 쉽지 않았다. 기업노조에 불만이 큰 조합원들이라도 임금차별 혜택의 유혹을 떨쳐내기는 어려웠기 때문이다. 게다가 금속노조 조합원에게 가해지는 온갖 탄압을 목도하면서 금속노조로 돌아올 결심은 감히 하지 못했다.

어려운 조건 속에서도 지회는 회사의 현장 통제에 적극적으로 대응해 나갔다. 임금체계 개악을 막아내고 임단협을 쟁취하기 위해 다양한 투쟁 전술을 마련하고 선전·선동했다. 사측은 직장과 사무직을 동원해 점심시간과 출퇴근 시간에 '기초질서 지키기' 캠페인이라는 명목으로 선전전을 하며 금속노조 조합원을 비난하고 자극했다. 지회는 같은 시간 같은 장소에서 피케팅을 하며 맞불을 놓았다. 마침내 회사의 '기초질서 지키기' 정책은 흐지부지됐다. 그리고 노조파괴 범죄자에 대한 규탄 피케팅을 꾸준하게 벌인 결과, 복수노조 초기부터 노조 탄압에 앞장섰던 인사·노무 담당자를 퇴사시키기도 했다. 그는 창조컨설팅 노무사와 만나 회사 소식을 전달하는 등 노조파괴의 첨병 역할을 해왔다. 그러나 사장 등 주범들이 모두 퇴사한 뒤에도 남아서 뻔뻔한 범죄 행위를 이어가 금속노조 조합원들로부터 큰 원성을 사고 있었던 터다.

금속노조가 고군분투하는 와중에도 2019년 임금협상은 또다시 최저 수준 인상으로 마무리되고 말았다. 기업노조가 교섭 대표노조로 잠정 합의한 안에 대한 찬반 투표율 자체가 저조한 상황에서 금속노조만의 반대로는 재협상을 추진할 수 없었다. 매번 반복되는 기업노조의 사측과 결탁한 합의와 타결에 대책이 필요했다.

한편 2015년부터 복수노조 사업장들 연대에 공들여 온 보쉬전장지회는 2019년 들어 사업을 본격화했다. 같은 처지의 노동조합들과 연대를 더욱 공고히 하며 고충을 공유하고, 법·제도적 문제 해결을 위한 모색에 나섰다.

그리고 2020년에도 금속 내부 강화와 조직 확대를 목표로 민주적인 조직활동과 일상활동, 자본 대응력 등을 강화해 나갔다. 지회는 조합원 교육시간을 활용해 주기적인 간담회를 진행하고 SNS를 활용한 조합원과의 소통을 확장했다. 그 결과 분기별로 진행한 교육사업에 조합원들이 적극적으로 동참했다. 한동안 현안에 밀려 소홀했던 민주노조의 기본 활동인 상집 간부의 현장 순회도 활발하게 진행하며 조합원들의 의견을 경청했다.

회사는 4월에 코로나19로 인한 생산 감소를 이유로 무급휴무를 요구해 왔다. 5월 휴무에 대해 금속노조, 기업노조, 회사, 3자가 모여 이틀은 유급, 이틀은 기본일급만 삭감하는 무급휴무에 합의했다. 그런데 회사는 6월 휴무와 7월 무급휴무까지 요구했다. 기업노조는 동의했지만, 보쉬전장지회는 더 이상의 양보는 굴복이라고 강조하며 단체협약에 따라 평균임금의 70% 지급을 요구했다. 결국 회사는 유급휴무를 실시하고 정부 보조금을 받았다.

지회는 6월, 임단협 과정에서 계속 금속노조를 배제하는 행위와 관련해 공정대표의무 위반으로 지노위에 심판을 청구했다. 이 청구는 심판을 앞두고 사측이 공문으로 긍정적인 견해를 전해옴에 따라 9월에 취하했다. 이처럼 2020년 임단협 과정에서 지회는 지속적으로 선전물을 내며 사측의 꼼수를 폭로하고 기업노조에 압박을 가했다. 그러나 기업노조와 사측의 결탁에 결정적 타격을 가하지는 못했다. 다만 잠정합의를 한 차례 부결시켰고, 기업노조에서 몇몇 조합원들이 다시 금속노조로 돌아오기도 했다.

한편 지회는 2021년에 조합원 상태를 진단하는 설문조사[52]를 실시했다. 조사 결과 조합원들은 대체로 조직이 민주적으로 운영되고, 내부 소통이 원활하다고 생각하며 지회를 신뢰하는 것으로 나타났다. 반면 회사에 대한 불신이 크고 노조 활동에 대한 탄압과 방해가 계속되고 있다고 판단했다. 조합원들은 소수노조 활동의 한계를 인식하고 있었다.

현장 간부들은 노조에 애착도 강하고 활동에 의무감도 커서 민주적 조직 운영을 위해 노력하고 있는 것으로 나타났다. 다만 능동성과 자신감은 매우 취약해져 있어서 현장조합원들과 관계를 강화하는 활동을 점점 어려워하고 있었다. 노조파괴 공작 이후 10년 가까이 소수노조로 활동하며 온갖 정신적·물리적·법적 탄압에 시달렸기 때문일 것으로 풀이됐다.

조사 결과에 따라 지회는 노무관리에 대한 대처 능력과 전략 마련, 조합원과 간담회·토론회 확대, 소수의견 반영, 간부 자신감 강화와 활동의 능동성 확대 등을 위한 사업이 절실함을 깨닫고 이후 과제로 삼았다.

2021년에는 임단협 대응에서 금속노조가 주도권을 잡았다. 간부들의 주기적 현장 순회로 현장 장악력을 높여내며 적극적으로 대

52 상집 간부를 제외한 설문조사 응답자 53명은 평균 나이 48.5세(30대 1명, 40대 26명, 50대 26명), 평균 근속연수 22.7년(20년 미만 21명, 30년 미만 29명, 30년 이상 3명)이며, 근무조는 52명이 응답해 3교대 28명, 2교대 16명, 상시주간 8명이다.

응한 결과 잠정합의안이 부결되기도 했다. 그러나 선전 활동과 여론 조성 등 다양한 노력에도 2차 찬반투표에서 결국 가결됐다. 잠정합의안 찬반투표에 지회가 참여하지 못하는 한계가 컸다. 이런 과정을 거치며 2021년에도 몇 명의 조합원들이 금속노조의 품으로 돌아왔다. 하지만, 시간이 지날수록 금속노조와 기업노조 조합원은 굳어지고 있었다. 획기적인 조직화 사업이 지회의 최대 과제로 남았다.

"2021년에는 조직화 사업으로 기업노조를 흔들어서 조직 형태 변경까지 가보자고 결의했어요. 쉽게 말해서 작전을 짠 거죠. 뭐라도 새롭게 해보자는 마음으로 우리 조합원 몇 명을 기업노조로 보냈거든요. 우리 입장에서 보면 '파견' 같은 거. 나름 믿을만한 조합원들을 보냈는데, 거기 눌러앉아 버리더라고요. 뒤통수 맞은 건데, 너무 쉽게 생각했던 것도 같고…." (이화운)

2022년에도 기업노조가 합의한 임단협 안이 부결됐다. 기업노조 위원장은 매년 임단협 의견일치 안이 부결되는 게 자신에 대한 불신임이라고 판단하고 집행부 총사퇴를 단행했다. 현장은 혼란스러웠다. 기업노조 보궐선거에서 2021년도에 금속노조에서 넘어간 조합원이 단독 출마해 당선됐다. 출마하기 전에는 지회와 공동교섭 공동투쟁을 논의하기도 했다. 기업노조 선거기간에 지회도 공동교섭 공동투쟁을 내걸고 아침 출투를 진행했다. 그러나 선거가 끝나자 기업노조는 이런저런 핑계를 들이대며 말을 바꿨다.

결국 지회와 기업노조의 공동교섭 공동투쟁은 진행되지 못했다. 지회 조합원들은 공동교섭 공동투쟁 무산에 크게 실망하고 말았다. 2023년 금속노조 선거가 진행됐지만, 보쉬전장지회는 선거를 치를 수 없었다. 10여 년 소수노조 활동으로 금속 조합원들은 지칠 대로 지친 것이다.

"노조파괴 당하면서 그동안 친했던 사람들이 어용으로 넘어가니까 우리 조합원들이 엄청나게 배신감을 느꼈죠. 오랫동안 함께해 온 정이고 뭐고 인간관계가 다 붕괴된 거잖아요. 지금 같이 있는 우리 조합원들 관계가 깨지는 건 더는 정말 싫어요. 지금 지회가 사실상 아무것도 못 하고 있지만, 그래도 우리 조합원들이 기업노조로 넘어가거나 그러지는 않아요. 그러면서도 조직화가 왜 안 될까, 어떻게 하면 될까, 이런 이야기 끝은 항상 두려움이죠. 이쪽으로 오면 이익이 있어야 하는데, 그런 게 없으니 되겠냐… 이런. 금속노조에 있는 사람들은 사실 도덕적 우월감 하나밖에 없잖아요. 그렇다고 대단히 대접받는 것도 아니고… 조합원 수가 정체된 지는 꽤 됐어요. 더는 버틸 수 없는 상황인 것 같아요. 금속노조와 지역지부, 충북지역 전체의 관심이 절실하게 필요해요." (이화운)

보쉬전장지회의 활동은 긴 터널을 지나고 있다. 그러나 서 있지 않고 앞으로 나아가기만 한다면 터널은 끝나기 마련이다. 보쉬전장지회 조합원들은 노조파괴 공작에도 끊임없이 '함성'을 내질러 왔다. 이제 그 함성에 노동계가 화답해야 한다.

"소수노조인데도 회사를 상대로 현안투쟁을 배치하고 당당하게 싸우는 우리 조합원들 모습이 좋았어요. 묵묵히 역할을 해온 지회 지도부에게도 박수를 보내고 싶습니다. 그렇게 싸워왔는데도… 요즘은 복수노조로 민주노조가 파괴된다는 말이 실감 납니다. 우리 현장에 민주노조가 사라질 위기에 처해 있어요. 그 어느 때보다 노동조합 상층 간부들의 역할이 중요한 시기라고 봐요. 상급단체가 강력하게 투쟁해서 교섭창구 단일화제도 철폐하고 민주노조가 다시 재건될 수 있도록 함께 노력했으면 좋겠어요. 민주노조를 열망하는 현장 조합원들이 꿈과 희망을 가질 수 있도록요." (전원일)

콘티넨탈 노동자들의 투쟁

2012년 7월 27일, 자본의 총공세

2012년 7월 27일, 새벽 4시에 경기 안산 반월공단에 있는 SJM에 방패와 헬멧, 곤봉으로 무장한 경비용역 3백여 명[53]이 들이닥쳤다. 용역들은 곤봉을 휘두르고 쇳덩어리와 소화기 따위를 집어 던지며 농성 중이던 금속노조 조합원들을 폭행하고 공장 밖으로 끌어냈다. 그들은 흡사 경찰로 보이는 복색이었다. '진짜' 경찰들은 이 상황을

53 이들은 '컨택터스'라는 경비용역업체로 유성기업, 발레오전장 등에도 투입됐다. 2008년 9월에 설립된 컨택터스는 홈페이지를 통해 민간군사기업을 표방한다고 밝혔으며 2010년 10월에는 언론배포용 보도자료를 만들어 "많은 국가들이 치안장비로 사용하는 모델(장비)인 투명방패, 투명헬멧, 물대포차량, 군견, 채증용 무인헬기를 보유하고 있다"고 홍보했다.

무심히 지켜보기만 했다. 조합원들은 6시 50분쯤 모두 공장 밖으로 쫓겨났다. 이 과정에서 조합원 34명이 다쳤다. 11명은 팔다리가 부러지고 치아가 함몰돼 입원 치료를 받았다.

같은 날 만도에서 노동조합이 8시 30분 전면 파업에 돌입하자 사측은 오후 3시에 직장폐쇄를 단행했다. 인천 문학경기장에는 오전 9시 30분쯤부터 경비용역 1,500여 명이 모여들었다. 이들이 나누어 탄 버스 40여 대가 낮 12시 30분부터 출발하기 시작했다. 버스에 탄 경비용역들은 각각 평택, 문막, 익산에 있는 만도 공장으로 짓쳐들어가 공장을 장악했다. 직장폐쇄 후 3일 만에 전·현직 노조 지도부가 사측과 결탁해 기업노조를 설립했다. 이틀 동안 조합원의 90%가 금속노조를 탈퇴하고 기업노조에 가입했다. 그렇게 여름휴가를 앞둔 7월 27일부터 30일까지 단 사흘 만에 금속노조 핵심 사업장 만도지부가 속절없이 무너졌다.

7월 27일을 앞두고 이미 며칠 전부터 금속노조 사업장들 몇 곳에 직장폐쇄와 함께 경비용역이 투입될 것이라는 소문이 나돌았다. 여름휴가를 앞둔 전국의 금속 노동자들은 불안에 떨었다. 옛 만도기계 사업장이었던 콘티넨탈도 그 가운데 하나다.

바로 옆 공장인 보쉬전장은 이미 그해 2월에 기업노조가 설립돼 금속노조와의 노사관계가 파탄으로 치닫고 있는 와중이었다. 콘티넨탈 노동자들은 자신들에게도 닥칠 미래를 예감했다. 보쉬전장에 복수노조가 생기는 것을 보고 금속노조 콘티넨탈지회도 나름대로 대비에 나섰다. 복수노조 공세를 주제로 교육을 배치하고 구역별로 지회장과 간담회도 진행하는 등 조합원과 함께 대비책을 강구했다.

보쉬전장 사례를 짚어보는 교육도 진행했다. 그러나 막상 기업노조가 들어서고 나니 속수무책이었다.

"그즈음 금속노조 중앙에서 콘티에도 복수노조를 만든다는 이야기가 있다고 연락이 왔어요. 저는 당시 금속노조 대전충북지부 수석부지부장이었는데, 지부 대대에서 임의식 씨를 만났어요. 노조 활동을 활발하게 하는 사람이긴 하지만 만도 노무이사 친동생이라서 혹시 들은 거 있냐고 물어봤죠. 그 사람 이야기가 '너네랑 우리쪽에서 노조를 만들지 않으면 만들 사람이 누가 있냐, 우리 사업장은 구조상 만들 수 없으니 걱정 말라'고 하더라고요. 그러다가 만도에 용역깡패 들어가기 전날 밤에 금속노조 중앙 사무처장이 전화해서 콘티에도 내일 용역이 들어간다는 얘기가 도니까 준비하라는 거예요. 밤 10시가 넘은 시간이었는데 황당하더라고요. 다음 날 새벽 SJM에 용역 들어간 뒤 용역들 동선 확인해 보고 우린 아니구나 생각했어요. 하지만 이미 기업노조가 만들어져 설립신고를 했다는 걸 알게 됐어요. 임의식 씨가 지금 기업노조 위원장이에요." (조남덕)

다행히 콘티넨탈에 경비용역이 그런 식으로 쳐들어오지는 않았다. 하지만 SJM에 용역깡패가 들이닥치기 하루 전인 7월 26일에 친기업성향의 제2노조가 들어섰다는 사실을 알게 됐다. 현장은 이미 여름휴가 기간이 시작된 뒤여서 달리 손쓸 도리가 없었다.

정당한 파업에
불법 딱지 붙여 탄압

노동자들의 단결권을 보장하기 위해 도입한 복수노조 제도는 이미 곳곳에서 말썽을 일으키고 있었다. 도입할 때부터 노동계는 기업별 교섭만 인정하는 교섭창구 단일화 제도가 산별노조와 교섭에 독이 될 것이라고 우려했다. 우려는 현실이 됐다. 노동 현장을 파국으로 몰아가는 데는 고용노동부의 경직된 제도 운용도 큰 몫을 했다.

2012년 들어서 콘티넨탈지회는 일찌감치 3월 3일에 교섭을 요구했다. 3월 30일부터 회사와 임단협을 시작해 7월 초까지 10여 차례 교섭을 벌이고 있었다. 그러나 사측이 이렇다 할 안을 제시하지 않고 미적거리는 통에 교섭은 결렬되고 지연됐다. 지회는 금속노조 지침에 따라 상황이 비슷한 다른 지회들과 함께 7월 2일 일괄 쟁의 조정 신청을 접수했다. 그리고 7월 11일 쟁의행위 찬반투표가 가결됐다. 7월 13일부터 부분파업을 앞두고 있었다.

그런데 중앙노동위원회와 충북지방노동위원회가 "조정 대상이 아니다"라며 행정지도 결정을 내렸다. 중앙노동위원회는 금속노조가 일괄 조정신청을 접수한 121개 사업장 가운데 "콘티넨탈 등 7개 사업장은 노조법상 노동조합과 사용자 간의 노동쟁의라고 확인할 수 없어 조정 대상이 아니다"라고 했다. 교섭창구 단일화 절차를 거치지 않았기 때문에 교섭 대표노조 지위를 확보하지 않았고, 따라서 조정할 수 없다는 것이다. 교섭창구 단일화 제도가 결국 산별노조와 산별교섭의 발목을 붙잡았다.

충북지노위는 콘티넨탈에 대해 "교섭 대표노조를 확정하지 못한 것은 회사가 교섭 요구 사실을 공고하지 않은 데서 비롯됐다"며 회사에 교섭창구 단일화 절차 이행을 권고했다. 문제는 당시 콘티넨탈에 금속노조 말고 다른 노동조합이 없었다는 사실이다. 명백한 단일노조로, 교섭창구 단일화 절차를 거칠 필요가 없는 사업장이다. 그런데도 노동위원회는 무리하게 행정지도 결정을 내렸다.

회사는 이러한 제도의 맹점과 노동위원회 결정을 파고들어 금속노조 무력화에 나섰다. 부분파업이 예정된 7월 13일, 사측은 충북지노위 행정지도 결정을 근거로 지회에 '불법파업 중단 요청' 공문을 보내왔다. 파업을 핑계로 실무교섭마저 파기했다. 조합원들에게는 무노동무임금 원칙과 민형사상 책임을 들먹이며 으름장을 놓았다. 생산팀장과 반장들은 조합원을 면담해 '불법 파업'에 참여하지 말라고 종용했다.

예정대로 지회가 4시간 파업을 단행하자 회사는 전 조합원에게 경고 조치를 했다. 지도부인 박윤종 지회장, 김종원 수석부지회장, 김진욱 사무장 3명을 징계위에 넘긴다는 공고도 내붙였다. 파업과 잔업 거부로 손해가 발생했다며 임원 1인당 6억 원씩 손해를 배상하라는 협박까지 했다. 그리고 일요일이던 7월 15일에 기습적으로 공장 곳곳에 조합원 감시용 CCTV를 설치했다.

법원 판례는 행정지도 결정이 나온 이후에 노조가 파업을 벌이더라도 불법이 아니라고 명확히 하고 있다.[54] 그러나 사측과 검찰은

54 대법원은 완전 월급제 확보를 위한 택시 파업과 관련해 조정신청일로부터 10일이 경

이러한 내용이 행정지침 등에 명확하게 반영되지 않은 점을 악용해 여전히 불법 파업으로 몰아갔다. 회사의 치졸한 협박에 물러설 노조가 아니다. 금속노조 대전충북지부와 콘티넨탈지회는 교섭위원 출근선전전을 벌였다. 7월 20일에는 금속노조 2차 총파업을 벌이고 단협 요구안을 관철하기 위한 투쟁을 이어갔다.

이와 관련해 법률가단체들[55]은 7월 25일 중앙노동위원회 앞에서 기자회견을 열어 "산별교섭을 부정하는 중노위는 월권행위를 중단하라"고 촉구했다. 금속노조 법률원은 "노조법에는 하나의 사업 또는 사업장에 노동조합이 2개 이상인 경우에만 교섭창구 단일화 절차를 거치도록 한다"라며 "사업장 단위 교섭이 아닌 산별교섭을 하고 있는데 교섭창구를 단일화하라는 것은 노조법을 억지 해석한 결과"라고 꼬집었다. 개악 노조법에 따르더라도 사업장 단위 교섭이 아닌 산별교섭이나 지역교섭 등 초기업별 교섭은 교섭창구 단일화 대상이 아니다. 특히 사업장 내에 다른 노조가 없는데도 교섭창구 단일화를 거치라는 것은 고용노동부의 법 해석보다도 후퇴한 결론이다. 고용노동부도 2011년 7월 법 시행 당시 '복수노조 교섭창구 단일화 제도 운영 세부 지도 방안'에서 "단일노조가 명백한 경우 교

과하면 노동위원회의 조정 결과와 상관없이 조정절차를 거친 것으로 본다고 판단했다(2001.2.9. 선고 2000도5235 판결). 춘천지법의 만도기계노조 파업 사건 항소심(1999.10.7. 선고 98노1147 판결), 청주지법(2000.6.9. 선고 99노534 판결)도 조정신청 후 열흘이 지났으면 '좀 더 교섭을 해보라'는 중앙노동위원회의 행정지도가 내려졌더라도 노조의 파업은 적법한 절차를 거친 것이라고 판결한 바 있다.

55 노동인권실현을 위한 노무사모임(노노모), 민주사회를 위한 변호사 모임(민변) 노동위원회, 민주주의법학연구회, 전국불안정노동철폐연대 법률위원회, 민주노총 법률원.

2012년 7월 25일 중앙노동위원회 앞 기자회견.

섭창구 단일화 절차를 반드시 거쳐야 하는 것은 아니다"라고 해석한 바 있다.

기자회견에 참여한 법률가들은 "노동위의 조정 권한은 교섭의 불일치 사항에 대해 그 내용을 조정하는 것이지, 노조의 교섭권이 배타적인 교섭권인지를 판단하거나 교섭 대표노조의 교섭권한 내용과 범위 등에 대해 사법적 판단을 할 어떤 권한도 없다"고 지적했다. 기자회견에서 김종원 콘티넨탈지회 수석부지회장은 "교섭 요구 사실 공고 등 회사가 해야 할 법적 절차를 이행하지 않아 행정지도가 나왔는데, 되레 노조가 불법의 멍에를 짊어지는 상황이 벌어졌다"라며 울분을 토해냈다.

한 몸으로 움직이는 회사와 기업노조

이렇게 사측은 금속노조의 교섭 요구 사실 공고를 한 달간 미루더니 7월 26일 기업노조를 만들었다. 연기군청에 이호우(이후 기업노조 부위원장) 등이 23일 설립 신고를 한 뒤에 24일 취하했다가 26일 다시 윤석경 반장을 중심으로 직·반장들이 설립 신고한 것이 확인됐다.

7월 28일 콘티넨탈노동조합(아래 '기업노조') 발기인들은 사측 관리자를 대동하고 등장해 '노조 설립 선언문'을 대자보로 게시했다. 그들은 "벌써 가입 인원이 30명이 넘는다", "우리가 직장폐쇄와 용역 투입을 막아냈다" 따위의 허튼소리를 내돌리며 노골적으로 금속노조 탈퇴 공작을 벌였다.

지회는 기업노조 설립에 가담한 자들이 6~7명 정도밖에 안 되기 때문에 큰 영향은 없을 거라고 판단했다. 하지만 전직 지회 간부들이 "금속노조의 시대는 끝났다"고 선언하며 대거 기업노조에 가입하는 걸 본 현장은 순식간에 충격과 공포에 휩싸였다.

회사가 집중적인 금속노조 탈퇴 공작을 펴기 시작했다. 조합원들에게 '지회의 불법 파업으로 경영이 어렵다'라는 내용의 가정통신문을 보냈다. 금속노조 때문에 회사가 당장 망할 것처럼 몰아붙였다. 기업노조는 현장에 이런 거짓말을 유포했고, 회사는 지회가 선전물 돌리는 것조차 막아섰다.

관리자들은 조합원들에게 금속노조를 탈퇴하라고 종용하며 회유하고 협박했다. 어떤 조합원은 하루에 관리자 전화를 세 번 받기도 했다. 따로 불려 가 "승진할 때도 됐으니 잘 판단하라"는 말을 들은 조합원도 있었다. "지금은 웃고 있지만 어디 계속 웃을지 한번 보자"는 직접적 협박도 당했다. 그런 사례들이 차고 넘쳤지만 현장은 얼어붙어 목소리 한번 내기조차 어려웠다. 회사는 이미 오랜 시간 준비해서 기업노조를 만든 거였다. 조합원들을 어떻게 흔들지, 누구를 누가 만나서 작업할 것인지까지 다 기획해 둔 것이다.

한번 무너진 둑을 막아내기에는 역부족이었다. 6명으로 출발한 기업노조는 설립한 지 며칠 지나지 않아 조합원이 229명으로 늘어났다. 351명이던 금속노조 조합원은 52명으로 줄어들었다.

> "진짜 '혼돈' 그 자체였어요. 엄청 심란하고 불안했죠. 이러다 우리 다 어떻게 되는 거 아닌가? 이런 마음이 들었죠. 그래도 설마 그쪽으로 가겠나 했어요. 그런데 넘어가더라고요. 욕 많이 했어요. 저 새끼들 왜 가는 거야? 그냥 밑도 끝도 없이 화만 났어요. 우리가 일단 쪽수가 안 되니까 기를 못 펴는 게 제일 힘들더라고요. 저는 전에 일하던 부서에서 금속노조에 남았다는 이유로 석 달 동안 일도 안 주고 그냥 가만히 앉아만 있으라고 하더라고요. 그러다 거기서도 쫓겨났죠. 그때 진짜 배신감이 많이 들더라고요. 이 새끼들 생각이 이렇구나, 진짜 대단한 놈들이다…. 저는 그런 현장 사람들 모습이 참 상스럽게 보이더라고요." (박찬용)

기업노조 설립과 함께 직장폐쇄와 용역 투입 움직임까지 포착

한 콘티넨탈지회는 교섭위원 전원이 24시간 비상 대기 체제에 돌입했다. 기업노조가 들어서자 곧바로 현장에서 집회를 열었다. 집단적으로 힘을 과시해야 흔들리는 조합원들을 붙잡을 수 있다고 판단했다. 기업노조는 선전물로 매일 늘어나는 조합원 숫자를 냈다. 지회는 믿을 수 없으니 명단을 밝히라고 했다. 나중에 명단을 보고 실제 덩어리로 넘어갔다는 사실을 확인했다.

"기업노조 출범하고 1주일 만에 다 털린 것 같아요. 회사가 여름휴가 동안 계속 작업해서 휴가 끝난 직후엔 거의 다 넘어가 버린 거죠. 넘어간 조합원들이 밤이면 밤마다 전화해서 미안하다고 하고, 형님들은 울고… 그때는 사실 누가 넘어가고 누가 금속노조에 남았는지도 잘 몰랐어요. 조합원들이 서로서로 확인해 보니 50명쯤 남았더라고요. 그렇게라도 남은 것 자체가 신기하고 놀랍고 고마웠습니다." (조남덕)

직장폐쇄나 용역 투입은 없었지만 금속노조는 소수노조로 전락하고 조합원들은 위축됐다. 보다 못한 박윤종 지회장이 8월 13일부터 단식을 시작했다. 박 지회장은 '민주노조 말살 중단과 금속노조 사수를 위한 무기한 단식농성에 돌입하며'라는 글을 통해 "동지들이 그동안 믿었던 그 진실을 의심하지 말아 주십시오. 동지들의 저력을 믿습니다. 결국 금속노조가 이길 것입니다"라고 호소했다. 그는 단식 10일째인 8월 22일 금속노조 기관지 <금속노동자>와 인터뷰에서 "소수노조가 돼 남은 조합원들도 위축된 데다 지회 간부들

단식 10일 차 박윤종 지회장.

도 많지 않아 단식 말고는 조합원들에게 진정성을 보여줄 방법이 별로 없었다"고 말했다.

입때까지만 해도 "어쩔 수 없어 기업노조로 가지만 마음만은 금속노조에 남아있다"라는 조합원들이 많았다. 금속노조 조합원 한 명이 현장에 "가만히만 있으면 민주노조를 지킬 수 있는데 왜 가려고 하느냐"는 대자보를 붙였다. 기업노조로 넘어간 '과거' 동료 한 명이 대자보를 보며 흐느꼈다. 기업노조로 넘어간 뒤 금속노조에 남아있는 동료에게 전화해 미안하다며 우는 사람도 있었다. "분위기 때문에 어쩔 수 없어 지금은 탈퇴하지만 나중에 꼭 금속노조로 돌아오겠다"고 말하기도 했다.

남아있는 동지는 물론 다시 돌아올 동료들을 위해서라도 '금속노조'라는 집을 반드시 지켜야 했다. 그러나 바람과 달리 조합원들은 계속 줄어들었다. 현장의 분위기는 살얼음판 같았다. 결국 박 지회장 몸은 수척해졌고, 20여 일 만에 건강이 급격히 나빠져 병원으로 실려갔다.

박 지회장의 단식투쟁이 눈에 보이는 성과를 낸 것은 아니지만 조직을 추스르는 계기가 됐다. 충격에 빠져있던 상집 간부들도 정신을 가다듬었다. 남은 조합원들은 서로 버팀목이 됐다. 그렇게 조직을 다시 정비해 나갔다. 장기전이 시작됐다. 남은 조합원이 다 함께 서로 믿고 소통하며 민주노조를 지켜내자고 다짐했다.

임금부터 노조활동까지 다 차별

교섭창구 단일화 제도를 악용하며 사측은 노골적으로 차별하기 시작했다. 8월 16일 금속노조에 단체협약 일방 해지를 통보하고 금속노조 관계자의 회사 출입 불허까지 통보해 왔다.

회사는 8월 21일에야 교섭창구 단일화 절차에 따른 교섭 요구 노동조합 확정 공고를 냈다. 8월 27일 기업노조가 개별교섭을 요구하자 사측은 28일 기다렸다는 듯 동의했다. 금속노조와의 교섭은 기업노조와의 교섭을 이유로 거부했다. 9월 5일 기업노조와 상견례를 한 뒤 곧바로 6일과 7일 이틀 동안 일사천리로 교섭을 진행해 잠정 합의했다.

조인식도 하지 않은 상황에서 사측은 잠정 합의를 근거로 임금인상분과 소급분을 지급했다. 여기에 무쟁의 타결금으로 임금 100%에 더해 생산격려금 550만 원도 챙겨줬다. 기업노조 조합원과 사무직 비조합원, 외주 용역업체 직원에게까지 모두 지급했다. 단, 금속노조 조합원만 교섭이 진행 중이라는 이유로 배제했다. 그러면서 회사는 조인식 전에 기업노조로 옮겨 가입하면 임금과 성과급을 동일하게 지급하겠다는 공고문을 게시했다. 금속노조 조합원으로 남아있으면 이런 임금차별을 계속 감수해야 한다는 인식을 심으려는 계략이다. 사측은 이후 2013년에도 기업노조와 '2년 연속 무분규' 대가로 격려금 지급에 합의, 금속노조 조합원만 쏙 빼놓은 채 4백만 원씩 지급했다.

9월 12일, 징계위 재심에서 박윤종 지회장과 김종원 수석부지회장은 해고, 김진욱 사무처장은 정직 3개월 징계가 확정됐다.

사측은 9월 27일에야 금속노조와 교섭을 재개했다. 기업노조와 합의한 것보다 대폭 후퇴한, 지회가 도저히 받을 수 없는 안을 들이밀었다. 기업노조와는 개별교섭으로 단협을 맺고, 금속노조와 교섭은 계속 시간을 끌며 '길들이기'를 시도하는 게 사측의 전략이다.

교섭 과정에서 차별은 도를 넘어섰다. 기업노조와의 교섭에 참석했던 콘티넨탈 대표이사는 금속노조와의 교섭에는 아예 참석하지 않았다. 기업노조의 교섭력이 금속노조보다 우월하다는 점을 각인시키려는 의도다. 이후 한 달 동안 교섭 원칙조차 합의하지 않으며 질질 끌더니 교섭 주기를 주 1회로 제한했다.

노동조합 활동 보장에 관한 차별이 두드러졌다. 교섭창구 단일화를 거치면 타임오프 배분 등 조합 활동 보장에 대한 차별이 공정

2012년 10월 29일, 사측은 이날도 교섭에 나오지 않았다.

대표의무 위반으로 문젯거리가 될 수 있다. 콘티넨탈 사측은 기업노조와 개별교섭을 함으로써 공정대표의무를 피해 갔다. 그리고 조합 활동에 대해 갖은 방법으로 차별했다. 기업노조에는 타임오프 2.2명을 인정하고 조합비 일괄공제와 현장 순회를 보장했다. 반면 금속노조에는 8월 16일 단체협약 일방 해지를 통보한 뒤 조합 활동 시간도 인정하지 않고 조합비 일괄공제도 중단해 버렸다.

금속노조가 그동안 투쟁으로 쟁취해 왔던 의미 있는 단협 조항들은 이미 기업노조와 합작해 휴지 조각으로 만든 뒤였다. 사측은 기업노조와 맺은 단체협약에서 '임시직 고용 시 최대 3개월 미만으로 하고 계속 고용 시 정규직 채용을 원칙으로 한다'는 조항을 삭제했다. 용역·하도급 도입 시 노조와 협의하도록 한 조항도 빼버렸다.

그 밖에도 그간 노동조합과 '협의' 또는 '합의'해 시행하도록 했던 모든 사항에서 콘티넨탈지회를 배제하는 안을 제시했다. 기업노조에는 조합원 배치전환이나 취업규칙 개정 시 '협의'토록 했지만, 지회에는 협의 절차에서 빼는 안을 내놓았다. 생산시스템 변경, 임시직 채용, 공장 신설과 조합원 이동, 임금체계 개편, 교대제 변경 시 기업노조와는 '합의' 절차를 정했지만, 지회에는 역시 노조 의견을 배제하는 안을 제시했다.

사측 제시안의 차별 내용은 이 밖에도 △기존 근로조건 저하 금지 원칙 △해고 효력을 다투는 자의 회사 출입 허용 △각종 조합 행사 시간·장소 보장 △조합의 사내 홍보활동 보장 △조합원 공직 취임 인정 △정년 기준 및 정년퇴직 시 위로금 액수 △징계 시 소명 절차 여부 △징계해고 사유 제한 △고용변동 시 고용안정위원회 설치 △특근수당 요율 △경조 휴가 일수 △산전산후휴가 일수 △무주택자 융자 한도 등 부지기수였다.

온갖 꼼수로 콘티넨탈지회의 현장 장악력이 축소되자 회사는 이윤 극대화를 위해 노동조건을 개악하고 구조조정을 본격화했다. 회사 멋대로 전환 배치를 진행하고 인력 운용도 유연화했다. 노동강도가 세지며 이전에는 노조가 조정해 보장받았던 잔업 특근도 줄어들었다. 기업노조가 등장한 다른 사업장처럼 콘티넨탈에서도 고용이 감소하고 매출액 대비 임금 비중도 줄어들었다.

한편 기업노조 출범을 전후해 회사 안에 한 대도 없던 CCTV가 대거 설치됐다. 노무팀 사무실 앞에 설치하기 시작한 CCTV는 공장 담벼락과 정문 앞까지 등장해 수십 대로 늘어났다. 새로 설치된 카메라들은 모두 클로즈업이나 렌즈 이동 등이 가능한 고기능 설비들이었다. 운영자가 이를 임의로 조작해 직원을 감시하는 행위는 모두 불법이다. ERP[56] 시스템도 도입돼 각 라인에 설치된 모니터마다 그날 생산 목표와 함께 도달해야 할 생산량이 표시됐다. 공장 안은 순식간에 노예수용소로 전락했다.

이후 회사는 정문 앞 CCTV로 상황을 실시간 감시했다. 지회는 개인정보보호법에 따라 회사측에 CCTV 녹화자료 열람·삭제를 요구했지만 받아들여지지 않았다. 조합원들은 매일 아침 출근선전전을 할 때마다 감시카메라가 정면으로 비추고 있어 강한 심리적인 압박을 느낄 수밖에 없었다. 한편 회사는 녹화자료를 해고자들의 출입 금지 가처분 신청이나 조합원 징계 등에 활용하면서도 불법행위였으므로 증거로 제출하지는 않았다. 회사가 불법으로 확보한 자료이기 때문에 활용하지 못해 소송에서 지는 일이 이후 실제 벌어지기도 했다. 2014년에 뇌 질환으로 사망한 이광연 조합원을 두고 사측은 근무 시간 중에 이동했다며 산재 처리를 거부했다. 그러나 지회가 CCTV 녹화자료를 확인하자고 하니 자료를 내놓을 수 없었던 회사는 결국 행정소송에서 패소, 2019년에 산재 처리를 해준 일이다.

이렇게 2012년 느닷없이 불어닥친 파괴 공작으로 콘티넨탈지회 조합원들은 삭막한 공장에서 '민주노조' 깃발을 부여잡고 힘겨운 노

---

56 전사적자원관리(Enterprise Resource Planning) 시스템으로 기업 전체를 통합적으로 관리하는 정보시스템이다.

동과 투쟁을 이어가고 있었다. 조합원들은 전부 전환 배치됐고, 잔업·특근에서도 아예 배제됐다.

"사실 저 개인적으로는 힘든 거 없어요. 그런데 우리 전체적으로 보면 금속노조 조합원이라고 대놓고 차별하잖아요. 우리는 무슨 이야기를 해도 벽에다 소리치는 것 같고. 지금은 가해자와 피해자가 바뀌어 버린 거예요. 가해자들이 금속노조 조합원들을 왕따시키잖아요. 정작 피해자들이 비명을 질러야 하는데, 이제 가해자들이 더 큰 소리치고 짓밟고 그런 식이니까…. 뭔 이런 일이 다 있어요? 말이 안 되잖아요. 복수노조 허용한다더니 그걸로 현장을 파고들어서 지금은 이 지경까지 만들어 버렸잖아요. 그렇죠. 그렇게 시작된 거죠. 복수노조라는 선한 의미를 더럽게 만들어 버렸어요." (김경태)

아직 2012년 임단협을 타결하지 않은 지회는 한 해 임금 인상을 포기하고 파업권을 지키기로 결의했다. 회사가 임금을 기업노조하고 똑같이 줄 테니 합의하자고 회유하기도 했다. 하지만 조합원 전체가 함께 토론한 끝에 거부하기로 했다. 파업권을 활용해 집회도 하고 지역에서 벌어지는 여러 투쟁에도 연대할 수 있었다. 조합원들끼리 결의를 다지는 시간도 보냈다. 회사는 아예 건드리지 않았다. 회사가 진행하는 1박 2일 교육도 금속노조 조합원이 참여하면 분위기만 흐린다는 생각에 아예 제외했다. 울며 겨자 먹기로 교육을 받으러 가는 기업노조 조합원들이 부러워할 지경이었다.

2013~2014년, 잇따른 '파업 정당' '해고 무효' 판결

그해 2012년 가을, 국회 청문회에서 '노조파괴 시나리오'의 전모가 드러났다. 충북지역도 유성기업뿐만 아니라 콘티넨탈, 보쉬전장, 엔텍, 청주교차로 등에서 벌어진 노조파괴 행위가 추가로 드러났다.

사상 초유의 불법행위가 드러났음에도 처벌은 이루어지지 않았다. 창조컨설팅에 대한 설립인가가 취소됐을 뿐이다. 콘티넨탈지회를 비롯한 보쉬전장, 유성기업 등 충청지역 노조파괴 사업장 노동자들은 11월 7일부터 대전노동청 앞에서 투쟁에 나섰다. 이들은 노조파괴 사업주 구속, 사용자노조 해체, 노동부 특별근로감독, 노조파괴 공모 책임자 처벌을 촉구하는 금속노동자 결의대회를 하고 곧바로 천막농성을 시작했다.

11월 16일에는 민주노총 충청지역 노동자들이 대전노동청에 집결해 힘을 실었다. 21에는 금속노조 대전충북지부와 충남지부가 4시간 파업을 벌이고 대전지방검찰청 앞에서 집회를 열어 "노조파괴 불법행위 사업주와 창조컨설팅 대표 구속 수사"를 촉구했다. 참가자들은 대전노동청까지 삼보일배 행진을 벌였다. 27일에는 민주노총 충북·충남 본부장과 금속노조 대전충북·충남 지부장이 대전노동청장실에서 연좌 농성을 시작했다. 다음날에도 금속노조 대전충북지부 결의대회를 이어갔다. 유성기업지회가 4차 파업을 벌인 12월 5일에는 민주노총 차원의 결의대회를 열어 집중투쟁을 벌였다.

2012년 11월 7일 대전노동청 항의면담.

14일에는 금속노조 대전충북지부와 충남지부가 총파업을 벌여 전 조합원이 투쟁에 나섰다. 26일에는 대전검찰청 앞에서 다시 기자회견을 열어 책임자 처벌을 촉구했다. 11월 7일 시작한 대전노동청 앞 천막농성은 매주 수요일 촛불문화제를 이어가며 이듬해 3월 29일까지 다섯 달 가까이 이어졌다.

2013년 들어서 콘티넨탈지회는 다른 노조파괴 사업장들과 함께 상경 투쟁에 나섰다. 1월 3일 금속노조와 콘티넨탈지회, 보쉬전장지회, 유성기업지회 등은 오전에 검찰청, 오후에 삼청동 대통령직 인수위원회 앞에서 기자회견을 했다. 박근혜 당선인을 비롯한 정치권과 정부에 노조파괴 중단과 원상회복에 나서라고 촉구했다. 그리고 이날부터 25일까지 매일 인수위 사무실 앞에서 1인 시위와 선전전을 벌였다.

2013년 1월 14일과 15일 유성기업과 보쉬전장에 대한 압수수색이 이뤄졌다. 2012년 11월부터 대전노동청 앞에서 천막농성을 벌이며 노조파괴 불법행위 사업주 구속 수사를 촉구한 성과다. 콘티넨탈 사측도 부당노동행위 9건이 적발돼 검찰로 넘겨졌다. 그러나 그뿐이었다. 검찰 수사는 속도를 내지 않았고 처벌 의지도 없어 보였다. 금속노조 대전충북지부는 3월 29일 다시 검찰청 앞으로 나섰다. 기자회견을 열어 노조파괴 사업주 구속과 사용자노조(기업노조) 해체를 요구했다. 콘티넨탈지회 해고자를 비롯한 조합원들은 대전검찰청 앞에서 날마다 1인 시위와 108배를 이어갔다.

그러던 즈음 5월 2일에는 기업노조로 넘어갔던 조합원 6명이 금속노조에 재가입하기도 했다. 지회는 다시 힘을 냈다. 수사에 진척이 없자 결국 콘티넨탈지회는 보쉬전장지회와 함께 6월 26일 대전지검 담당 검사 2명을 직무유기 혐의로 고소했다. 고소장에 "해당 사업체 사용자들의 행위는 관련 법에서 엄격하게 금지하고 있는 부당노동행위가 명백한데도 사건이 담당 검사의 수사 지연으로 고소장이 접수된 지 10개월이 지났는데도 송치조차 되지 않고 있다"고 지적했다. 고소 사건은 3개월 이내에 수사를 완료해 공소제기 여부를 결정해야 하는데 이미 열 달이 넘어가고 있었다. 형법상 '직무유기'에 해당한다. 두 지회는 "담당 검사가 일선 지방노동청에 수사 지휘를 여러 차례 나누어서 하는 방법으로 수사를 지연시켜 사용자들에게 증거를 인멸할 기회를 주었다"고 주장했다.

콘티넨탈 사측의 범죄행위는 차고 넘쳤다. 지회의 합법적인 쟁의행위를 불법으로 몰아가고 친기업성향 노동조합을 설립해 지원

2013년 6월 5일 식당 선전전.

했다. 거기다 금속노조 탈퇴 종용, 기업노조 가입 회유, 징계 협박, 회사 출입 방해, 교섭 해태, 단협 해지 통보, 공인노무사 출입 거부, 금속노조 지부 회의 개최 방해, 다른 사업장 지회장 출입 거부 등 10여 가지의 부당노동행위를 저질렀다. 헌법상 노동기본권 유린이다. 그런데도 아무런 처벌을 받지 않았다.

특히 콘티넨탈의 부당노동행위는 대전지방노동청 담당 조사관이 기소 의견으로 검찰에 송치했지만 4개월이 지나도록 아무런 진전이 없었다. 그러는 동안에도 회사는 지회를 인정하지 않은 채 정당한 노조 활동마저 방해하고 CCTV와 녹음기를 통해 불법 채증까지 일삼았다.

콘티넨탈지회는 10월 13일 독일대사관을 찾아 면담하고, 부당노동행위로 피폐해진 한국 공장 상황을 알렸다. 17일에는 대전노동청장을 면담해 계속되는 부당노동행위에 대한 특단의 조치를 요구했다.

금속노조도 11월 21일 서울 대검찰청 앞에서 기자회견을 열어 검찰의 늑장 수사를 규탄하고 사용자 처벌을 촉구했다. 콘티넨탈뿐만 아니라 금속노조 소속 7개 사업장에 대한 수사가 1년 넘도록 답보상태에 머물거나, 솜방망이 처벌에 그쳤기 때문이다. 검찰이 손 놓고 있는 동안 이들 사업장에서는 노조원 징계·해고, 임금차별, 수억 원 손배·가압류 등 노동 탄압이 계속됐다. 수사 지연으로 사용자들은 더욱 대담한 부당노동행위들을 저질렀다. 처벌하지 않으니 불법을 저지른 사업주들이 법을 두려워할 이유가 없었다.

한편 가뭄에 단비 같은 소식도 들려왔다. 검찰은 사업주의 불법행위를 외면하고 있었지만 지노위가 콘티넨탈지회의 쟁의행위가 정당하다고 판결한 것이다. 2013년 1월 22일, 충남지방노동위원회는 박윤종 콘티넨탈지회장 등 2명이 제기한 부당해고 구제신청에서 "명백한 단일노조는 교섭 대표노조 지위에 있으므로 교섭창구 단일화 절차를 거치지 않고 쟁의행위에 돌입해도 정당하다"고 했다. 따라서 합법적인 쟁의행위를 이유로 징계해고한 것은 부당하다는 판결이다. 해고된 2명을 원직 복직하고 해고 기간 상당 임금을 지급하라고 명령했다. 그러나 같은 해 4월에 중앙노동위원회가 다시 해고가 적법했다고 인정하면서 공은 법원으로 넘어갔다.

해고자들은 법원에 중앙노동위원회를 상대로 부당해고 및 부당노동행위 구제 재심판정 취소소송을 제기했다. 마침내 2014년 1월 서울행정법원이 "회사측이 노조의 쟁의행위를 불법으로 판단하고

3명을 해고 혹은 정직 징계한 것은 부당하다"고 판시했다. 회사의 항소로 이어진 2심 판결에서 서울고등법원 역시 2014년 11월 28일, 해고와 징계가 부당하다며 1심 판결을 유지했다. 재판 승리는 해고자와 조합원들이 희망을 잃지 않고 불굴의 투쟁을 이어갔기 때문에 쟁취한 결실이다. 그러나 실제 복직까지는 이후로도 3년이 더 지나야 했다.

콘티넨탈 사측은 2013년 8월 23일, 지회가 발간하는 소식지 <동지가 금속노조다>에서 대표이사의 명예를 훼손했다며 손해배상 3천만 원을 청구하기도 했다. 지회 선전물에 "집 나간 대표이사를 찾습니다. 아마도 제2노조와 바람이 난듯합니다", "대표이사, 현장을 봉숭아학당으로 만드냐" 등의 문구가 담겼다는 이유다. 사측은 선전물에 "대표이사의 명예를 훼손하는 내용 또는 사회적 평가를 저하할 만한 경멸적 표현이 담겼다"고 주장했다. 민주노조를 말살하며 모든 활동을 가로막는 복수노조 상황에서 소수노조가 할 수 있는 활동은 매우 제한적이다. 그나마 할 수 있는 최소한의 활동인 선전물 제작·배포에까지 회사가 딴지를 걸고 나선 것이다. 아예 민주노조에 재갈을 물리겠다는 심보다. 관련한 형사 사건은 경찰 조사에서 무혐의 처분됐고, 민사소송 역시 대전지법이 2015년 6월 17일 터무니없는 손해배상 청구를 기각함으로써 마무리됐다.

비록 소수노조로 전락했지만 콘티넨탈지회는 조합원들과 소통하고 실천하고 투쟁하며 민주노조를 다시 일으키기 위해 애썼다. 2013년 11월 30일에는 복수노조가 된 이후 처음으로 조합원 전체가 참여하는 수련회를 열었다. 회사가 교섭을 지연시키고 있지만

2013년 11월 30일 조합원 수련회.

조급하지 않게 장기전이라는 각오로 교섭과 해고자 문제를 같이 풀어나가자고 결정했다. 수련회 이후 조합원들은 현장에서 직접 손으로 쓴 등자보를 작업복에 붙이고 일했다. 더는 밀리지 않겠다는 결기를 조합원들 각자가 스스로 보이기로 한 것이다.

또 수련회에서 조합원들은 "해고된 동지를 우리가 직접 책임지자"며 매달 특별조합비로 10만 원 추가 납부를 결의했다. 해고자 생계비 지원을 위해 월 1~2만원 CMS도 따로 조직했다. 그때까지만 해도 복수노조 초기라서 기업노조 조합원 2백여 명도 CMS 후원자로 조직했다. 이왕 넘어가 버린 사람들이니 돈이라도 받아내자는 생각도 없지 않았고, 기업노조 조합원들도 이때까지는 그 정도 마음을 보태던 때다.

노조파괴 범죄 외면하는 노동부와 검찰

복수노조 사업장 노동자들은 금방 파괴될 것처럼 바스러져 가는 민주노조를 부여잡고 하루하루를 버티고 있었다. 그렇게 투쟁을 이어가며 범죄를 저지른 사업주에 대한 합당한 처벌이 내려지기를 기다렸다. 하지만 검찰은 끝내 노동자들의 바람을 외면했다. 시간만 끌던 대전지검은 2013년 12월 30일, 창조컨설팅과 공모해 민주노조를 탄압한 혐의로 고소된 회사들에 무더기 면죄부를 줬다. 2012년 8월 노조파괴 혐의로 고소된 콘티넨탈 등 5개 회사의 106개 혐의에 대한 처분은 구속 기소 0건, 불구속 기소 22건, 약식기소 8건에 그쳤다. 노조파괴를 지시한 사용주의 털끝 하나 건드리지 않은 셈이다.

콘티넨탈지회는 2014년 1월 22일 재수사를 촉구하며 항고했다. 대전지검은 "수사검사들이 최대한 꼼꼼하게 살펴보고 내린 불기소 처분이라 재수사할 이유가 없다"며 대전고검으로 넘겼다. 민주노총 충북본부는 4월 2일 검찰의 편향적인 처분을 규탄하며 특검 도입을 요구했다.

금속노조 대전충북지부도 4월 14일 대전지방검찰청 앞에서 '노조파괴 사건 축소·은폐 수사 규탄' 기자회견을 하고 검찰의 엄중한

2014년 2월 6일 중식집회.

재수사를 촉구했다. 이미 콘티넨탈, 보쉬전장, 유성기업 등에서 발생한 부당해고 관련 행정소송에서 법원은 '부당노동행위가 인정되므로 해고는 무효'[57] 라는 판결을 연달아 내리고 있었다. 대전충북지부는 기자회견에서 "법원이 잇달아 노조파괴 사업장에 대한 부당노동행위 등 노동법 위반을 인정했음에도 정작 사용자에 대한 처벌이 필요한 형사재판에서 이들이 기소조차 되지 않는 것은 검찰의 축소·은폐 탓"이라고 비난했다.

금속노조 중앙도 4월 15일 서울 국회 정론관에서 기자회견을 열

57 서울행정법원은 2014년 1월에는 콘티넨텔 해고·정직노동자 3명에 대해, 3월에는 보쉬전장 해고노동자에 대해 징계가 부당하다고 판결했다.

어 “검찰과 노동부는 창조컨설팅의 노조파괴 사건 부실 수사에 대해 반성하고 재수사와 기소에 적극 나서라”고 촉구했다. 노조는 이날 창조컨설팅과 노조파괴 혐의를 받는 사업주와의 금융거래 내역을 공개했다. 콘티넨탈 사측도 창조컨설팅에 2억 9천만 원을 입금한 사실이 드러났다.

그럼에도 대전고검의 태도는 그대로였다. 대전고검은 2014년 5월 29일 콘티넨탈지회 등의 항고를 기각했다. 콘티넨탈지회는 항고 과정에서 창조컨설팅과 회사의 금융거래 내역도 제출했지만 소용없었다. 금융거래 내역이 있으므로 최소한 자문 내용이 무엇인지 자문계약서라도 확인해야 했는데 검찰은 수사 의지조차 없었다. 노동자들이 제출한 증거는 채택하지 않았다. 검찰과 노동부는 콘티넨탈에 대한 압수수색이나 특별근로감독도 진행하지 않았다. 핵심 부당노동행위와 창조컨설팅과 공모에 대한 추가 조사도 하지 않았다. 하루하루 파괴돼 가는 노동자들이 7개월 동안 천막농성을 하고, 1년 동안 검찰청 앞에서 1인 시위를 했지만, 검찰은 아무것도 하지 않았다. 법원이 인정한 불법행위에 대해 검찰은 불법이 아니라며 회사쪽 손을 들어줬다.

콘티넨탈지회는 2014년 6월 11일 법원에 재정신청을 냈다. 법원도 검찰이 불기소 처분하거나 항고를 기각한 내용을 일부 인정했으니 상식적인 판단을 내리라고 주문했다. 6월 26일 전 조합원이 대전법원 앞에서 1인 시위를 벌였다. 7~8월 금속노조 차원의 ‘노조파괴 분쇄와 노조파괴 범죄자 처벌을 위한 재정신청 쟁취’를 내건 여러 차례의 부분파업에도 결합했다. 9월 15일부터는 충청지역 노조파괴 사업장들이 함께 노숙농성을 시작했다. 한 달 가까운 법원 앞 노숙투쟁에도 결정이 나지 않자 민주노총 대전본부와 금속노조 대전충북지부는 10월 8일 대전고법 앞에서 기자회견을 열어 "대전고법이 이마저 거부한다면 이 나라의 사법 정의는 여기서 끝난 것"이라고 외쳤다. 이 사안은 10월 21일 국회 법제사법위원회의 대전고법과 대전고·지검에 대한 국정감사에서도 쟁점이 됐다. 국감이 시작되기 전 조합원들은 대전고법 청사 앞에서 쏟아지는 빗줄기를 온몸으로 맞으며 재정신청 수용과 사업주 처벌을 촉구하는 108배를 올렸다.

여섯 달째 재정신청을 외면하고 있는 대전고법 앞에 충청지역 노조파괴 사업장 노동자들이 다시 모였다. 이들은 12월 24일 기자회견을 열어 재정신청 연내 수용을 촉구했다. 대전고법원장과 면담을 요청했지만, 법원은 사건 판단의 중립성 등을 핑계로 거부했다. 대전고법은 12월 30일, 끝내 콘티넨탈지회의 재정신청을 기각했다.

그러나 법원이 이미 콘티넨탈지회의 2012년 쟁의행위가 정당하며, 정당한 파업을 이유로 한 해고는 부당하다고 다시 한번 확인한 뒤다. 2014년 1월 서울행정법원에 이어 같은 해 11월 28일 서울고등법원 역시 박윤종 전 지회장 등 3명이 중앙노동위원회를 상대로 제기한 부당해고·징계 및 부당노동행위 구제 재심판정 취소소송에서 "해고와 징계는 부당하다"며 1심 판결을 유지했다. 교섭창구 단일화를 거치지 않았다는 이유로 단일노조의 교섭 대표노조 지위를 인정하지 않는 고용노동부와 노동위원회의 관행에 제동이 걸린 셈이다. 다만 법원은 "회사측이 노조의 파업이 위법하다고 판단하게 된 데에는 유일노조도 교섭창구 단일화 절차를 거치지 않고는 쟁의 행위를 할 수 없다는 충북지노위와 대전노동청의 의견이 결정적인 영향을 미쳤다"며 "회사측에 부당노동행위 의사가 있었다고 인정하기 어렵다"고 밝혔다.

지회는 2014년 노조파괴 분쇄와 노조파괴 범죄자 처벌을 위한 투쟁을 이어가는 와중에도 조합원들과 소통도 강화해 나갔다. 수적으로는 열세였지만 노조파괴 중단을 요구하는 파업과 각종 집회 등 현장 투쟁을 이어갔다. 지역 차원의 연대사업에도 소홀히 하지 않았다.

4월 4일에는 '부당해고 분쇄! 금속노조 사수! 콘티넨탈지회 일일주점'을 열었다. 조합원들은 오후에 파업으로 시간을 내서 직접 음식을 준비했다. 사업장 근처에 있는 '알콜홀릭'이라는 2층 주점을 빌려 총 1,063장의 티켓을 판매한 결과 860만 원 가까운 수익을 올렸다. 지역에 있는 사업장들과 복수노조 사업장들이 주로 티켓을 구매했다. 지회는 투쟁 영상을 상영하고 조합원들은 참석한 동지들에게 일일이 직접 인사하며 결의를 밝혔다. 일일주점은 충북지역을 넘어 전국에서 와닿은 응원에 다시 기운을 차리는 계기가 됐다.

2015~2016년,
임금차별·공정대표의무 위반 모두 승소

지회가 투쟁을 이어가던 중 콘티넨탈 사측이 2012년 성과금을 차별

지급한 것은 부당노동행위라는 판결이 나왔다. 2015년 9월 7일, 대전지법은 콘티넨탈지회 조합원 44명이 회사를 상대로 낸 임금소송에서 원고 일부승소 판결을 내렸다. 복수노조 사업장에서 사용자가 파업을 벌인 노조 조합원에게만 '무분규 격려금'을 지급하지 않았다면 중립 유지 의무 위반이라는 판결이다.

재판부는 단일노조에 무분규 격려금을 지급하는 것과 복수노조 사업장에서 특정 노조에 무분규 격려금을 지급하는 행위는 본질적으로 다르다고 판단했다. "단일노조 사업장이라면 노조 스스로 파업에 나서는 것이 유리한지 파업을 하지 않고 금품으로 보상받는 것이 실익인지 스스로 판단해 결정할 수 있지만, 복수노조 사업장에서는 양상이 전혀 다르다"는 것이다.

재판부는 "사용자가 개별교섭에 임하는 복수의 노조를 상대로 무쟁의·무분규 등을 조건으로 금원 지급을 약속한다면, 사용자와의 관계뿐만 아니라 타 노조와의 관계까지 고려해 교섭에 임해야 하는 노조는 오로지 자유로운 의사에 기초해 쟁의행위 여부를 결정하기보다는 다른 노조가 쟁의행위를 하지 않아 사용자로부터 금전적 보상을 받을 경우 자기 조합에 미칠 불이익을 고려해 의사결정을 할 수밖에 없다"고 했다. 따라서 "(무분규 격려금 지급은) 실질적 관점에서 집단적 자치의 일방 당사자(사용자)가 상대방(노조들)의 의사결정 과정에 부당한 영향을 미쳐 헌법상 보장된 단체행동권을 제약하는 행위로 평가할 수 있다"며 사용자의 중립 유지 의무 위반에 해당해 부당노동행위 또는 불법행위라고 판결했다. 법원은 원고들에게 각각 550만 원과 2012년 9월부터 이번(판결일) 달까지 이자 연 5%

2012년 12월 11일 사측이 조합원 교육을 위해 방문한 강사를 가로막고 있다.

를 지급하라고 명령했다.

이 판결은 2016년 2월 20일 열린 노동법률가대회[58]에서 노동 관련 판례 중 가장 나은 '디딤돌' 판결 4위로 선정되기도 했다.

또한 회사가 금속노조 관계자의 출입을 가로막은 행위에 대해서도 유죄판결이 내려졌다. 2012년 12월 11일 오후 3시께 조합원 교육을 위해 금속노조에서 강사가 방문했으나 노무담당 이사가 "강의 내용이 대립적 노사관계를 부각시킬 것"이라며 출입을 거부한

---

58 2016년 2회째 대회에는 노동인권실현을위한노무사모임, 민주사회를위한변호사모임 노동위원회, 민주주의법학연구회, 민주노총 법률원(금속노조·공공운수노조), 전국불안정노동철폐연대 법률위원회가 참여했으며, 2015년 노동 관련 판례 중 가장 나은 디딤돌 판결과 가장 나쁜 걸림돌 판결을 선정했다. 디딤돌 판결 1위는 KT 부진인력 차별적 인사고과 사건, 2위는 삼성에버랜드의 2011년 조장희 금속노조 삼성지회 부지회장 해고가 부당노동행위라는 판결, 3위는 이주노조 합법화 판결이 차지했다.

바 있다. 이에 대해 대전지법은 2015년 9월 24일, 근기법과 노조법을 위반했다며 벌금 300만 원을 선고했다. 콘티넨탈 회사 법인에도 벌금 5백만 원을 선고했다. 회사가 교육을 받으려고 모인 노동자 29명에게 0.5시간분 임금을 공제한 혐의도 인정됐다.

한편 2014년에도 콘티넨탈지회가 2월 5일 교섭을 요구한 가운데 기업노조도 2월 7일 교섭을 요구했다. 사측은 교섭창구 단일화 절차를 밟은 뒤 전체 조합원 과반수가 된 기업노조[59]하고만 협상했다. 기업노조와 사측은 무쟁의를 전제로 타결격려금 지급에 합의했다. 쟁의행위 중이었던 금속노조 조합원들은 이번에도 제외됐다. 체결된 단체협약에는 기업노조 창립기념일을 유급휴일로 하는 차별적 안도 담겼다. 8월 28일 기업노조와 잠정 합의한 사측은 찬반투표 결과에서 금속노조의 투표 결과조차 배제했다.

"정말 답답하더라고요. 노사협의회라도 하자고 하면 회사가 너네한테는 권한 없다고 하고, 기업노조가 동의한다면 얘기는 해보겠다는 둥 정말 치졸하게 나오더라고요. 오죽했으면 회사에 해코지할 방법 없을까 생각하기도 했다니까요. 경기랑 충남에도 콘티넨탈이 있어서 콘티 노동자들이 다 같이 모여서 힘을 모아보면 어떨까도 생각해 보고 정말 별의별 생각을 다 했죠. 독일대사관 찾아가서 면담도 여러 번 했어요. 조합원들이 돌아가며 휴가 내고 해고자들이랑 같이 2명씩 서울에 있는 콘티 본사 앞에서 피케팅도 여러 날 했고….

59 금속노조 50명, 기업노조 295명.

그래도 해결되는 게 없어요. 결국 교섭권이 문제죠. 교섭창구 단일화제도 자체를 바꾸지 않으면 안 끝날 문제예요. 제도 바꾸라고 민주당이랑 국회 가서 항의 시위도 많이 했는데 아직도 이러고 있어요." (조남덕)

콘티넨탈 사례는 현행 복수노조 제도의 문제점을 여실히 드러낸다. 사측에 협조적인 기업노조가 과반노조가 되자 곧바로 교섭창구 단일화를 강제한 것이다. 이전에 개별교섭을 했을 때도, 기업노조를 교섭 대표노조로 했을 때도, 사측이 마음만 먹으면 부당노동행위나 노조 간 차별이 얼마든지 가능한 셈이다.

콘티넨탈지회는 지노위에 이러한 차별행위 시정을 신청했다. 충남지방노동위가 차별 시정을 명령함으로써 지회가 승소했다. 그러자 사측은 중앙노동위원회에 재심을 신청하고 이마저 기각되자 법원에 중노위 판정 취소소송을 제기했다. 이에 대해 서울행정법원은 2016년 6월 9일, 소수노조의 의견을 수렴하지 않고 합리적 이유 없이 차별했다면 손해를 배상해야 한다고 판결[60]했다. 공정대표의무 위반에 해당한다는 이유다. 노조법 29조의2 1항은 하나의 사업 또는 사업장에 복수의 노조가 존재하는 경우 교섭창구 단일화 절차를 거쳐 1개의 노조를 교섭 대표노조로 정해 사용자와 교섭하도록 한다. 한편 같은 법 29조의4 1항은 교섭 대표노조와 사용자가 교섭 대표노조로 지정되지 않은 노조와 그 조합원에 대해 합리적 이유

60 서울행정법원 2016.6.9. 선고 2015구합77745 판결.

2015년 4월 14일 콘티넨탈 본사 앞 항의집회(위)와 6월 5일 1인 시위(아래).

없이 차별하지 못하도록 공정대표의무를 부과하고 있다.

서울중앙지법도 금속노조가 차별행위를 벌인 콘티넨탈 등 2개 회사와 기업별 노조인 콘티넨탈노조 등 노동조합 8곳을 상대로 낸 단체협약 무효확인 및 손해배상청구소송에서 원고일부승소 판결[61]을 내렸다. 서울중앙지법은 "콘티넨탈노조와 대한솔루션 포승공장노조, 진방스틸코리아 노조 등 3개 노조는 각각 500만 원씩을 지급하라"고 판결했다. 콘티넨탈 기업노조는 자신들의 창립기념일을 교섭 대표노조 창립기념일로 하고, 소수노조인 금속노조의 교섭회의록 제출과 간담회 개최 요구 등을 거절해 공정대표의무를 위반했다는 혐의가 인정됐다. 재판부는 "금속노조 소속 조합원을 합리적 이유 없이 차별하는 내용의 단체협약을 체결하고 그 과정에서 금속노조 조합원에게 그 내용을 정확하게 설명해 주지 않은 것은 불법행위에 해당한다"고 밝혔다.

하지만 함께 제기한 단체협약 무효확인 소송은 패소했다. 재판부는 "잠정합의안에 대한 조합원 찬반투표를 교섭 대표노조 소속 조합원들만을 대상으로 실시한 것은 공정대표의무를 위반한 것이라 보기 어렵다"고 했다. 또 "노동조합법은 공정대표의무 위반행위에 대해 따로 형사 처벌 규정을 두고 있지 않고 공정대표의무 위반이 인정된다고 해서 그 자체로 단체협약이 무효로 되는 것도 아니다"라며 노조의 단체협약 무효 청구는 기각했다.

이와 관련한 법적 다툼은 이후 대법까지 이어졌다. 서울고등법원은 교섭 대표노조가 잠정합의안 찬반투표에서 소수노조의 참여를 배제한 것은 공정대표의무 위반이라고 판결[62]했다. 그러나 고의나 과실에 대한 증명이 부족해 불법행위까지 인정할 수는 없다

61 서울중앙지법 2016.7.21. 선고 2014가합60526 판결.

62 서울고등법원 2017.8.18. 선고 2016나2057671 판결.

2015년 1월 14일 퇴근집회(위), 2016년 1월 27일 현장집회(아래).

고 판단했다. 그런데 대법원은 2020년 10월, 소수노조를 배제한 단체협약 잠정합의안 찬반투표는 공정대표의무 위반이 아니라고 판결[63]해 복수노조 사업장들의 투쟁에 찬물을 끼얹었다. 다만 대법원은 사업장별로 결론을 내리며 콘티넨탈 기업노조에 대해서는 공

63 대법원 2020.10.29. 선고 2017다263192 판결.

정대표의무 위반과 불법행위 책임을 인정했다.

한편 콘티넨탈지회는 유성기업지회, 한국타이어지회와 함께 사측의 산업안전법 위반에 대해서도 고발했다. 민주노총 대전본부와 금속노조 대전충북지부는 2015년 4월 20일 대전고용노동청 앞에서 기자회견을 열어 3개 사업장에 대해 산안법 위반 등 315건을 고발했다. 콘티넨탈 사업장에서는 납 따위의 유해 위험물질을 관리하지 않은 채 방치하고, 작업자를 보호할 안전시설을 갖추지 않은 경우가 대부분이었다.

위험에 방치된 현장, 금속노조가 작업 중지

노동자의 힘은 연대다. 2016년 8월에는 대표적인 노조파괴 사건으로 장기투쟁을 벌이고 있는 금속노조 유성기업지회와 갑을오토텍지회가 사태 해결을 위한 관심을 호소하며 전국 순회에 나섰다. 두 지회는 3개 조로 나누어 사흘 동안 민주노총 주요 투쟁사업장 현장을 방문했다. 순회투쟁단은 콘티넨탈에도 방문해 금속노조 조합원들과 연대했다.

2016년 말 최순실 국정농단 파문과 관련해 충북지역 노동계도 박근혜 퇴진을 촉구하는 목소리를 높여갔다. 콘티넨탈지회도 10월 31일 성명을 내고 "박근혜의 퇴진과 새누리당의 즉각적인 해체만이 우리 사회를 새롭게 개조할 수 있는 유일한 해법이자 출발"이라며 "거부한다면 노동자들의 거스를 수 없는 저항의 역사와 만나게 될 것"이라고 주장했다. 노동자·민중의 투쟁으로 박근혜는 결국 2017년 3월 10일 탄핵당하고 3월 31일 구속됐다. 박근혜 처벌을 위한 전국민적 투쟁에 함께했던 콘티넨탈지회는 4월 3일 조합원들에게 박근혜 구속과 촛불 승리를 기념하는 떡을 돌렸다. 추운 겨울 광장에서 함께 촛불을 들었던 현장조합원들에게 감사의 마음을 전하는 떡이다.

이렇게 콘티넨탈지회는 어려운 조건 속에서도 사업장 문제에만 묻히지 않고 지역 소외된 이들과의 연대에도 소홀하지 않았고, 전국적인 투쟁에도 늘 함께했다.

소수노조로서 어려운 활동을 이어가던 콘티넨탈지회는 노동자의 작업중지권 관련해서도 몹시 유의미한 판례를 만들어 냈다.

2016년 7월 26일 7시 56분쯤 콘티넨탈 공장이 있는 세종 부강공단에서 유해 화학물질 누출 사고가 발생했다. 유독가스인 황화수소가 나오면서 인근 공단 안 노동자와 반경 500m 이내 주민들에게 긴급 대피령이 내려졌다. 그러나 콘티넨탈 노동자들은 누출 사고가 발생한 뒤에도 3시간이 넘도록 작업을 계속했다. 회사가 아무런 조치도 취하지 않았기 때문이다.

현장에서 악취를 감지한 조남덕 콘티넨탈지회장은 작업장 안전관리자에게 예방조치를 요구했다. "사람이 죽은 것도 아닌데 왜 호들갑이냐"는 답이 돌아왔다. 회사는 피해 사실을 알리지도 않고, 작업을 중지시키지도 않았다. 당연히 작업자들을 대피시키지도 않았다. 긴박한 상황에서 더는 노동자들을 위험에 방치할 수 없다고 판단한 조 지회장이 나서서 임의로 대피 명령을 내렸다. 구토와 어지럼증을 호소하는 노동자들은 병원 진료를 받도록 했다. 회사는 오전 11시경 노동자들이 모두 대피한 뒤, 유해 물질이 누출되기 시작한 지 4시간이 지난 12시 20분에야 사내방송으로 상황을 알렸다.

그런데 사측은 도리어 7월 29일 대표이사 명의로 "노동조합이 회사의 정당한 업무 지시를 무단으로 지키지 않아 생산 손실을 유발하고, 회사의 직제를 문란하게 해 같은 사례가 반복되지 않도록 책임을 묻겠다"는 입장을 밝혔다. 그리고 그해 11월 1일 조 지회장에 대한 정직 3개월의 징계 처분이 내려졌고, 2017년 1월 18일 재심에서 정직 2개월이 확정됐다. 징계 사유는 작업장 무단이탈과 허위사실 유포였다. 반면 지회가 사건이 벌어진 직후인 7월 28일 대전지방검찰청에 산업안전보건법 위반 혐의로 회사를 고발한 사건은 "회사에서 발생한 사고가 아니다"라는 이유로 불기소처분했다.

징계가 확정되자 조 지회장은 2017년 3월 회사를 상대로 징계처분 취소소송을 냈다. 쟁점은 지회장의 대피 지시가 산업안전보건법상에 규정된 '작업중지권'의 정당한 행사였는지다. 대전지방법원[64]과 대전고등법원(2심)[65]은 모두 작업중지권을 행사할 만한 급박한 위험이 없었다며 징계가 정당하다고 판단했다. 2심은 심지어 "작업중지권은 노동자 본인만 행사할 수 있고 노동조합은 행사할 수 없

64 대법원 2020.10.29. 선고 2017다263192 판결.

65 대전고등법원 2018.10.31. 선고 2018나12405 판결.

다"는 취지로 작업중지권 개념을 좁게 해석했다. 그러면서 "노동조합이나 근로자 대표가 노조 활동 일환으로 작업중지권을 행사할 수 있다면 작업중지권이 일상적 파업권으로 쟁의행위 수단으로 악용될 소지가 있다"고 했다. 실제 사측과 기업노조는 1·2심 재판 과정에서 조 지회장이 작업중지권을 발동한 것은 금속노조를 부각하고 선명성을 드러내려는 의도라고 주장하기도 했다.

그리고 사건이 발생한 지 7년여 만인 2023년 11월 9일, 마침내 대법원이 징계가 부당하다고 판단[66]했다. 작업중지권 행사 기준이 지나치게 까다로워선 안 된다는 취지다. 대법원은 작업중지권에 대해 "산재를 예방하고 안전하고 건강하게 일할 수 있는 여건을 조성해 근로자의 생명과 건강을 보호하기 위한 규정"이라며 "(노동자는) 업무에 관계되는 건설물·설비·원재료·가스·증기·분진 등에 의하거나 작업으로 인해 사망·부상 등의 급박한 위험이 있다고 믿을만한 합리적인 근거가 있으면 작업을 중지하고 대피할 수 있다"고 판결했다.

이 판결은 작업중지권 행사의 주체와 목적을 명확히 했고, 기준을 폭넓게 해석했다는 면에서 매우 의미가 크다. 특히 위험을 발생시키는 원인이 해당 사업장이 아니라 화학물질 노출 사고 등 외부에 있다고 하더라도 노동자에게 위험이 예상되면 작업을 중지할 수 있다는 점을 확인해 줬다. 그런 점에서 이 판결은 노동계에 반향이 몹시 컸다.

---

66 대법원 2023.11.9. 선고 2018다288662 판결.

2023년 9월 12일 대법원 앞 작업중지권 보장 촉구 기자회견.

그러나 노동자를 살리고 위험에서 대피시킨 일로 조 지회장은 징계를 받았다. 그리고 법정 다툼이 7년이나 이어지며 고통을 감수해야 했다. 노조파괴를 도모하며 노동자를 짓밟는 데만 골몰한 콘티넨탈에서 벌어진 일이다. 기업노조는 “가만히 있으라”는 회사 말만 듣고 가만히 있는 동안, 민주노조는 노동자들을 위험에서 구했다. 위험하면 멈춰야 한다는 상식을 실천했다. 이후 2024년 4월 4일 파기환송심에서 대전고등법원은 대법원판결을 유지해 정직 기간 미지급 임금을 지급하라고 판결했다.[67]

67 대전고등법원 2024.4.4. 선고 2023나15675 판결.

2017년, 5년 만에 해고자 복직과 임단협 일괄 타결

법적 다툼에서 콘티넨탈지회가 줄줄이 승소하고 있었다. 2014년에는 2012년에 벌어진 지회 간부들에 대한 징계가 부당하다는 고등법원 판결이 나왔다. 2015년에는 2012년의 임금 차별지급이 부당노동행위라는 판결도 났다. 2016년에는 공정대표의무 위반 판결도 받아냈다. 모두 복수노조 설립 이후 노조파괴 행위들이다. 그러나 사측은 승복하지 않고 상소를 거듭하며 시간만 끌었다.

2017년 들어서 지회는 더 미룰 수 없다고 판단, '투쟁을 통한' 해고노동자들의 복직 등 현안 일괄 타결에 나섰다. 지회는 4월 16일 간부토론회에서 투쟁 방침을 확정했다. 4월 20일에는 서울에 있는 독일대사관에 찾아가 간담회를 진행하며 사측의 법률 위반을 중심으로 노동기본권 위협 행태를 설명했다. 5월 18일 성실 교섭을 촉구하는 선전전을 벌인 데 이어 22일부터 임단협 승리를 위한 로비 농성에 돌입했다.

사측은 2012년 이후 금속노조를 고립시키고 차별·통제를 통한 노조 무력화에 열을 올려왔다. 그러나 법정 소송에서 연이어 패소하고 지회 조합원들이 동요 없이 완강하게 저항하며 조직을 굳건히 유지해 나가자 초조해진 것으로 보인다. 사측은 2016년부터 금속노조에 대한 정책에 변화를 꾀하기 시작했다. 물리적 탄압으로 일관하기보다는 직접적인 부딪힘을 피하기 시작했다. 2015년 차별 임금

소송에서 패소하자 기업노조와 차별해 지급하지 않았던 격려금을 똑같이 주겠다는 의사를 여러 차례 내비쳤다. 그러나 지회는 '해고자 복직'을 전면에 내걸고 일괄 타결을 밀어붙였다.

물론 콘티넨탈지회도 5년째 긴장 속에 투쟁해 오며 쌓인 피로가 적지는 않았다. 임금차별로 인한 타격도 컸다. 무엇보다 금속노조 조직이 확대되지 못하고 있는 현실은 큰 심리적 부담으로 작용했다. 하지만 어려운 조건 속에서도 조합원들의 금속노조에 대한 조직적 애정과 결합력은 여전히 매우 높았다. 이는 실제 회사와 기업노조조차 인정하는 바였다. 지회는 체육대회, 야유회, 수련회 등 다양한 프로그램을 통해 친목 도모와 관계 유지를 위해 노력해 왔다. 이런 활동은 조합원들로부터 긍정적 평가를 받고 있었으며 단합은 더욱 공고해졌다.

지회의 끈질긴 투쟁에 회사는 결국 교섭에 응할 수밖에 없었다. 다만 2012·2013년 임단협을 타결하고 나면 지회의 쟁의권이 없어져 버리는 게 문제였다. 그럼에도 해고자들의 불안정한 신분 문제 해결이 우선이었다. 고법까지 승소했지만, 다가오는 대법원의 판결을 마냥 낙관하기도 어려웠다. 무엇보다 법원 결정이 아닌 노동자의 힘으로 돌파하고자 했다. 그렇게 현장에서 우호적인 여론을 주도하고 활동력을 배가하자는 결의를 모아 사측을 압박해 나갔다. 그리고 마침내 6월 2일, 지회는 해고자 복직을 포함한 2012·2013년 임단협 일괄 타결을 쟁취하기에 이르렀다.

노사는 2012년 기본급 70,500원 인상과 소급 적용, 성과급 100%, 타결금 550만 원, 2013년 기본급 70,500원과 성과급 100%,

2017년 해고자 복직에 합의한 뒤 6월 22일 마지막 출근투쟁(위)과
그해 9월 16일 민주노총 집회에 참여한 지회 조합원들(아래).

타결금 400만 원에 합의했다. 사측은 해고자 김종원과 박윤종을 각각 2017년 7월 1일과 10월 1일부로 복직시키겠다는 확약서를 작성했다. 밀린 임금은 해고자 2명에게는 2017년 6월 30일까지, 정직자에게는 대전고법 판결에 따라 지급하기로 했다. 이와 함께 '지회 간부들의 정당한 조합활동을 이유로 한 조퇴 신청 시 업무에 지장이 없는 한 승인'하며, '조합원들에 대해서도 적법한 이유 없이 임금과 근로조건 등에 차별적 처우를 하지 않겠다'고 합의했다. 5년 만의 승리다. 다만 2012·2013년 개별교섭이 타결되면서 교섭권과 쟁의권을 모두 잃게 됐다.

콘티넨탈지회는 6월 7일 조합원총회를 열어 타결 상황을 공유하고 합의안을 가결했다. 총회에서 조남덕 지회장은 "5년 동안 해고자 생활을 한 동지들의 복직에 합의해 무엇보다 기쁘다"면서도 "노조파괴 인정과 사과를 받지 못한 점은 몹시 아쉽다"고 밝혔다. 조합원들은 당장 앞이 보이지 않더라도 지금까지 그래왔던 것처럼 묵묵히 서로 믿고 앞으로 나아가자고 뜻을 모았다. 그리고 "우리의 투쟁이 멈추는 날은 민주노조가 복원되는 날, 그래서 작업장에서의 진짜 민주주의가 지켜지는 날이라는 것을 잊지 말자"고 다짐했다.

지회는 지난 5년 동안 CMS를 통해 해고자 생계비로 후원받은 2억 5천여만 원 전액을 후원해 온 동지들에게 현금으로 돌려줬다. 한사코 마다하는 동지도 있었다. 김종원은 현장을 돌며 조합원들과 일일이 악수하면서 복직의 기쁨과 반격의 결의를 나누었다. 6월 19일 '노조파괴 시즌2'를 선포하는 투쟁문화제를 열어 전체 조합원이 모여 다시 결의를 다졌다. 6월 22일 1,852일 만에 해고자들의 출근투쟁도 마무리했다.

전 조합원 상경 투쟁하며 동지들과 연대에도 힘써

2017년 해고자 복직과 임단협에 합의한 이후 지회는 "새로운 목표 아래 노조파괴 시즌2를 작동하자"고 결의했다.

기업노조가 들어선 뒤 소수노조로 전락한 지회는 금속노조 재조직화에 열과 성을 다해 왔다. 하지만 차별이 만연한 조건에서 의미 있는 성과를 내기는 어려웠다. 교섭창구 단일화 제도가 있는 한 설령 다수노조가 된다고 하더라도 민주노조의 활동은 무기력할 수밖에 없었다. 복수노조가 들어선 다른 사업장에서도 민주노조가 다수가 되면 회사는 다시 개별교섭으로 돌아서는 경우가 많았다. 결국 교섭창구 단일화 제도 폐기만이 답이었다.

지회는 해고자 복직과 2012·2013년 임단협 안을 가결한 6월 7일 조합원총회에서 새로운 투쟁을 결의했다. 교섭창구 단일화 제도 폐기를 위해 조합원들이 돌아가며 개인 휴가를 써서 민주당사 앞 1인 시위에 나서기로 했다. 결의에 따라 콘티넨탈지회가 7월 14일부터 상경 투쟁에 나서자 보쉬전장지회와 현대성우메탈지회도 가세했다. 9월부터는 금속노조 대전충북지부 소속 사업장 전체가 결합함으로써 투쟁이 확대됐다. 한여름 땡볕이 식어가고 찬 바람이 불기 시작한 10월까지 조합원들은 국회, 정부종합청사, 민주당사 등지를 돌며 1인 시위와 선전전을 이어갔다.

지회는 복수노조 사업장의 공동 대응과 공동투쟁을 위해서도 다양한 사업을 벌였다. 금속노조 대전충북지부도 복수노조 사업장

2017년 7월 29일 민주당사 앞 1인 시위.

투쟁을 지부의 핵심 사업으로 삼고 교섭창구 단일화 폐기 투쟁을 결의했다. 지부 내에 복수노조 사업장 대책회의를 꾸려 상황을 공유하고 공동 소식지도 발행했다. 해당 사업장들이 소수노조로서 큰 힘을 발휘하는 못하는 만큼 노동운동 진영 전체의 지원이 절실했다. 콘티넨탈지회가 여섯 달 동안 상경투쟁을 벌인 결과 교섭창구 단일화 제도가 심각한 문제를 담고 있다는 공감대가 형성됐다. 다른 지역에도 복수노조 사업장들의 대응 모임이 꾸려지고, 금속노조 각급 단위와 노동운동 진영에서 복수노조 교섭창구 단일화 제도에 관한 토론회가 활발해졌다. 그러나 금속노조 본조 차원의 전국적 핵심 투쟁으로 발전하지는 못해 아쉬움을 남겼다.

지회는 교섭창구 단일화 폐기 투쟁과 함께 선전물 배포와 현장 순회를 중심으로 하는 일상 활동도 전개해 나갔다. 구역별로 편제해서 기업노조 조합원들과의 관계 형성을 도모하는 사업도 진행했지만 큰 성과를 거두지는 못했다.

금속노조 재조직화 사업이 지지부진했던 데는 상처가 치유되지 않는 지회 조합원들이 선뜻 기업노조 조합원과 대화에 나서기를 꺼렸던 이유가 컸다. 앞서 콘티넨탈은 2017년에 임단협 중 로비에서 농성한 적이 있다. 그런데 회사 쪽에서 찾아와 물량 수주하러 손님이 오니까 농성장을 치우라고 했다. 기업노조 조합원들도 농성장을 치워달라고 서명을 받아 회사에 제출했다. 또 공정대표의무 위반으로 기업노조가 금속노조에 3백만 원을 지급하라고 판결이 난 적이 있는데, 2019년에 기업노조가 그 3백만 원을 1백 원짜리 동전으로 가져왔다. 그렇게 실랑이가 계속되다 콘티넨탈지회가 금속노조 법률원 명의로 기업노조에 조합비 가압류를 걸겠다고 공문을 보낸 뒤에야 통장으로 입금됐다.

"웃기는 소리죠. (농성장 철거 요구 서명을) 기업노조가 자발적으로 했을 리가 없잖아요. 회사랑 같이 기획한 거죠. 돌아다니는 서명 용지를 보니 정말 기업노조 조합원들이 거의 다 서명했더라고요. 그들도 뭐, 그걸 원해서라기보다는 아무 생각 없이 회사가 하라니까 했겠지만, 그런 것들이 다 우리 조합원들에게는 너무 큰 상처가 됐어요. 그래 놓고서는 우리가 통상임금 소송을 넣어 이기니까 다들 찾아와서 얼마 나오는 거냐고 물어보는 거예요. 그런 거 보니까 그들 삶도 짠해지더라고요. 동전 가져왔을 때는 우리 조합원들이 완전히 열 받았죠. 회사도 아니고, 그래도 같은 노동자가 어떻게 이럴 수가 있는지…. 그래놓고 우리한테 동전을 세보라는 거예요. 너희가 세라고 했죠. 도저히 안 되겠는지 다시 동전꾸러미 들고 가더라고요. 그것 말고도 크고 작은 갈등이 계속 있었어요. 그러면서 기업노조랑은 돌이킬 수 없는 관계가 돼버린 것 같아요. 그러니까 우리 조합원들이 티는 안 내지만 다 가슴 속에 상처들이 많아요." (조남덕)

11월 말 회사는 1박 2일짜리 전체 직원 한마음 교육을 6차례로 나눠서 진행했다. 교육에 합의한 기업노조만 참여했다. 금속노조는 현장에서 벌어지는 온갖 차별과 배제, 탄압에 시달리고 있는 상황에서 기업노조와 사측이 합의한 그들만의 '한마음' 교육을 거부했다.

회사는 복수노조의 폐해로 조합원들이 신음하고 있는 와중에도 단체협약에 따른 일이라며 연예인들을 불러 이른바 '문화행사'라는 것도 진행했다. 금속노조는 임단협 합의 이전에는 참석을 거부하고, 당일 행사장 입구에서 해고자 복직과 노조파괴 중단을 요구하는 피케팅을 진행해 왔다. 문화행사에서는 사용자와 기업노조 대표자가 축하 발언을 했다. 임단협 합의 이후에는 지회가 행사에서 발언하겠다고 했다. 회사는 프로그램에서 대표자 발언은 전부 삭제했다고 알려왔다. 그러나 기업노조 대표자는 여전히 발언한 것으로 확인됐다. 금속노조 조합원을 짓밟아 현장은 지옥이 돼 있었지만, 회사는 그들만의 축제를 이어가고 있다.

"2018년엔가는 회사가 우리 사무실을 비워 달라고 하더군요. 조합원 수는 적은데 사무실이 너무 크다나요? 걔들이 실수한 거죠. 우리가 순순히 비워줄 리가 없잖아요. 회사가 업무차도 진작 뺏어갔고, 복사기는 있어도 잉크나 종이 같은 비품을 하나도 안 주니까 우리도 독이 올라 있었거든요. 사무실은 그때 우리한테는 최후의 보루 같은 거였으니까… 완강하게 버텼죠. 사무실 입구에 시너 통 놔두고 지켰어요. 결국 회사가 물러섰죠. 내친김에 사무실 새로 꾸미자고 의기투합이 됐어요. 주말에 조합원들 다 나와서 대청소하고, 여성 조합원들은 인터넷으로 예쁜 가구도 주문하고. 그러고 나니까 노조 사무실이 훨씬 좋아졌어요. 찾아오는 사람마다 카페 같다고 해요. 사실 원래는 노조 사무실에서 담배도 피웠었는데, 흡연실 분리하자는 얘기가 나왔어요. 회사에 '너희들이 맨날 담배 피우지 말라고 해왔으니까 공간 늘려달라'고 했어요. 회사가 쉽게 들어주진 않았죠. 우리가 금연하겠다는데 왜 안 해주냐고 난리를 쳤더니 결국 회사가 추가 공간을 내줘서, 지금은 거길 벽으로 막아 분리해서 흡연실로 써요." (조남덕)

지회는 2018년부터는 조합원 퇴임식을 진행하고 있다. 거창하지는 않지만 소박하게 축하하며 떡과 음식을 나눈다. 2012년 이후 무너진 현장에서 함께 웃고 울고 투쟁해 온 지난 영상을 함께 보다 보면 퇴임식장은 금세 눈물바다를 이루기 일쑤다. 후배들이 전하는 꽃다발을 받아든 선배들은 지난 노조파괴에 대한 분노와 아직 끝나지 않았다는 결의, 동료들에 대한 미안함과 고마움에 마음이 요동치곤 했다.

콘티넨탈지회는 현장 투쟁과 함께 지역 투쟁사업장 연대에도

2016년 5월 13일 유성지회 방문(위), 2019년 1월 28일 콜텍농성장 방문(가운데)과
2020년 7월 23일 금속노조 대전충북지부 복수노조 사업장 순회투쟁 중
대양판지 방문(아래).

소홀하지 않았다. 특히 충남 아산과 충북 영동에 사업장을 둔 같은 처지의 유성기업지회에 대한 연대에는 온 힘을 기울였다. 2011년 사측의 직장폐쇄와 복수노조 설립으로 시작된 유성기업 노동자들의 투쟁은 콘티넨탈지회와 투쟁의 역사를 같이하고 있었다. 콘티넨탈지회는 유성기업지회의 출근 투쟁, 기자회견, 촛불문화제 등 일상적 투쟁에 늘 함께하며 힘을 보탰다. 2013년부터 2014년까지 8달 넘게 진행된 당시 이정훈 유성기업 영동지회장의 옥천 철탑 고공농성장에 매주 월요일마다 결합했다. 이후 사업주 유시영 구속 투쟁, 희망버스 투쟁, 한광호 열사 투쟁 등에 늘 '내 일'처럼 함께 했다.

이 밖에도 일진다이아몬드지회는 2019년 노조 설립 과정에서 회사가 직장폐쇄를 강행해 장기파업을 벌이고 있었다. 대양판지도 2020년 민주노조를 세우자 회사가 복수노조를 설립해 탄압을 일삼았다. 모두 신규사업장인만큼 콘티넨탈지회는 지회장이 조합원 교육을 진행하는 것은 물론 본사 상경투쟁, 기자회견, 선전전, 집회 등 일상 활동에서 늘 곁을 지켰다. 콘티넨탈지회는 자신들도 버거운 처지였음에도 투쟁기금을 모아 전달하기도 했다. 그들은 어려운 처지를 누구보다 잘 아는 만큼 서로를 일으키고 어깨를 기대며 함께 투쟁해 나갔다.

2019년,
콘티넨탈 사측 부당노동행위 '유죄' 판결

한편 2016년에 이미 부당노동행위로 판결 난 사안을 사측이 계속 상소하는 바람에 5년째 끌어오던 법정 소송이 2019년에야 종지부를 찍었다.

대법원은 콘티넨탈 기업노조가 2014년에 금속노조 활동을 제약하는 내용의 단체협약을 회사와 체결한 것은 노조법이 정한 공정대표의무를 위반한 것이라고 판결[68]했다. 교섭창구 단일화 제도가 노사관계를 악화하는 데 악용되고 있다는 점을 확인해 주는 판결이다. 대법원 2부(주심 대법관 노정희)는 2019년 10월, 회사가 중앙노동위원회를 상대로 제기한 공정대표의무 위반 시정 재심 판정 취소 소송에서 상고를 기각했다. 회사는 금속노조가 제기한 공정대표의무 위반 시정신청을 노동위원회가 받아들이자 판정을 취소해 달라는 행정소송을 낸 바 있다. 이에 서울행정법원(2016년 6월 9일)과 2심[69]에 이어 대법원도 금속노조에 손을 들어준 것이다.

대법원은 "교섭 대표노조가 가지는 대표권은 단체협약 체결과 관련된 단협의 구체적 이행 과정에만 미치는 것이고 이와 무관하게 노사관계 전반에까지 당연히 미친다고 볼 수는 없다"며 "합리적인 이유 없이 교섭 대표노조에만 합의·협의 등의 권한을 부여함으로

---

68 대법원 2019.10.31. 선고 2017두37772 판결.

69 서울고등법원 2017.1.18. 선고 2016누52882 판결.

써 다른 노조인 피고 보조참가인(지회)을 차별한 것이어서 공정대표의무 위반에 해당한다"고 판시했다. 단협에서 교섭 대표노조의 창립기념일만 유급휴일로 정한 것도 공정대표의무 위반이라고 판단했다.

판결과 관련해 금속노조 법률원 탁선호 변호사는 "복수노조를 활용한 회사측의 불법행위로 자주적 노조는 약화했고 법원의 사후 판결은 무너진 현장의 힘을 복원하기에는 한계가 있을 수밖에 없다"며 "소수노조의 노조 활동을 사실상 박탈할 수 있도록 설계된 교섭창구 단일화 제도는 보완·개선이 아니라 폐지하는 게 정답"이라고 밝혔다.

2012년 기업노조 설립 후 2014년부터 교섭 대표노조의 창립기념일만 유급휴일로 정해 왔다. 그러나 판결에 따라 2020년부터는 금속노조 창립기념일도 유급휴일로 지정됐다. 지회는 2020년 2월 8일 금속노조 창립일에 떡을 돌려 조합원과 함께 기쁨을 나누었다.

"자기네끼리 기업노조 창립일을 유급휴일로 정한 뒤에도 우리는 자존심 상하니까 그날 출근하자고 했어요. 그들 창립을 우리가 축하할 일은 아니잖아요? 계속 출근했더니 회사가 공문을 보내서 출근하지 말라고 하더라고요. 우리는 금속노조 출범일에 쉬었죠. 조합원들도 다 좋다고 했어요. 대법 판결까지 5년 걸렸는데, 2월 8일은 무조건 무단결근하는 거죠. 그러다 대법 판결 나오니까 기업노조 창립일에 근무했던 건 다 임금으로 받았죠." (조남덕)

콘티넨탈지회는 일상적인 조합활동 기획과 조합원들 상태 파악을 위해 2020년 3월 설문조사[70]를 진행했다.

'조직문화와 소통'에 관한 조사 결과 응답자 88%가 상호 신뢰도가 높다고 답했다. 62.4%는 조합원에 대해 노조가 격려하고 수용해준다고 답했다. 또 지회 조합원들의 단합이 잘 되고(76%), 지회 임원이 현장의 소리를 제대로 전달받으며(72%) 조합원의 제안이나 의견수렴도 잘 된다(75%)고 답했다. 대체로 조합원들은 기본적으로 조직에 대한 신뢰도가 높고 지회와 조합원 간 소통도 잘 되는 편으로 조사됐다.

그밖에 '조직 활동 참여도'는 대체로 높았지만, 노조 간부 활동 참여 의사는 상대적으로 낮아 소극적인 것으로 나타났다. '의사소통'은 전반적으로 탄탄한 편이었다. 신속성, 전달성, 신뢰도 모든 면에서 조합원들이 높은 만족도를 보여 지회가 현장 여론을 조성하고 주도할 기본 조건을 갖춘 것으로 풀이됐다. '노조 민주성'에 관한 답변을 통해 주요 현안과 방침, 단체 행동 방법에 대한 간담회나 토론회 등을 더 적극적으로 배치하고 소수의견도 존중하고 반영해야 한다는 점도 파악할 수 있었다. 지도집행력 강화를 위해서 현장 문제 해결과 자본 대응력을 높이는 대책도 필요해 보였다.

"악으로 버틴다고는 하지만 조합원들 양심에만 호소하는 건 한계가 컸죠. 어떻게 금속노조 소속감을 느끼게 하고 조직을 유지하느냐가

---

70 응답자의 평균 나이는 46.2세(34명 응답), 평균 근속년수는 21.3년(48명 응답).

고민이었죠. 그런데 노동조합이 할 수 있는 게 없으니 답답했죠. 금속노조 조합원이라는 사실만 남았잖아요. 노조파괴 10년 지나니까 조합원들도 지치고…. 처음엔 쉬는 시간이나 점심시간마다 선전물 돌렸는데, 몇 년 지나고 나니까 저도 지치고, 변하지 않는 현장 보면서 또 상처받고, 조합원들은 저만 쳐다보고, 조직은 이완되고, 할 수 있는 건 없고. 그러다 너무 힘들어서 현장에서 일만 했어요. 그러다 조합원들한테 사석에서 인제 그만두고 도넛 가게나 차려볼까 농담 반 진담 반 이야기했더니 '너 고생하는 거 알고, 너한테 계속 지회장 하라고 하는 거도 미안하다. 그런데 너까지 포기해버리면 우리 노조는 문 닫아야 해' 그러라고요. 설문조사 해보니 그런 조합원들 마음이 고스란히 다 나오더라고요. 그래서 수련회 때 얘기했어요. 너무 힘들었는데 오늘을 계기로 마음 다잡겠다, 너네도 다잡아라. 그렇게 조합원들이랑 약속했죠. 매일 현장 순회하겠다, 선전물도 1주일에 1번씩 내겠다. 그러면서 나도 다시 힘이 생기고, 조합원들도 뭔가 하면서 조직이 움직이니까 상태가 나아진 것 같아요." (조남덕)

지회는 설문조사 결과를 반영해 사업 방향을 잡아나갔다. 7월 28일에는 결의대회를 열어 양보 교섭 반대, 주간연속 2교대 쟁취, 노조파괴 분쇄 등을 결의하고 꿋꿋하게 투쟁을 이어갔다. 통상임금과 연차·야간수당 원상회복 등 현안이 쌓여있었다.

2020년에는 든든한 동지가 새로 생긴 해이기도 하다. 12월 22일 콘티넨탈 이천공장에 노동조합이 출범해 금속노조 가입을 결의하고 경기지부 비테스코지회로 출범했다. 세종 콘티넨탈 사장 시

2021년 3월 28일 산재 조합원 전환배치를 요구하는 1인 시위.

절 금속노조 파괴와 어용노조 결성을 주도했던 문태윤이 이천 콘티넨탈 대표이사로 다시 등장했다. 그해 콘티넨탈에서 법인을 분리해 명칭을 '비테스코 테크놀로지스'로 바꿨다. 역시나 그곳에서도 상여금 일방 삭감과 연차 소진 강요 등으로 빈축을 샀다. 이에 노동자들은 비공개 소통방을 운영하며 노동조합이 필요하다는 공감대를 형성했다. 그리고 세종에 있는 조남덕 콘티넨탈지회장에게 상담을 청해온 것을 시작으로 논의를 이어가다 노조 출범에 이르렀다. 비테스코지회는 출범 이듬해인 2021년 6월 파업 투쟁을 벌여 임단협을 맺었다.

한편 콘티넨탈지회는 지역을 넘어 전국의 복수노조 사업장들과 함께 대책회의와 수련회 등을 이어가며 공동 대응을 모색했다. 2021년에는 6월 28일 조남덕 지회장 명의로 국회에 '노조법 개정안'

을 청원했다. 산업전환을 계기로 초기업 교섭을 활성화하고, 노조할 권리를 확장하며, 이를 위해 초기업별 교섭 대상인 사용자단체 범위를 확대하고, 산업정책도 단체교섭 의제와 단체행동 사유가 될 수 있도록 보장하며, 초기업별 교섭의 걸림돌 교섭창구 단일화 제도를 폐지하자는 내용이다.

국회 청원 서명운동을 벌이는 동시에 지회는 7~8월에 "집단지성의 힘으로 돌파합시다"라는 슬로건을 내걸고 현장 대장정에 나섰다. 현장을 둘러싼 다양한 지형과 조건을 공유하고 목표와 계획을 새롭게 수립하기 위해서다. 구역을 10개 조로 나누어 두 달 동안 매일 조합원 4~5명과 간담회를 하며 전체 조합원의 의견을 수렴했다.

2021년 7월 9일 조합원 구역별 간담회.

2021년에 발표된 콘티넨탈 매출은 가파르게 상승하고 있었다. 2020년 연간 매출액은 5,747억 원, 영업이익은 395억 원, 당기순이익은 385억 원, 자산총액 2,930억 원, 자본금 220억 원이었다. 반면 노동자들의 평균 임금인상률은 매년 2%를 넘지 않았다. 현장의 감시와 통제는 일상화됐다. 빼앗긴 것을 되찾아야 했다.

콘티넨탈지회에 대한 기업노조와의 차별도 여전했다. 한여름에 더위가 기승을 부리는데 지회 사무실 에어컨이 가동되지 않았다. 회사에 요구했더니 한참이나 시간을 끌더니 창고에 처박혀 있던 중고 에어컨을 가져다줬다. 반면 기업노조에는 2021년 6월에 이미 컴퓨터를 비롯한 모든 집기를 새것으로 교체해 줬다. 사실 기업노조 설립 이후부터 회사는 각종 집기류와 가구를 요구가 있을 때마다 여러 차례 바꿔줬다. 그러나 금속노조에는 컴퓨터 한 대조차 '회사의 구매 정책'과 '글로벌 반도체 부족' 등 거창한 이유를 들이밀며 3개월 이상 기다려야 한다고 미뤘다. 가파른 매출 상승곡선을 그리고 있는 회사가 내놓은 변명치고는 듣는 사람이 무색할 지경이다. 어차피 회사는 2012년 노조파괴 이후 금속노조에 단 한 차례도 집기를 교체해 주지 않았다. 오히려 호시탐탐 노조 사무실을 빼앗으려 들었을 뿐이다.

기업노조와 회사의 치졸한 행위는 여기서 그치지 않았다. 기업노조는 회사와 합작해 콘티넨탈지회를 상조회에서 분리하기에 이르렀다. 종전 상조회는 사무직과 현장직을 모두 묶어서 하나로 운영해 왔다. 2017년부터 상조회 회장은 기업노조 부위원장이 맡고 있었다. 그런데 돌연 기업노조가 2021년 11월 11일, 콘티넨탈지회에 상조회 분리 공문을 보내왔다. 당시 쌓여있던 상조회 기금을 계산해 사무직 8천만 원, 기업노조 6천만 원, 금속노조 1천만 원 정도라며 각자에게 나누어 입금해 버렸다.

콘티넨탈지회는 조합원들과 토론을 거쳐 2021년 12월 30일 독자 상조회를 건설했다. 지회는 기금 축적보다는 구성원 모두에게 혜택이 골고루 돌아가도록 하는 데 무게를 두었다. 소속 조합원뿐 아니라 퇴사한 조합원들도 균등한 부조를 받을 수 있도록 설계했다. 지회는 조합원들의 흔쾌한 동의로 납부금을 조금 높여 경조사에 기업노조보다 두둑한 부조를 하고 있다. 상조회 분리 이후 콘티넨탈지회는 "그래도 현장에서 같이 일하는 동료들의 애경사는 함께 공유하자"며 기업노조에 애경사 문자 공지를 제안했다. 그러나 기업노조는 "개인정보를 공유할 수 없다"며 딱 잘라 거절했다. 상조회 분리 이후 기업노조와 사무직은 상조회를 다시 통합했다. 결국 금속노조만 떼어내려는 계략이었던 셈이다.

2021년에는 2명이 기업노조에서 넘어오기도 했다. 매년 교섭이 끝나면 조직화를 위해 기업노조 조합원들에게 문자를 보내고 있었다. 1명은 기업노조에 대한 불만 쌓여서 왔다. 또 한 명은, 1998년 IMF 때 희망퇴직이 사실상 정리해고였다고 주장하며 지회가 4년 동안 복직투쟁을 전개한 결과 복직한 2명 가운데 한 명이다.

노조파괴 10년,
"다시 길을 열자"

2022년은 노조파괴 시나리오가 가동된 지 딱 10년이 된 해다. 콘티넨탈지회는 다시 힘을 내 싸우기 위해 조합원들과 함께 다채로운 행사를 기획하고 실천 활동을 벌였다. 코로나19 확산으로 지난 2~3년 동안 오프라인 활동을 거의 하지 못했기 때문에 조합원들의 요구도 높았다. 6월 18일에 다시 단결을 도모하자는 뜻으로 '단결과 승리의 날' 행사를 진행했다. 당진 도비도에서 조합원과 가족이 함께 하는 바다낚시로 오랜만에 다 같이 웃을 수 있었다.

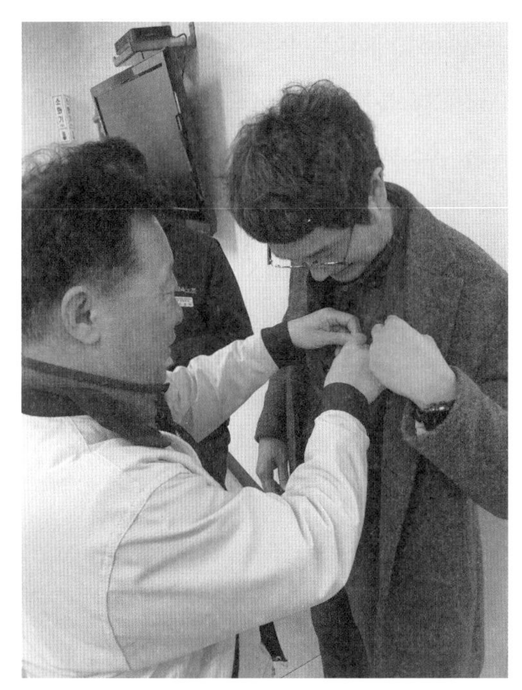

2020년 2월 27일,
금속노조에 가입한 조합원에게
지회 간부가 금속노조 배지를
달아주는 모습.

2022년 9월 19일 조합원 수련회를 조합원들 스스로 준비하는 모습(위)과 구역별 토론(아래).

9월부터 본격적인 '노조파괴 10년, 다시 길을 열자'를 기획했다. 조합원들의 의견을 폭넓게 수렴하고 향후 진로와 방향을 고민하자는 의미다. 8월 30일부터 조합원 설문조사를 하고, 9월 3일에는 이를 바탕으로 간부토론회를 통해 사업을 마련했다. 6일 사진 전시회, 14일 카드뉴스·몸벽보 제작, 16일 특보 발행 등을 이어갔다. 그리고

19일 전 조합원 수련회에서 의견을 모으고 단결을 다졌다.

"딱 10년 전, 노조파괴 직후에 모였던 문의 청소년수련원에 모였죠. 지난 10년 동안 현장이 어떻게 변했는지 되짚어도 보고, 유성기업 김성민 동지가 와서 자기네 현장 이야기 해주는 것도 듣고. 그때 제일 고민은 우리가 파업권 빼앗기고 나서 일상에 젖어버린 게 아닌가 하는 거였어요. 뭐랄까, 절박함과 간절함이 사라졌다고 할까? 다 같이 하향 평준화됐다는 위기감…. 다시 뭔가 해봐야 하지 않냐, 이제는 싸움을 걸어보자, 그러고 나서 10년 뒤에 우리 현장이 어떻게 바뀌어 있는지 보자, 이런 이야기 많이 했어요." (조남덕)

9월 19일 수련회에서는 유성기업지회 당시 김성민 지회장으로부터 노조파괴에 맞선 경험을 들었다. 이어 조합원 설문조사 결과를 발표했다. 또 지금 가장 시급하게 실천해야 할 현장 투쟁에 관해 구역별 토론을 거쳐 전체 토론을 진행했다.

조합원 수련회에서 나온 의견은 '현장 3대 요구'로 집약됐다. 첫째, 감시와 통제 수단으로 전락한 MES[71] 중단이다. 콘티넨탈지회는 2004년 회사와 전자감시시스템 도입에 대한 합의서를 만든 바 있다. 생산방식의 변화로 노동자들의 작업을 실시간 감시할 수 없으며, 그것을 이유로 불이익 처우를 할 수 없고, 감시한 관리자는 징

71 제조 실행 시스템(Manufacturing Execution System)으로 생산 과정을 모니터링하고 제어하기 위해 사용되는 소프트웨어 기반 솔루션인데, 사실상 현장 통제 수단으로 변질됐다.

2023년 1월 28일 3대 요구 쟁취 출근선전전.

계하기로 한 합의다. 그러나 2012년 기업노조 설립과 동시에 회사는 금속노조와의 합의서를 일방적으로 폐기하고 MES를 도입했다. 이후 작업이 잠시라도 멈추면 사유서를 제출해야 해서 현장에 마찰이 잦았다. 노보에는 "야간에 화장실에 있는데 계장이 전화하더니 MES 안 돌아간다고 지금 어디에 있냐고 한다. 감시당하는 기분이다"라는 조합원의 심정이 실렸다. 지그[72] 교체를 위해 잠시라도 생산이 멈추면 관리자들이 득달같이 전화를 걸어 "왜 설비가 멈추었냐"며 따지는 일도 다반사였다. 실시간으로 감시하니 결국 MES는 생산량을 올리는 무기가 됐다. 작은 모니터 하나로 노동자들의 일

---

72 기계로 부품을 가공할 때 가공 위치를 쉽고 정확하게 정하기 위한 보조 기구.

거수일투족을 감시·통제해 결과적으로 의식까지 통제하려는 것이다. 수련회에서 조합원들은 너도나도 MES 시스템으로 인한 어려움을 토로했다. 감시와 일방적인 통제를 멈춰야 했다.

두 번째는 일방적인 전환 배치다. 단협에는 조합원을 전환 배치할 때 당사자와 협의하고 노조에 통보하게 돼 있다. 그러나 회사는 이를 무시한 채 당사자에게 일방적으로 통보했다. 기준이나 원칙이 사라진 채 멋대로 이루어지는 전환 배치 자체도 문제였지만, 전환 배치 때 필수적인 안전교육조차 제대로 진행하지 않았다. 조합원들은 "인력시장도 아니고 매일매일 여기저기 빵빵이다"라고 말했다.

세 번째는 일부 선임 계장들의 횡포였다. 현장에 코빼기도 비추지 않다가 가끔 들러 막말은 물론이고 현장을 쥐어짰다. 회사는 그들에게 하루에 잔업 2시간씩을 꼬박꼬박 달아줬다. 현장 노동자들의 박탈감은 이루 말로 다 할 수 없었다. 공장은 회사에 충실한 몇몇 관리자 입맛대로 돌아가고 있었다. 이전에 지회가 조정했던 것처럼 고정OT 보장이 필요했다.

이러한 현실은 금속노조뿐 아니라 기업노조 조합원도 모두가 함께 겪는 고통이었다. 지회는 3대 요구를 쟁취하기 위해 집단적 실천을 펼치기로 만장일치로 합의했다. 가능성보다는 절박함에서 출발했다고 볼 수 있다.

지회는 3대 요구와 이후 노동조합 활동 방향을 놓고 3차례에 걸친 부서별 토론을 거쳤다. 이어 10월 18일 조합원 전체 토론으로 세부 실천 방향과 투쟁 방안을 결의했다. 구체적으로 출근선전전과 금속노조 조끼 착용, 요구안을 써서 붙인 음식나누기 행사 등을 진행했다. 11월 공동실천으로 △현장 3대 요구 회사에 전달 △전 조합원 투쟁조끼 착용 △매주 금요일 출근선전전을 벌였다. 12월 공동실천으로는 △금속노조 대전충북지부 집회 참석 △독일 금속노조 면담 △본사 1인 시위 등을 벌이며 전 조합원이 한 몸이 돼 행동을 이어갔다. 이러한 금속노조 활동으로 현장의 여론도 작동하기 시작했다.

투쟁 틈틈이는 가족과 함께하는 시간도 배치했다. 11월 6~7일에는 충북 영동 한울캠핑장에서 '민주노조를 지키는 조합원들과 가족들을 위한 민주캠핑'을 열기도 했다.

2023년에는 주간 2교대 요구를 담아 선전전과 피케팅을 꾸준하게 이어갔다. 11월 들어 회사가 사무직 노동자들을 희망퇴직 시키

2023년 10월 27일 전무이사 정년 연장에 반대하는 식당 앞 1인 시위.

려고 하자 일부가 금속노조에 가입 의사를 전해왔다. 그러나 노조 가입원서를 작성하기 전날 밤 회사쪽의 집요한 공작으로 가입은 물거품이 되었다. 그 시기 회사가 전무이사 정년을 연장시켰고 이에 대표이사실 앞 농성을 벌이기도 했다. 지회는 사무직 노동자들을 대상으로 한 중식 선전전도 진행했다.

> "기업노조 만들어졌던 그때는 사실 힘들었어요. 정말 힘들었죠. 하지만 이제 저는 세상을 보는 눈이 달라졌어요. 좀 넓게 볼 수 있게 됐다고 할까? 금속노조 활동하면서 기억나는 게 참 많아요. 노조파괴되던 해 12월 31일 체육대회 했잖아요. 원래는 단협에 매년 체육대회를 하도록 돼 있는데 복수노조 만들더니 회사가 체육대회도 폐지해 버렸어요. 기업노조는 일하는데 우리는 노동부에 회사를 단협 위반으로 고발하고, 우리끼리 단협 지킨다고 체육대회를 했었죠. 기업노조 보면서 '너네 그렇게 살지 마라, 우린 다르다' 그러면서 지기 싫은 마음, 오기로 한 거죠. 어묵탕도 끓여 먹으면서 신나게 놀았어요. 그날 정말 추웠는데, 그만큼 재미있었어요. 그날 마침 조남덕 지회장 생일이어서 케이크에 촛불도 켜고. 지회장은 공장 다니면서 생일상 받아본 게 그날이 처음이었대요. 그것 말고도 노숙투쟁도 하고 피케팅도 해보고, 언제 그런 경험 해보겠어요? 같이 했던 동료들이 정말 소중해졌죠. 지금도 금속노조에 남은 건 잘한 결정이라고 생각해요." (조용희)

사실, 현장은 크게 달라지지 않았다. 그러나 여전히 동지들과 함

콘티넨탈지회는 어려울수록 늘 조합원과 함께하며 단결을 무기로 민주노조를 사수하고 있다.
2019년 4월 2일 조합원 야유회.

께 활동하고 있는 콘티넨탈지회 소속 금속노조 조합원들은 변했다. 노조 활동을 통해 세상을 보는 눈이 달라졌고, 평온하기만 했다면 느끼지 못했을 감정들을 깨달아 가고 있다. 잔혹한 세상 속에서 그들은 따뜻하고 정의로운 노동자로 강해지고 있다. '살아 움직이며 실천하는 진짜 노동자'가 그들이다.

2020년 3월 10일 여성의 날(위), 2020년 9월 23일 조합원과 도시락 간담회(가운데),
2020년 2월 7일 금속노조 창립기념으로 조합원에게 돌린 떡(아래),

2023년 4월 28일 임금투쟁 승리 알까기대회(위), 2023년 7월 17일 조합원 수련회(아래).

2023년 9월 9일 지회 간부수련회(위), 2023년 12월 26일 조합원 총회 후(아래) 모습.

3부 반격

삶은 줄곧
벼랑 끝이었다

복수노조가 만들어지며 시작된 노조파괴로 현장은 초토화됐다. 민주노조에 남아있는 조합원들은 온갖 탄압에 정신적·육체적·경제적으로 지쳐갔다. 이런 고통은 앞서 살펴본 세 사업장만의 문제가 아니다. 복수노조로 노조파괴가 벌어진 사업장 노동자들은 대체로 비슷한 상황에 내몰렸다. 노동조합 파괴는 관계의 단절로 이어졌다. 세상과 연결된 줄은 점점 가늘어졌고, 그 끈을 붙든 손에서 힘이 빠져나갔다. 삶은 줄곧 벼랑 끝이었다.

유성기업에서 금속노조 한광호 조합원(당시 42세)도 그렇게 세상을 떠났다. 그는 2011년 직장폐쇄 이후 부당징계 등 탄압으로 고통을 겪다가 2016년 3월 17일 목숨을 끊었다. 한 열사는 사측의 노조파괴가 기승을 부려도 지회 대의원 등 간부 역할을 하며 노동조합 활동에 열성적이었다. 그런 그에게 사측은 차별, 감시, 징계, 고소·고발 등 모진 탄압으로 일관했다. 극심한 정신적 압박에 시달리던 그는 결국 스스로 세상을 등졌다. 같은 사업장에서 일하던 열사의 형은 문제 해결을 촉구하며 23일 동안 곡기를 끊었다.

2015년 금속노조 유성기업 아산·영동지회 조합원의 정신건강 상태는 2012년보다 더 나빠져 있었다. 조사결과[73]에 따르면 우울 고위험군은 42.1%에서 43.3%로 조금 늘었지만, '특성 불안 고위험군'은 0.7%에서 9.0%로, '상태 불안 고위험군'은 3.5%에서 22.1%로 크게 늘었다. 특히 "아무런 행복감을 느끼지 못하고 살아가야 할 의미가 없다고 느끼는" '사회심리 스트레스 고위험군'은 2012년 50.7%에서 64.5%로 상승했다. 유성기업 아산·영동지회 조합원들의 심리·정신 건강에 빨간불이 켜진 지 이미 오래였던 셈이다. 한 열사의 죽음도 "노조파괴 과정에서 생긴 우울증이 자살로 이어졌다"며 2016년 10월 업무상 재해로 인정받았다. 그러나 그는 노조파괴의 무게에 짓눌려 이미 세상을 떠난 뒤였다.

노조파괴 이후 동료들이 한순간에 둘로 쪼개져 버린 상황을 힘들어하던 유성기업의 오 아무개 조합원도 사는 게 버거웠다. 그는 2012년과 2015년 두 차례 우울증 고위험군 판정을 받았다. 30년 가까이 유성기업에서만 일해온 오 조합원은 2011년 파업에 참여한 후 원래 일하던 공정에서 쫓겨났다. 부서 배치에 대한 불만, 노조파괴로 인한 정신적 고통, 경제적 어려움 등이 겹치며 정신건강은 점점 나빠졌다. 오 조합원은 2018년 8월부터 한 달 넘게 무단결근하다 9월 30일 주변의 만류를 뿌리치고 퇴사했다. 퇴사할 때까지도 금속

---

73 충남노동인권센터 부설 노동자심리치유사업단 '두리공감'이 2012년부터 매년 진행.

노조 조합원으로 남아있던 오 씨는 12월 말 자택에서 목숨을 끊었다. 만약 오 씨가 기업노조로 옮겨갔다면 경제적 어려움은 해결할 수 있었을 터다. 그러나 그는 '차라리' 죽었다.

2017년 4월 18일에는 갑을오토텍(현 케이비오토텍) 사측의 직장폐쇄에 맞서 투쟁하던 김종중 조합원(당시 45세)이 유서와 함께 싸늘한 주검으로 발견됐다. 갑을오토텍 역시 창조컨설팅으로부터 자문받아 전형적인 노조파괴 공식을 밟아간 사업장이다. 김 열사는 2016년 7월부터 계속된 회사의 직장폐쇄로 극심한 생활고에 시달려 온 것으로 알려졌다. 그는 "감사하고 죄송합니다. 이렇게밖에 못해서… 살고자 노력했습니다"라는 글을 남겼다.

비극은 보쉬전장에서도 벌어졌다. 2014년 9월 김 씨(당시 26세)가 회사 기숙사에서 스스로 목숨을 끊었다. 그는 2011년 3월 보쉬전장에 임시직으로 입사했다가 같은 해 7월 정규직으로 전환됐다. 그는 죽기 한 달 전 친구에게 "직장 상사가 나만 괴롭힌다. 완전히 쓰레기 취급한다"라는 내용의 문자메시지를 보냈다. 서울행정법원은 2016년 9월 2일, 업무상 재해를 인정했다. 유족이 근로복지공단을 상대로 제기한 유족급여 및 장의비 부지급 처분 취소소송 결과다. 김 씨 유족 측 변호사에 따르면 고인은 보전반 선배들이 집단적으로 금속노조를 탈퇴해 기업노조에 가입하는 것을 보고 어쩔 수 없이 이에 따랐다고 한다. 새로 가입한 기업노조에서 어려움을 함께 나누고 의논할 동료는 없었다.

2023년 10월 5일, 근로복지공단은 유성기업 영동공장에서 일하다 위암에 걸린 김 아무개 조합원에 대한 산재 심의에서 위암과 업무 간 상당인과관계를 인정했다. 질병판정위는 "2017년 작업환경 측정 결과에서 석영이 기준치를 초과했던 점, 장기간 종사하면서 일정 수준 이상의 유해물질에 노출됐을 것으로 판단되는 점, 호발 연령보다 이른 연령에서 발병한 점"에 더해 "해당 사업장은 노조 관련으로 보통의 사업장과는 다른 고강도 스트레스에 노출됐을 것으로 판단되는 점 등을 종합적으로 고려할 때" 업무와 상당인과관계가 인정된다고 판단했다. 김 씨는 2011년 직장폐쇄 직후 사측이 고용한 용역이 '대포차'로 돌진하는 바람에 다친 조합원 13명 중 한 명이다. 당시 사고로 얼굴이 함몰됐다. 김 씨는 2011년부터 금속노조 유성기업지회 간부로 활동했고, 2019년에는 부지회장을 맡기도 했다. 노조 탄압이 계속된 10년간 노조 활동을 하며 극심한 스트레스를 받은 점은 두말할 나위가 없다.

노동조합은 단순히 일터에서 속하는 조직만을 뜻하는 게 아니다. 노동조합을 통해 삶의 의미를 느끼고, 노동조합을 통해 동료와 관계를 맺고, 노동조합을 통해 자신의 가치관을 관철해 나간다. 그렇게 '노동자의 삶'이 무엇인지 인식하며 노동자계급으로 성장해 간다. 따라서 노동조합은 노동자 삶의 바탕이자 흙이다. 노조파괴는 해당 사업장의 '노동조합'이라는 조직 하나가 깨지는 데 그치지 않았다. 노동조합에 소속된 조합원 한 사람 한 사람의 우주를 송두리째 파괴했다.

어제는 동지였는데 오늘은 아니었다

살아남았다고 해서 괜찮은 건 아니었다. 보이는 상처가 없다고 해서 아프지 않은 것도 아니었다. 우선 회사와 결탁한 다른 노동조합이 만들어진 자체가 황당했다. 게다가 어제까지 같은 노조원이었던 동료들이 대거 그쪽으로 몰려가는 건 충격이었다.

"사실 저는 기업노조 만들어지기 전에도 금속노조가 썩 달갑진 않았어요. 노조가 너무 투쟁 일변도고, 노조 조끼 입고 일하는 것도 어색하고 그렇더라고요. 그런데 기업노조가 만들어졌다는데, 하…. 처음엔 솔직히 미친놈들이라고 했어요. 그게 될 리가 없다고 생각했거든요. 그런데 제가 조합원들을 너무 믿었나 봐요. 그때 제일 친한 형님들이랑 같이 술 먹으면서 '넘어가면 미친놈이잖아. 우리 셋은 같이 행동하자'고, 다들 그러자고 했거든요. 그게 지극히 상식적인 거잖아요. 그런데 결국 남은 건 나 혼자야…." (콘티넨탈 서강우)

금속노조 조합원들 가슴에 멍이 들었다. 그 멍은 몸과 마음에 지울 수 없는 생채기를 냈다. 생채기는 깊어지고 나아질 거라는 희망마저 스러져 갔다. 안타까움과 분노가 교차했다.

"그때는 정말 우리 지회에 대한 희망이 없었죠. 아, 이렇게까지 등 돌리고 기업노조로 가야만 했을까, 금속노조에 몸담고 간부까지 했던 사람들이 앞장서서 그러니까 진짜 안타깝더라고요." (발레오전장 송재석)

기업노조를 내세워 치졸한 차별과 탄압 공작을 벌이는 자본에 동료들이 이처럼 속수무책으로 무너져 내릴 줄은 꿈에도 몰랐다.

"일반 조합원들은 그럴 수 있지. 근데 전직들까지 가는 거 보면서, 조합 활동 30년 동안 헛했다는 생각이 들었죠. 다 저 살려고, 굳이 그렇게 안 하고 반대할 수도 있는 사람들인데 안 하더라고요. 대의원들이야 그렇다손 치더라도 역대 그 수많은 선배, 임원들, 상집들까지…. 그런 게 참 허무했죠." (발레오전장 정연재)

그래도 이해해 보려고 했다. 저마다 사정이 있을 거라고. 콘티넨탈의 정년이 얼마 안 남은 조합원은 결국 기업노조로 넘어가면서 "공장 생활 30년 넘게 했는데 요즘처럼 수치스러운 적 없다"며 애꿎은 담배만 연거푸 피워댔다. 어쩔 수 없는 측면도 있었을 게다. 지금은 어쩔 수 없어서 넘어가지만 꼭 금속노조로 돌아오겠다는 동료들도 적지 않았다. 믿고 싶었다.

"나라도 살아야 하겠다는 심정이었겠죠. 회사는 또 얼마나 철두철미하게 준비해 왔겠어요. 아마 기업노조로 안 가면 안 될 상황이었을 거야, 어쩔 수 없이 가야 하는 상황이었을 거야, 저는 그렇게 생각합니다. 그래서 정말 마음이 아팠지만…. 어차피 이제 대세가 기울었으니까 갈 수밖에 없었을 거라고 생각했어요. 그러니 막연한 분노만 컸죠." (발레오전장 추재덕)

하염없이 원망도 해봤다. 분노가 반성으로 바뀌기도 했다.

"한 마디로 참담하고, 죽고 싶은 심정이었죠. 그런데 그때 생각도 그렇고 지금도 그렇고, 나는 조합원들을 원망하기보단 우리 간부들이 조합원 정서를 제대로 못 읽었구나 하는 생각이 많이 들었어요." (발레오전장 한규업)

그렇다 하더라도 하루아침에 두 개의 조직으로 쪼개져 살풍경해진 현장에 적응하기는 쉽지 않았다.

"나는 사람들하고 관계가 제일 힘들었어요. 예전에 형 동생 했는데 그 일 이후 지금까지도 말 안 하는 사람이 난 있거든. 몇 명 있어요. 그 일이 아니었으면 그냥 언제까지나 똑같은 동료였고 형 동생일 건데, 아직까지도 내가 이야기 안 섞는 사람이 있어. 말하기 거북한

건 고사하고 아예 보고 싶지가 않으니까…." (발레오전장 송재석)

돌아오겠다는 약속은 허공으로 흩어졌다. 금속노조라는 집을 지키며 동료들을 기다리던 조합원들은 지쳐갔다. 이제 기업노조 쪽 사람들은 '돌아올 동료'가 아니라, '우리를 버리고 간 배신자'로 바뀌었다.

"그때 생각하면 분노가 치밀어 생각하고 싶지도 않지만, 하나의 노조에서 함께 하는 동료고 같이 운동하는 동지였는데 서로 눈치 보면서 피해 다니고 적대적 관계로 가는 게 너무 가슴 아팠죠. 변절한 인간들을 보면서 한 울타리에서 지낼 수밖에 없다는 게 정말 힘들었어요. 이렇게 노조파괴가 시작되는구나 직감했어요. 심지어 그게 다 기획된 공작이라니… 참담했습니다. 그때는 비참하고, 분노만 쌓여갔던 것 같아요. 조합원들이 대거 이탈하면서 교섭권마저 박탈당했을 때가 제일 힘들었던 것 같아요. 교섭권 자체가 없으니 조합활동을 활발하게 할 수 없어서 간부들 사기도 떨어지고…." (보쉬전장 전원일)

복수노조로 한 직장에서 일하던 사람들을 갈라치는 일 자체가 조합원들에게는 큰 스트레스로 작용했다. 게다가 회사는 기업노조 조합원으로 끌어들이려고 혈안이 돼서 온갖 악행을 저질렀다. 돈으로 회유하고 노동조건 차별로 괴롭혔다. 그렇게 간 사람들은 회사와 기업노조의 비호 아래 금속노조 조합원의 몫까지 챙겨갔다. 사람의 관계는 철저하게 이익을 중심으로 엇갈렸다. 결국 어제까지 '형님 아우'였던 동료들은 갈라졌고, 다음날 '적'이 됐다.

"사실 처음에는 기업노조 넘어간 조합원들과 관계가 나쁘지 않았어요. 어쩔 수 없으니 일단 간 것뿐이고, 곧 돌아올 거라고 했죠. 기업노조 조합원들이 와서 그쪽 상황도 다 전해주고 그랬거든요. 그런데 3~4년 지나니까 달라지더라고요. 처음에는 기업노조로 가며 미안하다고 했던 사람들이 나중에는 미안한 마음마저 없어지는 것 같더라고요. 자기들이 우리 때문에 피해를 본다는 식으로…. 가-피해 구도가 바뀌어 버린 거죠." (콘티넨탈 조남덕)

콘티넨탈은 알음알음 지인의 소개로 입사하는 경우가 많은 사업장이다. 가족이 같이 근무하는 경우도 제법 있다. 그만큼 조합원들 사이가 돈독했다는 뜻이기도 하다. 그러나 기업노조가 들어서자 그 돈독했던 관계는 도리어 서로에게 부담이 됐다. 회사가 '관계'를 내세워 압박했기 때문이다. 회사가 소개해 준 사람을 들먹이면 기업노조로 갈 수밖에 없었다. 회사가 들볶는 바람에 부부가 또는 친형제가 각각 다른 노조로 나뉘었다. 모두 금속에 남아있기에는 회사의 압박이 너무 버거웠기 때문이다. 콘티넨탈에서 형수가 사무직에 있는 형제 조합원 중 동생은 회사에 시달리는 형수를 차마 두고 볼 수 없었다. 형제는 미안한 마음에 적어도 1명은 기업노조로 가기로 했다. 그러나 가족회의에서 형수가 "두 분은 눈치 보지 말고 하고 싶은 대로 하셔요"라고 말했다. 그 뒤에 형수는 사직했고, 형제는 둘다 금속노조에 남았다.

"기업노조로 끌어들이려고 반장들이 개별 면담하고 막 그랬잖아요. 그런데 (같은 회사 사무직이던) 형수가 양심대로 살자고 하더라고요. 그렇게 금속노조에 남고 보니 차별이 심했죠. 인사고과가 제일 심하고. 우리는 아무래도 소수니까 위축되기도 했고. 기업노조는 지들끼리 밀어주고 진급도 빠르고. 부러운 건 아니지만 대놓고 차별받는 게 사실 힘들죠." (콘티넨탈 조용희)

순식간에 소수노조가 됐고, 어제까지 동지였던 기업노조 조합원들과는 서서히 멀어져 갔다. 그리고 끝내는 거대한 벽이 가로막았다. 서로 할퀴고 상처받았다. 회사의 탄압보다 조합원들을 더 힘들게 한 것은 그렇게 파괴돼 가는 인간관계였다. 회사의 탄압보다 둘로 갈라져 적이 되어버린 일상이 더 힘들었다.

"아… 사람을 믿으면 안 되겠구나, 그런 생각을 제일 많이 했어요. 딱 갈라지고 나니까 친하게 지내왔던 사람들이 나는 금속이라고 쏙 빼고 자기들끼리 담배 피우러 가고 그러더라고요." (발레오전장 박종욱)

왜 이렇게 됐을까 무수하게 생각했다. 우리가 뭘 잘못한 것일까.

"일단 우리가 자만하고 오판했던 게 가장 크죠. 우리가 그때까지만 해도 노조 27년 역사상 한 번도 퇴보해 보지 않았고, 우리 사업장이 1차 밴드라는 점도 있고. 그전부터도 내 앞에 역대 지회장들이 항상 투쟁을 통한 회사에 대한 압박, 성과물 쟁취, 이런 게 있었는데 그때 당시에 가장 오판했던 부분이 그런 거지. 당연히 전면파업 1~2주 정도만 하면 어떻게든 이길 수 있다는 생각만 하고 그만큼 자본이 철저하게 준비했다는 생각은 못 한 거지. 그게 아쉬움이 제일 크죠. 그게 다 자본과 정권이 결탁해서 움직였다는 것도 참 허망했지. 1천 명도 안 되는 노조 하나 깨려고 그렇게까지 한다는 걸 그때는 이해를 못 하겠더라고." (발레오전장 정연재)

그러나 잘못은 우리가 한 게 아니었다. 바로 이렇게 되는 것을 목적으로 상황을 여기까지 기획해서 몰고 온 노조파괴 사업주, 그리고 자본가와 협잡한 정부가 주범이다. 한두 사업장에서 벌어진 일이 아니었다. 정권과 자본이 결탁해서 전국적으로 민주노조를 깨고 있었다. 되짚어봐도 현실은 이미 스산했다. 거대한 바위를 상대로 한 싸움이었다. 다시 시작할 수 있을지, 간부들도 조합원들도 절망에 빠졌다. 어둡고 긴 터널에 끝이 있을까.

"오랫동안 투쟁하다 보니까 솔직히 희망이 안 보였어요. 희망이 안 보이니까 아침마다 나와서 피케팅하고 그러면서도 이게 과연 어떤 효과가 있을까…. 끝이 안 보이는 싸움이니까 많이 흔들리기도 하고, 자포자기한 심정으로 그냥 세월만 가고, 세월이 가면 해결될까… 하면서, 그때는 희망이 없다는 게 제일 힘들었죠." (발레오전장 이상수)

자존심과 동지애로 버텼다

그럼에도 불구하고 그들은 금속노조에 남았다. 그리고 금속노조를 지켰고, 지금도 지키고 있다. 뜻밖에 이들이 금속노조를 지키며 조합원으로 살아가고 있는 이유는 '단순'했다. 복잡하지 않고 간단하다는 뜻이다. 명쾌하다.

콘티넨탈 박찬용은 "회사 그만두려고 했을 때 붙잡아 준 종원이 형 보고" 남았다. 김경태는 "금속노조 조합원이 금속노조에 남은 데 무슨 이유가 있냐"고 한다. 서강우는 "내가 저쪽으로 넘어가면 그건 내가 아니다"라고 했다. 그건 자신의 정체성이 사라지는 거라고 생각했다. 발레오 박종욱은 "친한 사람들이 많아서"이기도 하지만 이리저리 옮겨다니는 게 내키지 않았다. 송재석은 "자존심도 자존심이지만 완전히 오기로 남았다"고 했다.

"처음엔 어느 정도 하다가 끝날 줄 알았는데 끝도 안 나고, 어쨌든 금속노조를 다시 복원해야겠다는 생각은 있었죠. 내가 개인적으로 영향을 미치지는 못했지만, 어찌 됐든 한 명이든 두 명이든 조직력을 확보해서 우리가 다시 금속노조를 찾아야 한다는 생각밖에 없었어요." (발레오전장 한규엽)

소수만 남자 더욱 끈끈해진 조합원들은 온갖 차별로 삶도 곤궁해졌기에 서로를 더욱 챙기며 일상을 함께 했다.

"이것은 민주노조를 계획적으로 파괴한 것이라는 분명한 인식이 있었기 때문에 끝까지 민주노조를 지키겠다고 다짐했습니다." (보쉬전장 전원일)

그렇다 하더라도 금속노조 조합원들에게 가해지는 차별은 금속노조에 발붙일 수 없는 가장 큰 이유 가운데 하나였다. 갈수록 차별이 심해졌다. 온갖 차별에 불이익과 탄압을 감내하며 그래도 민주노조를 지켰다. 굳이 내세우자면 '금속노조 조합원'이라는 것 말고는 그 어떤 명예도 실익도 없는데 말이다. '단순'한 이유를 관통하는 한 가지는 '동지'였다. 같이 일하고 저녁엔 술 한 잔 기울이며 삶을 나눈 형이 있어서, 아우가 있어서, 같은 시선으로 세상을 바라본 동지가 있어서.

"우리 조합원들한테 나중에 물어봤어요. 다들 소개로 들어왔기 때문에 추천한 사람들한테까지 압박이 엄청났을 텐데 어떻게 금속노조에 남을 생각을 했냐고. 다들 이유가 다양하지만, 공통점은 딱 하나 자존심 때문이래요. 평소에 금속노조를 마뜩잖아했는데도 '우리 할아버지가 독립운동을 했는데, 내가 창씨개명 같은 짓을 할 수는 없다'며 남은 사람도 있어요. 우리 조합원 한 명은 항상 사표를 가지고 다녀요. 버티다 버티다 못 버티면 기업노조로 가느니 차라리 그만두겠대요. 지회 간부들 해고되고 고생하는데 미안해서 남았다는 조합원도 있고요." (콘티넨탈 조남덕)

처음엔 당황했고, 배신감에 분노했다. 그러나 주저앉아 있지 않았다. 서로를 추스르며 일어섰다. 할 수 있는 일을 찾았다. 그리고 '같이' 투쟁에 나섰다. 피케팅, 1인 시위, 삼보일배, 농성, 단식, 집회, 파업… 안 해본 투쟁이 없다.

"우리끼리 회식도 하고, 체육대회도 하고, 아침 출근투쟁해서 소리치는 것, 다 좋았어요. 우리가 같이 남아있는 자체가 좋죠." (콘티넨탈 김경태)

"우리가 소수노조가 되고 얼마 지나지 않아서 관리자들 에워싸고 집회를 한 적이 있어요. 기업노조 조합원들 일하는 데서도 우리는 몇 명 되지도 않는데 거기서도 집회하고, 그때 아, 우리가 쪽수는 적지만 뭉치니까 할 수 있구나, 그런 생각이 들었어요." (콘티넨탈 박찬용)

금속노조 지회들은 소수인 만큼 조합원들이 함께하는 수련회, 체육대회, 낚시, 고기 잔치, 캠핑 등을 자주 하면서 단합을 도모했다. 조합원들의 결속은 더욱 단단해졌다.

"처음에 기업노조로 다 넘어갈 때 생각하면 욕밖에 안 나와요. 전부 개새끼들이지…. 전에 노조 간부 했던 형한테 전화해서 어떻게 된 거냐고 하니까, 일단 기업노조로 가서 우리 세력을 키워야 한다나 뭐라나. 그랬던 놈들이 지금은 다들 호의호식하고 있잖아요. 그래 놓고 이젠 자기들끼리 '너희는 떠들어라' 이러는 거잖아요. 상조회까지 분리해서 우리만 떨어뜨려 놓고. 기가 막히죠. 이젠 나도 내 맘대로 해요. 어디 지원 나가라, 잔업해라, 특근해라, 하는데 이제 그런 거 신경 안 써요. 나도 이젠 내가 일하고 싶을 때만 일해요. 금속노조니 그건 차라리 좋죠. 그럴 시간에 집회 나가고 우리 조합원들이랑 이야기 나누고." (콘티넨탈 김병준)

"기업노조 생기고 선봉에서 싸우던 우리 간부들이 이루 말할 수 없이 징계를 많이 당했어요. 정말 어려운 상황이었는데도 지금까지 함께하고 있는 조합원들하고 간부들한테 감사할 뿐이죠. 돌이켜보면 매주 모임, 회식, 체육대회 하면서 또 같이 투쟁하면서 버텨온 것 같아요. 어용노조 만들어진 다음에 회사 자판기 커피가 맛이 없다는 말이 있었어요. 그래서 제가 노조 사무실에서 커피를 팔기 시작했죠. 조합원들이 지역 행사나 애경사 갔다가 노조에 챙겨다 주는 커피들이 많으니까 그걸 '금속다방'이라고 간판을 걸고 1

콘티넨탈지회는 어려울수록 늘 조합원과 함께하며 단결을 무기로 민주노조를 사수하고 있다.
2019년 4월 2일 조합원 야유회,

잔에 2백 원씩 팔았거든요. 금속 조합원들이 사무실 와서 커피 마시면서 초기에는 수익도 꽤 됐죠. 그걸로 지회 체육대회나 조합원 행사에 찬조하기도 하고, 투쟁기금으로도 내놓기도 했어요." (보쉬 전장 이명주)

사업장을 넘어 다른 복수노조 동지들과도 연대했다. 그들의 투쟁은 그들만의 투쟁이 아니었다.

"평소에는 노조 활동 열심히 안 하고 말도 잘 안 듣는 사람들인데, 처음엔 이 사람들하고 앞으로 어떻게 해야 하나… 갑갑했어요. (웃음) 큰일 났다 싶었다니까요. 그런데 함께하다 보니 뺀질거리던 조합원들이 어쩌면 그렇게 열심히 하는지, 정말 놀랐어요. 우리 조합원들이 전에는 리본 달라고 해도 잘 안 달고 그랬거든요. 그런데, 자기들이 직접 등자보에 손으로 글씨 써서 그걸 옷핀으로 작업복에 붙이고. 그런 게 이제까지 끌고 온 힘이죠. 고마우면서도 한편으로는 미안하고 안쓰럽기도 하더라고요. 처음에는 솔직히, 내가 남아 있는 50명과 뭘 할 수 있을까 했는데 결국 그 사람들이 지금까지 끌고 온 거예요. 내가 깃발을 들고 '나를 따르라' 한 게 아니라, 조합원들이 10년을 버텨온 거죠. 언제 난파할지 모르는, 보잘것없는 조각배를 타고 같이 헤쳐왔다는 생각이 듭니다. 우리 모두 노동자로서의 '자존심' 하나로 버텨온 거죠. 잃은 게 되게 많은데 한편으로는 얻은 것도 있어요. 평온하게만 노조활동했다면 느끼지 못했을 감정들이죠."(콘티넨탈 조남덕)

그러나 고통은 시시각각 찾아왔다. 사업장에서는 더러운 꼴을 숱하게 봐야 했다. 재정 상황도 나빠졌다. 그래도 그들은 버텨냈다.

"기업노조랑 임금차별도 심하고 저는 해고도 됐었잖아요. 생계도 쉽지는 않았지만 그럭저럭 적게 쓰면서 지냈어요. 언젠가는 다 받을 수 있다고 생각하며 적금 붓는다는 심정으로 견뎌냈어요." (보쉬 전장 전원일)

"언젠가 조합원들한테 기업노조로 넘어가는 걸 고민해본 적 있냐

물었더니 1명 있더라고요. 이유는 당연히 경제적 문제죠, 뭐. 그래도 차마 그럴 수는 없었다고 하더라고요. 또 정년 퇴임 앞둔 형님들 2명이 있어서, 전환 배치 만들어 보겠다고 했어요. 어디서 퇴직하냐에 따라서 퇴직금에 몇천만 원 차이가 나니까. 그랬더니 형님들이 모양 빠지게 그러지 말래요. 미안했죠…. 그 형님들 퇴임식 하는 날 조합원들 다 울었어요." (콘티넨탈 조남덕)

죽을 만큼 힘들었지만, 또 힘든 만큼 함께하는 모든 날들이 좋았다. 동지가 있어서 좋았고, 당당한 자기 모습도 멋졌다.

우리는 파괴되지 않는다

회사나 기업노조도 문제지만 '우리'가 변해야 했다. 가만히 있지 않았다. 그리고 행동에 나섰다.

"2013년 되면서 조금 여유가 생겨서 우리도 간부수련회 하면서 좀 돌아보게 됐죠. 사실 회사가 칼도 빼 들기 전에 왜 그렇게 다 망가져 버렸는지…. 생각해 보니 조합원들이 주체적으로 투쟁해 본 경험이 없었던 거죠. 다 노조가 대리해 줬다고 해야 하나. 1998년 정리해고 투쟁 성과 가지고 10년 동안 투쟁 안 하고 잘 먹고 잘 살아온 거죠. 회사가 구조조정하면서 현장에 투입한 비정규직들, 정규직들이 반대했어도 노조가 2000년 초반에 다 정규직화시켰거든요. 그런데 그들이 가장 먼저 기업노조로 넘어가더라고요. 무엇보다 현장 분위기가 많이 바뀌었다고 느끼는 게 예전에는 기본급 안 올라가면 합의안 부결됐는데, 성과급만 많이 주면 가결되고요. 노동조합을 통해서 뭘 바꿔보겠다는 건 없고…. 복수노조 만들어지면 용역 들어오고 직장폐쇄하면 끝이라고들 생각했어요. 우리도 닥치면 도저히 막을 수 없다는 패배의식에 젖어있었던 거죠. 만도랑 유성, 발레오 깨져나가는데 개별사업장이 감당할 몫이 되는 걸 보니까 현장조합원들한테 공포로 다가오는 거죠. 남의 문제가 아니라고 생각하면서도 우리라면 막을 수 있을까, 개별사업장이 감당할 수 있을까, 좌절한 거죠. 그러다 나중에 철도노조 파업하는 거 보면서 다들 놀랐어요. 세상일에 관심 없던 우리 조합원들도 철도파업 어떻게 되는 거냐고 묻더라고요. 탄압받는 노동자들과 자기 삶을 일치시켜서 세상을 바라보게 된 거죠. 그러면서 뭐라도 같이 해보자고 하고요. 그렇게 조합원들이 성장하고 있었던 거죠." (콘티넨탈 조남덕)

조합원들은 자존심 때문에 민주노조를 지키고, 분노로 투쟁에 나서고, 공장 밖 노동자들의 삶에 관심을 기울이고, 사업장 벽을 넘어 세상으로 나아가 연대했다. 조합원들은 그렇게 성장했고, 그 성장은 지금도 현재진행형이다.

"제가 2012년 말 당선되고 매주 수요일마다 간담회를 했어요. 주야 맞교대하던 시절이니까 간담회 못 들어온 교대 조는 제가 현장 찾아가서 돌면서 만났죠. 그리고 아침 출투를 2017년 타결될 때까지 매일 했고요. 처음에는 당연히 해야 한다고 생각했는데 주위에서 대단하다고, 어떻게 이렇게 꾸준하게 할 수 있냐고 하더라고요. 사실 노조파괴 때 내세울 투쟁이라곤 출투가 전부라고도 할 수 있거든요. 다만 조합원들 힘들까봐 간부들 중심으로 한 건데 조합원들까지 함께하지 않은 게 후회돼요. 지금 와서 돌아보니 조합원들을 주체로 만드는 활동을 많이 놓쳤어요. 그러니 간부들도 금방 나가떨어지고 조합원들은 또 조합원들대로 힘들고…. 그래도 간부들이 중심이 되고 조합원들이 서로 보듬으며 여기까지 올 수 있었던 것 같아요. 선전물만큼은 우리가 우위에 있다고 자신해요. 현장에서 벌어지는 일, 세상에서 벌어지는 일을 우리 노동자의 눈으로 해석하고 조합원들과 공유하려고 늘 노력했거든요." (보쉬전장 이화운)

충북지역 복수노조 사업장들이 뭉쳤다. 금속노조 대전충북지역 복수노조 사업장들은 2019년 6월부터 매달 공동현장신문 <오름>을 내기 시작했다. 콘티넨탈, 보쉬전장, 유성기업영동, 한국타이어, 현대모비스충주, 엔텍, 현대성우메탈로 시작해서 지역에 복수노조 사업장이 늘어나며 2022년에는 대양판지, 액티브, 디어포스도 함께 했다. <오름>에는 전국의 복수노조 사업장들의 투쟁 현황과 지역 연대활동을 다뤘다. 그 밖에 조합원들에게 필요한 정보, 전국 투쟁 상황과 연대 요청도 놓치지 않았다.

"사업장 안에서 땅따먹기로 해결될 일이 아니구나, 이런 고민이 있었어요. 세력화해야 한다, 집단화되지 않으면 안 되겠다 싶어서 지역부터 규합했죠. 유성기업 이정훈 동지하고 이야기해서 복수노조 사업장 묶어보자고 했어요. 주말에 체육대회도 하고 산행도 하고 캠핑도 가고, 그러면서 조합원들을 모아 나갔어요. 2018년엔가 계용산 갔을 때는 100명 가까이 왔어요. 우아~ 우리가 공장 안에서는 쪽수가 안 되는데 다 같이 모이니까 꽤 되는구나, 가슴이 벅찼죠. 그때 두 가지를 결정했어요. 한 가지는 우리 신문을 만들어서 우리 이야기를 밖으로 알리자. 또 하나는 회의를 정례화해서 일상적으로 하면서 교섭창구 단일화 문제를 떠들어 보자. 다 같이 하루 휴가 내고 서울 가서 민주당 앞에서 집회도 하고요. 지금은 우리 지역에 있는 금속 복수노조 사업장 중심으로 모임을 이어가고 있어요. 전북이나 경주 등 자동차부품사 많은 지역에서도 모임을 추진 중이고요. 이제 교섭창구 단일화 절차가 얼마나 문제가 많은지는 대체로 알게 된 것 같아요." (콘티넨탈 조남덕)

노조파괴 10년이 된 2020년은 민주노총의 교섭창구 단일화제도 폐기 투쟁이 다시 불 붙은 해다. 해당 사업장들이 끈질기게 제기하며 투쟁했기에 가능한 일이었다. 민주노총은 2020년 2월 14일 복수노조 교섭창구 단일화 제도가 헌법상 노동3권을 침해한다며 위헌소송을 제기했다. 금속노조 콘티넨탈지회, 삼성지회, 삼성테크윈지회는 4월 28일 서울중앙지법에 해당 제도에 대한 위헌법률심판을 신청했다. 금속노조를 시작으로 이후 건설산업연맹, 화학섬유식품노조연맹, 민주일반연맹의 위헌법률제청신청 접수가 이어졌다.

금속노조는 같은 해 9월 15일 기자회견을 하고 이날부터 헌법재판소 앞에서 교섭창구단일화 제도 위헌결정을 촉구하는 일인시위를 연말까지 이어갔다. 민주노총은 10월 28일 '교섭창구 단일화 폐기 촉구 민주노총 선언대회'를 열었다. 참가자들은 "교섭창구 단일화제도 10년, 노동3권은 죽었다. 노동3권 가로막는 교섭창구 단일화는 위헌이다"라고 소리 높여 외쳤다.

특히 복수노조 사업장들이 집중된 대전충북지부는 공동투쟁을 다양하게 펼쳤다. 2020년에는 '교섭창구 단일화 폐기 순회투쟁단'을 구성했다. 7월 3일 오전 6시 30분 대양판지지회 출근투쟁을 시작으로 노동부 기자회견, 한국타이어 본사 상경투쟁, 민주당 항의투쟁 등을 벌였다. 2차 투쟁으로 콘티넨탈, 보쉬전장, 유성기업, 현대모비스 등 사업장 순회도 이어갔다.

2021년 3월 15일 금속노조 대전충북지부는 정기대의원대회에서 복수노조 사업에 집중하기로 결의했다. 복수노조 사업장 지원을 위한 기금 마련도 결의했다. 그리고 8개 복수노조 사업장은 공동으로 만화 백서를 내기로 했다.

10월 15~16일에는 금속노조 복수노조 사업장 대표자들이 경주에 모였다. 이미 여러 차례 모여온 대표자들은 당면한 교섭창구 단일화 폐기 투쟁과 현장에서 벌어지는 소수노조에 대한 차별에 공동 대응하자고 다시 한번 뜻을 모았다.

2022년 금속노조는 6월 13일부터 1주일을 집중 투쟁 기간으로 선포하고 복수노조 교섭창구 단일화 위헌 판정 촉구 투쟁에 나섰다. 14일에는 국회에서 '교섭창구 단일화 폐지로 새로운 복수노조 시대를 준비하는 국회 토론회'를 열기도 했다.

그해 8월 24일, 금속노조 대전충북지부는 파업 집회에서 "복수노조 사업장의 소수노조는 교섭 시도조차 못하고 있다"며 "모든 노동자의 노동3권 보장을 위해 복수노조 교섭창구 단일화 제도를

2020년 4월 28일 헌법재판소 앞 기자회견(위). 2020년 7월 24일 민주당사 앞 집회(아래).

폐기하라"고 외쳤다. 금속노조는 2023년 6월 7일에도 헌법재판소 앞에서 기자회견 열어 교섭창구 단일화제도 위헌결정을 재차 촉구했다.

헌법재판소는 위헌소원을 제기한 지 4년이 지난 2024년 6월 27일, 5대 4 의견으로 결국 교섭창구 단일화 제도가 합헌이라고 판결[74]했다.

합헌 의견을 낸 재판관 5명은 '교섭창구 단일화를 일률적으로 강제할 때 발생하는 문제점을 보완하기 위해 노조법에 개별단위 교섭, 교섭 단위 분리, 공정대표의무 조항 등을 규정하고 있으므로 단체교섭권 침해를 최소화하기 위한 제도적 장치가 마련돼 있다'고 봤다. 또 '노조법에 따라 교섭 대표노조가 결정된 경우 그 절차에 참여한 노조 전체 조합원의 과반수 찬성으로 쟁의행위를 할 수 있으므로, 쟁의행위에 개입할 수 있는 장치도 마련돼 있다'고 판단했다.

반면 위헌 의견을 낸 4명의 재판관은 교섭창구 단일화 제도가 소수노조의 독자적인 단체교섭권 행사를 전면 제한하고 있다고 지적했다. 소수노조의 단체교섭권 침해를 최소화하기 위한 제도적 조치가 제대로 마련돼 있지 않다고 본 것이다. 상세한 규정을 두지 않고 법원 해석으로 구체화되는 공정대표의무는 법원이 인정하는 정보제공이나 단순 의견수렴 등 요식적인 수준에 그칠 수도 있어 소수노조 의사를 실질적으로 반영하기에는 부족하다고 봤다. 또 단체

---

74 헌법재판소 2024.6.27. 2020헌마237, 2021헌마1334, 2022헌바237 결정. 이종석, 이영진, 김형두, 정정미, 정형식 재판관(5명)은 합헌, 이은애, 김기영, 문형배, 이미선 재판관(4명)은 일부 반대의견을 내놓았다.

협약 잠정 합의안에 대한 찬반투표 절차가 조합원의 의사를 반영할 수 있는 실질적인 장치지만, 노조법에는 단체협약안 확정 절차에 소수노조가 참여할 수 있는 규정도 없다고 지적했다. 교섭 대표노조의 단체교섭과 단체협약 체결 과정에서 소수노조의 의사를 실질적으로 반영할 규정도 없어 공정대표의무만으로 소수노조의 절차적 참여권이 제대로 보장되기 어렵다는 판단이다. 또 '자율적 개별교섭은 교섭창구 단일화로 인한 문제점을 보완하는 조치로 보이지만 사용자 동의로만 가능'하고, '교섭단위 분리제도 역시 인정 기준이 엄격하고 노사 자율로 할 수 있는 것이 아니라 노동위원회 결정으로만 가능'하므로 교섭창구 단일화 제도의 형평성을 갖추기에 충분하지 못하다고 판단했다.

비록 이번에도 합헌 결정이 내려지긴 했지만, 2012년에는 만장일치였던 데 반해 제도 시행 후 13년 만에 재판관들의 의견이 5대 4로 갈린 점은 의미가 크다. 현장에서 소수노조의 단체교섭권 침해 사례가 쌓이면서 헌법재판관들의 시각이 달라진 것으로 보인다. 여기에는 무엇보다 끊임없이 피해 상황을 알리고 쟁점화해 온 당사자들의 투쟁이 영향을 끼쳤다.

헌법재판소의 '합헌' 판결이 불변의 진리일 수는 없다. 10여 년 동안 무수한 피해사례가 드러났음에도 여전히 '합헌'이라는 결론은 몹시 아쉽고 분노스럽다. 다만 2012년에는 모두가 합헌이라고 했지만, 2024년에는 절반 가까운 재판관이 위헌이라고 했다. 이제 모두가 합리적인 판단을 내릴 시기 또한 머지않았음이 분명하다.

교섭창구 단일화제도 폐기할 때까지

교섭창구 단일화 강제는 엄청난 해일로 덮쳐왔다. 삽시간에 민주노조 1백여 개가 파괴됐다. 그런데 속수무책 무너질 것 같았던 해당 사업장들이 둑을 쌓고 받치며 지키기 시작했다. 소수노조 조합원들끼리 스스로 뭉쳐 교섭창구 단일화 제도의 문제점을 제기하고 투쟁하며 힘겹게 버텨왔다.

유성기업아산·영동지회는 2011년 직장폐쇄에 이은 기업노조 설립과 용역폭력에도 끈질긴 투쟁을 이어가 2014년 다수 노조 지위를 되찾았고, 2021년에 10년 치 임금·단체협약 합의를 이뤄냈다. 지회의 투쟁으로 노조파괴의 주역이 원청사인 현대자동차였다는 사실도 밝혀졌다. 갑을오토텍지회(현 케이비오토텍지회)는 2014년 겨울부터 시작된 노조파괴 공작에 맞서 3년간 처절한 투쟁을 벌인 끝에 2018년 3월에 자본으로부터 노조파괴 중단 약속을 받아내기도 했다. 충북에 있는 대양판지 사측은 2020년 3월 금속노조가 들어서자

가짜 노조를 2개나 잇달아 만들었지만, 금속노조의 투쟁으로 가짜 노조는 설립이 취소됐고 임직원들도 유죄판결을 받았다. 물론 가짜 노조 설립을 주도했던 이들은 2년 뒤에 다시 사측노조를 결성했다.

교섭권을 상실한 소수노조들은 해고를 포함한 징계 등 부당노동행위, 공정대표의무 위반 등에 대해 줄기차게 소송을 제기해 이겼다. 2018년에는 '노조파괴 시나리오'를 실행한 창조컨설팅 대표도 실형을 선고받아 법정 구속됐다. 소수노조들의 이러한 법정 투쟁은 심급마다 엇갈리기는 했지만 서로 판결에 영향을 주고받으며 대체로 승소해 의미 있는 판례를 차곡차곡 쌓아왔다.

대법원은 2016년 3월 상신브레이크를 시작으로 노조파괴 사업주들의 부당노동행위를 인정하기 시작했다. 해당 사업장들의 투쟁으로 노조파괴가 사측과 창조컨설팅에 더해 청와대, 국정원까지 공모했다는 사실도 밝혀졌다.

이 모든 성과는 해당 사업장들이 가만히 있었다면 결코 나올 수 없는 판결이며 밝혀낼 수 없었던 진실들이다. 자본과 한통속이 된 노동부, 검찰, 사법부를 상대로 끈질긴 투쟁을 이어갔기에 가능했다. 2022년 12월에는 이명박 정부 당시 국정원이 주도한 노조파괴 공작에 대한 국가배상 책임이 있다는 판결도 나왔다.

이렇게 소수일지언정 중단하지 않고 자본과 권력에 맞서 투쟁을 전개한 사업장들은 소소하지만 소중하고, 때로는 다른 노조파괴 사업장들에 엄청난 영향을 줄 수 있는 유의미한 판결을 끌어내며 역사를 만들어 온 것이다. 교섭창구 단일화를 무기로 한 노조파괴를 막아내는 교두보를 스스로 마련한 것이다.

불굴의 투쟁을 이어온 발레오만도지회는 2023년에 드디어 기업노조를 금속노조로 통합해 냈다. 그 과정이 평탄했던 것은 절대 아니다. 직장폐쇄로 시작된 사측의 노조 탄압은 기업노조 설립과 함께 민주노조 그리고 조합원 말살, 나아가 파괴를 획책했다. 그에 맞서 발레오지회 조합원들은 노조 파괴범 처벌과 원상회복을 위해 현장 투쟁, 재판 투쟁을 비롯해 할 수 있는 모든 싸움을 감당했다. 눈물겨운 노력이 마침내 열매를 맺어 이제 발레오전장에 노동조합은 '금속노조' 하나다.

"2010년 제가 구속돼 있을 때 선배 몇 명이 면회 와서 하는 얘기가 '우리가 조합원들을 너무 온실 속 화초처럼 대한 것 같아. 자판기노조 역할만 한 거 아닐까' 하더라고요. 조합원들이 스스로 움직이게 하는 게 아니라, 말만 하면 집행부가 다 해줬으니까. 사실상 민원 같은 건데, 그런 것도 다음 선거 생각해서 거절 못 하는 거죠. 그러니 무너지는 건 한순간이더라고요. 자판기노조의 한계 아니었을까…. 그래도 자본이 너무 세게 짓누르니까 다시 튀어 오르더라고요. 조합원이 투철하다기보다 자본이 너무 심하게 탄압하고 차별하고 갑질 같은 걸 하니까 내부가 다시 들고 일어나는 상황이 된 거죠. 그런 역사를 발레오가 보여준 것 같아요. 어용노조에서 민주화되는 과정은 눌리다 눌리다 더는 참을 수 없어서 새로운 노조로 가는 건데, 우리는 민주노조 하면서 20년 동안 단련되지 못하고 자판기노조 역할만 하다 보니 한순간에 무너진 거고. 자본의 탄압이 거세지니 다시 복원하는 과정으로 가고 있는 거죠. 그만큼 그 과정이 쉽지는 않고요. 복수노조 시절 기업노조에서 우리한테 오지 못한 이유는 대체로 비슷했을 거라고 봐요. 제가 2020년 말 선거 출마했을 때 어떤 조합원이 딱 한 가지만 부탁한다고 하더라고요. 노동조합을 하나로 만들어 달라고….” (발레오전장 신시연)

어찌 보면 발레오전장의 현재는 다행스러우면서도 동시에 몹시 귀한 사례에 해당한다. 물론 사업장에 노조가 반드시 하나여야 하는 것은 아니다. 노동운동 진영은 노동조합의 자주적 단결권 보장과 확대를 위해 수십 년 동안 복수노조 허용을 요구하며 투쟁해 온 것이다. 특정 노조가 배타적 지위를 무기로 사측과 담합하는 것을 막아낼 수도 있고, 서로 자유롭게 경쟁 또는 연대하며 보다 나은 노동조건을 확보해 나갈 수도 있다. 복수노조 자체는 문제가 아니다.

하지만 여전히 복수노조로 고통받는 민주노조들이 허다하다. 버젓이 '법'이라는 이름으로 버티고 있는 교섭창구 단일화 제도가 모든 차별과 고통을 끊임없이 만들어 내고 있기 때문이다. 민주노조를 짓밟으려는 자본과 정권의 행태는 더욱 악랄해지고, 소수노조로서 10여 년 동안 투쟁해 온 해당 사업장들의 피로도는 극에 달했다. 그 사이 전체 민주노조 진영의 관심에서도 멀어지고 있다.

이렇게 복수노조 시대에 살아남는 일은 개별사업장이 알아서 감당해야 할 몫이 되고 말았다. 전체 노동자에게 몰아닥치고 있는 해일을 해당 사업장 노동자들만이 온몸으로 틀어막고 있는 형국이다. 그러나 언제까지 그들이 쌓은 둑으로 해일을 막을 수는 없다. 위태롭게 버티고 있지만 해일이 거세지면 둑은 언제든지 무너진다.

금속에서 지금 둑을 지키고 있는 민주노조들은 대체로 부품사업장들이다. 기아·현대차 등 완성차에 아직은 제2, 제3노조가 들어서지 않았다. 자본은 위기가 닥치거나 조금만 빈틈이 보인다면 사업장 규모와 관계없이 언제든 어디서든 복수노조를 이용한 민주노조 파괴에 나설 것이다. 민주노조를 사수하기 위한 최전선에 있는 사업장들이 스스로 둑이 되어 지키고 있어서 아직 해일이 가닿지 않았을 뿐이다. 저 멀리 아니면 바로 앞에 둑을 지키고 있는 그들이 보인다면, 그 해일이 내 앞에 닥치는 것은 순식간이다. 그 해일이 내 머리 위로 쏟아지면 그때는 이미 늦다. 어쩌면 둑은 이미 무너지기 시작했을지 모른다.

이제는 화답해야 한다. 교섭창구 강제적 단일화는 전체 노동조합을 향하고 있다. 언제든 그 제도를 무기로 복수노조를 만들어 민주노조 파괴에 나설 수 있다. 최전선에서 온몸으로 처절하게 자본과 정권의 공격을 감당하며 막아 온 해당 사업장 노동자들이 지치기 전에, 이제는 전체가 맞서야 한다. 그리고 이미 헌법재판소마저 교섭창구 단일화의 합헌 여부에 대해 의견이 비등하게 갈렸다. 심각한 위헌성을 내포하고 있다는 뜻이다. 해당 피해 사업장에게만 맡겨두지 않고 하루빨리 전체가 함께 나서 투쟁으로 교섭창구 강제적 단일화 제도를 완전히 폐기해야 한다.

노동조합은 항상 정권의 칼끝에 있다. 윤석열 정부가 들어서면서는 더더욱 법이고 관행이고 무시한 채 '노동조합' 자체를 '악'으로 몰아가고 있다. 다 짓밟겠다는 기세다. 물론 이전 정권이라고 크게 다르지는 않았다. 그런데 더욱 심해졌다.

자본과 정권이 도입한 교섭창구 강제적 단일화 제도는 시작이었다. 윤석열 정권은 노동시간 유연화, 임금체계 개편, 성과제 확대, 회계 공시를 통한 노동조합 지배·개입 등 정신없이 반노동 정책을 쏟아내며 노동자들을 몰아치고 있다. 반면 노동자를 보호하는 '노란봉투법' 등에 대해서는 가차 없이 거부권을 행사하고 있다.

법과 정권과 자본이 몰고 온 해일은 강력하다. 이제까지 복수노조 피해사업장들 스스로 해일을 막아내고 버텨왔다. 더 늦기 전에 이제는 민주노총과 금속노조를 비롯한 산별 노조들이 나서야 한다. 복수노조 피해사업장들의 버팀목에 그칠 것이 아니라 더 큰 힘으로 투쟁을 이끌어야만 반격할 수 있다. 교섭창구 강제 단일화가 전체 민주노조의 문제라면, 폐기 투쟁도 당연히 전체 민주노조 진영의 몫이다. 더 나아가 교섭창구 단일화에 그치지 않는 자본과 정권의 공격을 민주노총 중심으로 전체 노동운동 진영이 막아내야 한다. 해당 사업장만의 투쟁이 아닌 전체 노동자의 '반격'이 필요하다. 민주노조를 사수하기 위한 노동운동 진영 전체의 투쟁이 절실하다.

노동자가 자주적으로 노동조합을 건설할 수 있고, 노동조합이 몇 개든 어디에 속해 있든 그 자체로 제약받거나 차별받지 않고, 무엇보다 노동조합 활동이 자연스러운 삶이 가능한, 그런 세상을 향한 노동자들의 투쟁은 계속되고 있다.

구술 명단

▣ 발레오전장

- 박종욱
- 송재석
- 신시연
- 이상수
- 정연재
- 최준창
- 추재덕
- 한규업

▣ 보쉬전장

- 이명주
- 이화운
- 전원일

▣ 콘티넨탈

- 김경태
- 김병준
- 박찬용
- 서강우
- 조남덕
- 조용희

참고자료

- 각종 회의자료와 선전물 등 (발레오만도지회, 보쉬전장지회, 콘티넨탈지회)
- 『노조파괴사업장 언론 기사 모음집(2010년 2월~2022년 7월)』 (노동자역사 한내, 2022년 10월 1일)
- 『노동3권 침해 사례에서 드러난 복수노조 창구 단일화제도 위헌성-복수노조 침해 사례 조사집』 (민주노총, 2022년 1월 12일)
- 『창조컨설팅 개입 노조파괴사업장 기자회견문』 (창조컨설팅 개입 노조파괴사업장 노동조합-유성범대위, 2019년 7월 16일)
- 국회토론회 자료집 『복수노조 악용 노조 탄압 문제점과 대안-사용자의 부당한 노조 간 차별 어떻게 근절할 것인가』 (금속노조-민주당 장하나 의원실, 2014년 2월 19일)

부록

교섭창구 단일화제도에 대한 헌법소원 청구 취지

노조파괴 시기 3개 지회 주요 활동 일지

교섭창구 단일화제도에 대한 헌법소원 청구 취지[75]

취지

2010년 1월 1일 노조법 날치기 개악으로 복수노조 교섭창구 단일화제도가 신설된 지 올해로 10년이 됐다. 그동안 사업장 단위 복수노조 교섭창구 단일화제도는 노동조합의 자유로운 설립과 운영을 보장한다는 본래 취지와 달리 사업장 단위로 교섭을 강제함으로써 지난 10년간 노동자들의 노동조합 할 권리를 박탈하고 배제하기 위한 수단으로 악용돼 왔다.

사업장 단위 복수노조 교섭창구 단일화제도가 도입되기 이전에는 보장되었던 초기업 단위 노동조합의 자유로운 단체교섭권과 단체행동권의 행사가 2010년 이후 사업장 단위 교섭 강제로 인해 금지됐다. 수많은 노동조합이 친사용자적이지 않다는 이유로 복수노조를 악용하는 사용자의 부당노동행위로 노조파괴를 당했다. 자주적·민주적으로 설립된 신규 노동조합들이 사용자가 개입한 어용노조-유령노조들로 인해 실질적인 노동3권을 침해당했다.

75 민주노총의 '복수노조 교섭창구 단일화제도에 대한 헌법소원심판 청구 의견서'(2020년 2월 14일)를 정리함.

이러한 현실에도 정부와 국회는 헌법상 노동3권을 침해하는 사업장 단위 복수노조 교섭창구 단일화제도에 대해 근본적인 위헌성을 개선하는 것은 검토하지 않고 있다. 오히려 사업장 내 쟁의행위에 대한 통제를 강화하고, 사업장 단위 근로계약 관계를 전제로 노동조합의 임원이나 대의원 자격을 제한하는 등 사업장 단위 노동조합 활동을 중심으로 한 노조법 개악을 시도하고 있다.

전국민주노동조합총연맹은 기업별 교섭을 강제하는 현행 노조법상 복수노조 교섭창구 단일화제도의 위헌성을 본격적으로 제기하고자, 이번 '헌법소원' 심판청구를 시작으로 10여 년간 기업별 교섭 강제로 인한 노동조합 할 권리 침해에 대해 '위헌법률심판제청' 신청을 제기하고자 한다.

복수노조 창구단일화제도의 위헌성

복수노조 교섭창구 단일화제도 도입 초기 헌법재판소의 합헌 결정[76]은 기본권의 박탈이 발생되는 구체적인 상황을 전혀 검토하지

---

76 복수노조 교섭창구 단일화제도 도입 직후 한국노총이 2011년 6월 24일 소수노조의 교섭권과 단체행동권을 침해하고 산별교섭을 무력화시킨다며 제기한 헌법소원에 헌법재판소는 2012년 4월 24일 재판관 전원일치로 합헌 결정을 내렸다. 헌법재판소는 교섭창구단일화제도는 노사대등의 원칙에 따라 단체교섭권을 실질적으로 보장하기 위해 불가피하고, 현행 노조법은 사용자 동의에 의한 개별교섭 허용, 교섭단위 분리, 공정대표의무 등을 두고 있어 과잉금지 원칙에 위반되지 않으며, 자율교섭이 교섭창구 단일화보다 단체교섭권을 덜 침해하는 제도라고 단언할 수 없다고 봤다.(헌법재판소 2012. 4. 24. 2011 헌마338 판결)

않은 상태에서 판단했다는 근본적인 한계가 있다. 당시 합헌 결정은 제도가 시행되고 나서 10개월도 채 지나지 않은 상황에서 나온 판단이다.

따라서 단체교섭권과 단체행동권의 완전할 박탈이 아닌 제한의 문제로 오인했던 것이라는 점, 조합원 수에 따라 기본권의 질적 차이를 둘 수 없음에도 단체교섭권과 체결권이 완전히 배제되는 노동조합 사례에 대해 검토하지 못한 점, 헌법상 단체교섭권의 행사에 대해 상대방이자 단체교섭의무자인 사용자에 의해 단체교섭의 내용과 성질이 변경되는 교섭창구 단일화제도의 권리침해적 요소를 반영하지 못한 점 등 복수노조 교섭창구 단일화제도 10년의 침해사례를 근거로 본 제도의 위헌성에 대한 근본적 검토가 반드시 요구된다.

사업장 단위 복수노조 창구 단일화 절차 강제 - 과잉금지원칙 위배

노조법 제29조의2 제1항은 "조직형태에 관계없이", 노조법 제29조 제2항, 제29조의2 제1항은 "교섭대표노동조합을 정하여 교섭을 요구하여야 한다"고 정하고 있다.

노조법 제29조는 헌법상 단체교섭권에 근거하여 노동조합(의 대표자)에게 단체교섭 및 단체협약을 체결할 권한이 있음을 명시하고 있다. 그러나 법 제29의2 제1항에서 하나의 사업 또는 사업장에 '조직형태에 관계없이' 노동조합이 2개 이상인 경우에는 '교섭창구단일화를 거쳐야만 하도록 강제'했다. 이는 노조법 제29조의2 신설 이전에 하나의 사업 또는 사업장에 기업별 노동조합이 2개 이상 있는 경우가 아니라면, 즉 기업별 노동조합과 조직 형태를 달리하는 초기업별 노동조합이 2개 이상 있더라도 자유롭게 노동조합을 설립하고 단체교섭 및 단체행동권을 행사할 수 있도록 보장해왔음에도 이를 제한하여 초기업별 노동조합의 초기업 단위 교섭을 사실상 축소·차단했다.

산업별 노동조합이라면 산업 차원의 사용자단체와 산업별 교섭을 하는 것은 본질적인 노동조합의 활동 및 권리로 포함하고 있다. 그러나 노조법 동 조항은 초기업 단위 노동조합이 초기업 단위 단체교섭권을 행사하기 위해서는 무조건 기업 단위 교섭권을 확보해야만 단체교섭권 및 단체행동권을 행사할 수 있도록 제한하고 있다.

따라서 노조법 동 조항은 초기업 단위 노동조합의 자주적인 설립 및 운영에 상당한 제약을 가하는 것으로, 헌법상 단결권과 단체교섭권에 대한 본질적 부분을 침해하므로 목적의 정당성이 인정되지 않는다.

특히 사업장 단위 교섭창구 단일화제도는 개별교섭-단위분리-공정대표의무 규정을 두고 있지만 교섭 참여 노동조합의 헌법상 노동3권의 실질적인 행사를 근본적으로 박탈한다. 반면 오히려 사용자가 이러한 예외적 제도를 통해 노동조합 간 차별과 부당노동행위를 하는 경우, 이에 대한 시기적절한 법적 절차는 매우 취약한 제도다. 따라서 사업장 단위 교섭창구 단일화 강제를 통해 교섭대표노동조합만 교섭을 하도록 한 노동법 동 조항은 목적의 정당성에 비추어 수단의 적합성, 최소침해성, 법익균형성을 결여하여 과잉금지 원칙에 위배된다.

사용자의 자의적인 자율교섭 동의를 통한 노동조합의 노동3권 개입 - 수단의 적정성과 최소침해성에 반하며 법익균형성 상실

노조법 제29조의2 제1항 단서는 "사용자가 이 조에서 정하는 교섭창구 단일화 절차를 거치지 아니하기로 동의한 경우에는 그러하지 아니하다"고 정하고 있다.

사업장 단위 교섭창구 단일화 절차를 강제하면서, 교섭창구 단일화 절차를 진행하지 않는 유일한 예외는 사용자가 교섭창구 단일화 절차를 거치지 않기로 동의한 경우에만 각 노동조합은 각자 사용자와 교섭을 할 수 있다. 그러나 이러한 사용자의 자의적인 자율교섭 동의제도는 친사용자적 노동조합이 교섭대표노동조합이 될 수 있는 경우에는 자율교섭 동의를 거부하고, 친사용자적 노동조합이 교섭대표노동조합이 될 수 없는 경우에 자율교섭 동의를 통해 친사용자적 노동조합의 교섭권을 보장해주고, 이를 통해 노동조합 간 차별을 활용한 부당노동행위를 위해 이용하고 있다.

노조법 동 조항은 효율적인 교섭체계의 구축이나 사업장의 통일적 근로조건 달성이라는 목적에 부합하지 않는다. 사용자가 어떤 노동조합과 교섭하고 싶은지, 어떤 노동조합의 교섭대표권을 박탈하고 싶은지에 따라 노동조합의 자주적인 활동에 개입하게 되므로 수단의 적정성에 반한다. 사용자의 동의 여부는 노동조합의 단체교섭에 실질적인 영향을 미치기 때문에 노동조합의 노동3권을 지배

개입하려는 사용자의 부당노동행위 의사를 강화해 주는 제도로서 기능하고 있어 최소침해성에도 반한다. 특히 개별교섭 동의제도는 사용자가 '일방적'으로 결정할 수 있도록 하는 제도이기 때문에 법익균형성도 상실했다.

사업장단위 복수노조인 경우, 단체행동권을 교섭대표노동조합만의 권리로 제한하여 소수노동조합의 단체행동권 박탈
- 자주적인 단체행동권 행사 본질적 침해

노조법 제29조의5는 '제37조 제2항(노동조합에 의해 주도되지 않는 쟁의행위의 금지)'에서 '노동조합'을 '교섭대표노동조합'로 정하고 있다.

현행 노조법은 교섭대표노동조합에 의하여 주도되지 아니한 쟁의행위를 할 수 없도록 규정하고 있다. 즉 교섭대표노동조합이 되지 않은 노동조합과 그 노동조합의 조합원들은 교섭대표노동조합이 쟁의행위를 하려고 하지 않는 한 쟁의행위까지도 전혀 할 수 없는 상황에 처하게 된다.

가령 교섭대표노동조합이 교섭이 결렬되거나 단체협약 체결이 이루어지지 않은 상태에서 교섭을 중단하고도 쟁의조정 신청을 진행하지 않고 쟁의행위 찬반투표를 진행하지 않는 등 교섭대표노동조합의 단체교섭권 및 단체행동권 해태에 대해 교섭참여노동조합이 이에 개입하거나 자신의 권리를 행사할 어떠한 방법도 허용되지 않는다.

교섭대표노동조합과 그 조합원들은 노동조합의 총회 등 논의 과정을 통해 쟁의행위 찬반투표를 할지나 쟁의행위로 나아갈지를 결정할 수 있지만, 교섭대표노동조합이 아닌 교섭참여노동조합과 그 조합원들은 쟁의행위를 할 수 있는 아무런 방법도 보장하고 있지 않다. 따라서 교섭대표노동조합이 아닌 노동조합과 그 조합원들의 의사는 교섭대표노동조합의 결정에 종속되고 자주적인 단체행동권 행사가 본질적으로 침해된다.

노조파괴 시기 3개 지회 주요 활동 일지

2009년

3월 4일	발레오-강기봉 대표이사로 입사
3월 9일	발레오지회-급여 체불에 대표이사실 항의방문
4월 16일	발레오-지회에 아웃소싱 및 복지축소 등 30가지 보충교섭 요구
4월 22일	발레오지회-경비직 14명 금속노조 직가입
5월 6일	발레오지회-쟁대위 전환
5월 13일	발레오-경비 5명 일방적 징계(감봉 1개월 2명, 감봉 2개월 3명)
8월 22일	발레오-아웃소싱 철회 및 노사 복지 축소 유보에 합의

2010년

2월 4일	발레오-경비직 일방적 현장발령 후 경비용역으로 대체
	발레오지회-긴급총회 소집 및 야간잔업 거부
2월 5일	발레오지회-조합원 총회에서 쟁의행위 결의(621명 중 557명 투표, 92.1% 찬성)
2월 8일	발레오지회-금속노조 창립기념일 특근 거부
2월 9~12일	발레오지회-품질강화운동(생산량 30% 축소)
2월 16일	발레오-06시 30분 직장폐쇄

2월 17일	발레오지회-직장폐쇄 규탄과 철회 촉구 기자회견 및 집회
2월 22일	발레오지회-업무복귀 선언 기자회견
2월 25일	금속노조 경주지부-조합원 총회로 총파업을 비롯한 투쟁 결의
3월 3일	발레오지회-공장진입 시도하다 7명 연행
3월 4일	금속노조 경주지부-확대간부 파업 집회, 7번 국도 점거 및 공장진입투쟁 과정에 32명 연행
3월 5일	금속노조 경주지부-잔업 거부 집회
3월 6~7일	금속노조 경주지부-특근 거부 집회
3월 8일	금속노조 경주지부-4시간 파업, 경주역 결의대회에서 7명 삭발
3월 9일	금속노조 경주지부-총파업 20시부터 12일까지 유보
3월 12일	금속노조 경주지부-확대간부 파업 및 주간 조합원 4시간 파업 결의대회, 금속노조 위원장과 강기봉 면담
3월 16일	발레오지회와 금속노조 경주지부 사무실 압수수색(경찰 2천 명 동원), 정연재 지회장 포항지청 조사 중 연행(구속)
3월 17일	발레오지회-가족대책위 구성 관련 1차 모임(30명 참가)
3월 26일	금속노조 경주지부-한효섭 지부장과 신시연(발레오) 수석부지부장 체포(구속)
3월 29일	금속노조 경주지부-4시간 파업 집회
4월 7일	발레오지회-가족 문화제
4월 24일	발레오지회-전 조합원 간담회
4월 28일	금소노조 경주지부-확대간부 파업 집회
5월 1일	발레오-조조모가 지회 임원 사퇴 촉구
5월 13일	금속노조 경주지부 지부장, 수석부지부장, 발레오지회장 석방
5월 18일	발레오-조조모가 농성장에 조직형태변경 총회 공고 게시
5월 19일	발레오-조조모 1차 조직형태변경 총회, 총원 605명 중 504명

투표해 517명(95.2%) 찬성

5월 24일　발레오 직장폐쇄 효력 정지 가처분 인용(대구지법 경주지원)

5월 25일　발레오-직장폐쇄 철회, 금속노조 조합원 108명 자택 대기 발령

6월 7일　발레오-조조모 2차 조직형태변경 총회로 규약 개정 및 임원 선출, 금속노조 탈퇴하고 발레오전장노동조합(기업노조) 설립

6월 8일　발레오-미복귀자 58명 교육 진행

6월 10일~7월 15일　발레오 징계위-58명 중 해고 15명, 정직 3개월 13명, 무급휴직 24명(2년 6명, 1년 6월 1명, 1년 2명, 9개월 1명, 6개월 9명, 4개월 2명, 3개월 2명, 2개월 1명), 퇴사 후 계약직 근무 3명, 퇴사 2명, 무급휴직 협상 1명

7월 1일　노조법 '전임자 임금지급 금지' 시행

7월 20일　발레오-기업노조 단협 사측에 백지위임 및 항구적 무쟁의 선언

7월 26일　발레오지회-해복투 1차 회의에서 투쟁 결의

7월　발레오-금속노조 조합원들 상대로 26억 4,800만 원 손해배상 청구

9월 17일　발레오지회-경주시장 면담

10월 4일　발레오지회-9월 20일 심판 결과 해고 15명 중 7명, 정직 3개월 13명 중 2명 부당징계 판정(경북지노위)

10월 12일　대구노동청 국정감사

12월　발레오지회-기업노조 총회결의 무효소송 제기

2011년

1월 10일　발레오지회-해고 15명과 정직 3개월 2명 부당징계 판정(중노위)

7월 1일　노조법 '복수노조 허용과 교섭창구 단일화' 시행

7월 31일　발레오 조직형태변경 총회 무효 판결(서울중앙지법)

9월 2일	발레오지회 농성 콘테이너 경비용역이 침탈
12월 6일	발레오-조합원 1명 추가해고
12월 15일	발레오지회-정직 2명 부당징계 판정(서울행정법원)
12월 16일	발레오지회-해고·정직 26명 중 5명 부당징계 판정(서울행정법원)
12월 30일	보쉬전장-이날 휴무를 이유로 이후 지회를 업무방해 등으로 고소·고발

2012년

1월 12일	발레오지회-정직자 전원 부당징계 판정(서울행정법원)
1월	발레오 사측 손배청구 1심에서 노조에 1,083만 원만 배상 판결(2012년 12월 14일 대법원 판결 확정)
1월 10일	보쉬전장지회, 잔업 거부하고 로비농성 및 지회장 단식 시작
1월 12일	보쉬전장-대표이사 노사협의회 중단 선언
1월 16일	보쉬전장-격려금 100% 일방 지급
2월 15일	보쉬전장-정근원 지회장 해고, 정광문 사무장 정직 3개월
2월 22일	보쉬전장-기업노조 설립
2월 25일	보쉬전장-사내 감시용 CCTV 무단 설치
2월 27일	보쉬전장-기업노조와 임단협 합의
3월 3일	콘티넨탈지회-사측에 교섭 요구
3월 5일	보쉬전장-기업노조 조합원 과반 확보
3월 8일	보쉬전장지회-출근투쟁 시작, 매주 수요일 정문 앞에서 촛불문화제
4월 3일	보쉬전장-지회에 단체협약 일방해지 통보
4월 24일	보쉬전장 정근원 부당해고 판결(충북지노위)
6월 2일~	보쉬전장-정문 공사 이유로 중장비 배치해 매일 지회 선전전 방해

6월 14일~	보쉬전장-일방적 직원 정신교육(8월 14일까지)
7월 2일	보쉬전장·콘티넨탈지회-2012년 임단협 쟁의조정신청 접수
7월 13일	콘티넨탈지회-부분파업 돌입
7월 14일	보쉬전장-기업노조와 임단협 타결
7월 15일	콘티넨탈-사내 감시용 CCTV 설치
7월 20일	금속노조 총파업
7월 26일	콘티넨탈-기업노조 설립
7월 27일	만도 3개 공장 직장폐쇄 및 경비용역 투입
8월 13일	콘티넨탈지회-박윤종지회장 단식농성 돌입
8월 16일	콘티넨탈-지회에 단체협약 일방해지 통보
8월 21일	콘티넨탈-금속노조에 교섭 중단, 개별교섭, 금속노조 관계자 출입 통제 통보
9월 7일	콘티넨탈-기업노조와 잠정합의, 금속 조합원만 빼고 전 직원 성과급 지급
9월 12일	콘티넨탈-지회 임원 3명 징계(2명 해고)
9월 24일	국회 환경노동위원회 청문회에서 창조컨설팅 노조파괴 문건 공개
9월 21일	발레오 기업노조 설립 무효 판결(서울고법)
10월	보쉬전장-기업노조 단협개악안 찬반투표 부결(2차 부결, 집행부 사퇴)
10월 12일	금속노조 포항·경주지부-창조컨설팅 개입사업장 특별근로감독 실시와 원상회복 촉구 기자회견(포항지청)
10월 16일	노동부-창조컨설팅 심종두·김주목 공인노무사 등록 취소
10월 18일	노동부-창조컨설팅 설립인가 취소
10월 23일	금속노조-창조컨실팅에 노조파괴 사주한 보쉬전장, 발레오만도, 상신브레이크, 유성기업 검찰에 고소

11월 7일 충청지역 노조파괴 사업장들-대전고용노동청 앞 천막농성 시작

11월 9일 발레오 압수수색

11월 16일 금속노조 대전충북·충남지부-4시간 파업, 노조파괴 사용주와 창조컨설팅 대표 구속수사 촉구

11월 21일 금속노조 대전충북·충남지부-대전지방검찰청에서 대전고용노동청까지 삼보일배 행진

11월 22일 보쉬전장-전원일 해고 등 4명 징계

11월 26일 보쉬전장지회-노조탄압 항의 아침 출근선전전 시작

11월 27일 민주노총 충북·충남본부장과 금속노조 대전충북·충남지부장-대전고용노동청장실 농성 돌입, 조합원들은 천막농성 돌입

2013년

1월 3일 노조파괴사업장들- 대통령직인수위원회 앞 기자회견 및 선전전 시작

1월 15일 보쉬전장 압수수색

1월 22일 콘티넨탈 3명 부당징계 판결(충남지노위)

1월 24일 발레오 기업노조에 교섭권 없다고 판결(서울행정법원)

3월 19일 콘티넨탈지회-대전노동청 앞 1인시위

3월 25일 발레오만도에 해고자들의 노조 사무실 출입 방해 금지 판결(대구지법)

3월 29일 금속노조 대전충북지부-'노조파괴 사업주 구속과 사용자노조 해체' 기자회견(대전검찰청), 1인시위, 108배 시작

4월 8일 금속노조 포항·경주지부-고용노동부 포항지청 앞 천막농성 시작

4월 17일 보쉬전장 교섭 대표노조는 금속노조라고 판결(대전지법)

4월 18일	보쉬전장지회-조합원 27명 재가입, 조합원 야유회
4월 25일	민주노총 충북본부와 금속노조 대전충북지부-어용노조 규탄 사용자 처벌 복수노조 순회 투쟁문화제 시작(유성기업)
5월 11일	콘티넨탈지회-조합원·가족들과 캠핑
5월 20일	콘티넨탈-금속노조에 개별교섭 통보
5월 29일	민주노총 충북본부와 금속노조 대전충북지부-어용노조 규탄 사용자 처벌 복수노조 순회 투쟁화제(보쉬전장)
6월 11일	보쉬전장지회-사측과 기업노조 교섭중단 가처분 소송 승소
6월 12일	민주노총충북·금속대전충북지부_어용노조 규탄 사용자 처벌 복수노조 순회 투쟁화제(콘티넨탈)
5월 22일	포항시·경찰-포항지청 앞 농성장 강제 철거
5월 30일	발레오 26명 부당징계 판결(서울고등법원)
6월 25일	금속노조-채동욱 검찰총장과 부당노동행위사업장 담당검사 5명에게 사업주 구속 수사 촉구 진정서 제출
7월 9일	발레오지회-노조사무실 진입해 농성 시작
7월 11일	발레오-노조사무실 주변 금속노조 조합원에게 농약 살포
7월 15일	발레오 해고자 노조사무실 출입 금지신청 기각(경주지원)
7월 20일	발레오지회-노조 사무실 탈환
7월 23일	콘티넨탈-기업노조와 합의, 금속노조 조합원 배제하고 전 직원 성과급 지급
7월 26일	보쉬전장 기업노조 압수수색(대전지검)
8월 6일	보쉬전장지회-대검찰청 앞 1인 시위 시작
8월 9일	보쉬전장·콘티넨탈지회-부강지역에서 전조합원 선전전
8월 12일	보쉬전장지회-사측이 기업노조와 맺은 2012·2013년 임단협 효력정지 가처분소송 승소

8월 12~14일	금속노조-노조파괴 사용자 구속 처벌 촉구 기자회견 및 집회
8월 22일	발레오만도 기업노조에 교섭권 없다고 판결(서울고법)
8월 23일	콘티넨탈-지회에 손해배상 3천만원 청구 소송
9월 27일	발레오-금속노조에 단체협약 일방 해지 통보
9월	발레오-기업노조와 통상임금 소송 취소와 임금동결 합의
10월 13일	콘티넨탈지회-독일금속노조 면담
10월 17일	콘티넨탈지회-대전노동청장 면담
10월 20일	콘티넨탈지회-조합원 체육대회
10월 24일	대전고법·대전고검 국정감사
11월 13일	보쉬전장지회-정근원 해고 무효소송 승소(대전지법)
11월 21일	금속노조-늑장 수사 규탄과 사용자 처벌 촉구 대검찰청 기자회견
11월 29일	발레오지회-정년축소 해고자들이 낸 해고무효소송 승소
11월 29일	보쉬전장-기업노조와 창립 20주년 기념 노사화합선언
11월 30일	콘티넨탈지회-복수노조 이후 첫 조합원 수련회
12월 5일	콘티넨탈지회-매주 목요일 해고자와 상집간부 중식피케팅 시작
12월 30일	노조파괴 부당노동행위 고발 사건 불기소 처분(검찰)

2014년

1월 24일	콘티넨탈지회-3명 부당징계 승소(서울행정법원)
1월 18일	금속노조-노조파괴사업주 무혐의 처분 규탄 대검찰청 규탄대회
1월 22일	보쉬전장지회-교섭 대표노조 소송 승소(대전고법)
1월 22일	콘티넨탈지회-노조파괴 사업주 재수사 항고
2월 10일	콘티넨탈지회-조합원 총회
2월 13일	발레오지회-사업주 특검 도입 재수사 촉구

2월 19일	금속노조-'복수노조 악용 노조탄압 문제점과 대안' 토론회
2월 20일	금속노조-'복수노조 악용 노조탄압' 특검 도입 촉구 결의대회
3월 18일	발레오-징계해고 조합원 2명 사원아파트 퇴거 소송 패소(대구지법)
3월 23일	콘티넨탈지회-전 조합원 등반대회
3월 28일	보쉬전장지회-정근원 부당노동행위·부당해고 승소(서울행정법원)
4월 2일	민주노총 충북본부-노조파괴 사업주에 대한 특검 요구 기자회견
4월 4일	콘티넨탈지회-부당해고 분쇄 금속노조 사수 일일주점
4월 11일	충청권 노조파괴사업장 공동투쟁단 1박2일 투쟁 선포
4월 12일	충청권 노조파괴사업장 공동투쟁단 발레오만도지회 연대방문
4월 14일	금속노조 대전충북지부-노조파괴 사건 축소·은폐수사 규탄 및 검찰 재수사 촉구 기자회견
4월 15일	금속노조-검찰과 노동부에 노조파괴사건 재수사와 기소 촉구 기자회견(국회 정론관), 창조컨설팅과 노조파괴사업장 간 금융거래내역 공개
5월 16일	콘티넨탈지회-교섭해태 규탄 대표이사실 항의농성
5월 20일	발레오 기업노조가 청구한 지회 조합비 반환청구 소송 기각(경주지원)
5월 26일	발레오 노조파괴 부당노동행위 고발 건 항고 기각(대구고검)
5월 29일	콘티넨탈지회 노조파괴 부당노동행위 고발 건 항고 기각(대전고검)
5월 29일	발레오-기업노조가 임단협 백지위임
6월 3일	발레오-지회에 임단협 개악 내용 발표
6월 11일	금속노조-노조파괴 수사 재정신청
6월 13일	발레오-언론 통해 정기상여금을 성과급으로 바꾸겠다고 일방 발표
6월 19일	콘티넨탈지회-노동부 규탄집회
6월 26일	콘티넨탈지회-대전법원 앞에서 전조합원 1인 시위

7월 4일	발레오 기업노조 2명이 성과상여금 반대 재협상 촉구 선전전 시작
7월 25일	발레오 기업노조 2명이 기업노조 불신임 서명 시작
7월 29일	발레오 기업노조-2명 제명(8월 11일 재심 결과 제명 확정)
8월 11일	발레오지회-스피커 2대 분실, 112 신고 및 과학수사대 현장 조사
9월 3일	금속노조-노조파괴 사업주 구속 촉구 결의대회(대전·대구고등법원)
9월 15일~	충청지역 노조파괴 사업장들-대전고법 앞 노숙농성 시작
10월 8일	민주노총 대전본부와 금속노조 대전충북본부-기자회견 (대전고법 앞)
10월 17일	보쉬전장지회-108배 100일 문화제
11월 17일	발레오 노조 사무실 출입방해하고 점심시간 선전전을 이유로 조합원 징계는 부당노동행위 판결(중노위)
11월 19일	보쉬전장 정근원 해고 무효 판결(대전고법)
11월 28일	콘티넨탈 3명 부당징계 판결(서울고등법원)
11월 28일	보쉬전장의 지회에 손배청구 각하 및 기각(청주지법)
12월 6일	콘티넨탈지회-간부수련회
12월 19일	콘티넨탈지회-조합원 총회
12월 24일	충청지역 노조파괴 사업장들-재정신청 연대수용 촉구 기자회견
12월 29일	보쉬전장지회-통상임금·교대제 잠정합의, 30일 찬반투표 가결
12월 30일	콘티넨탈지회 재정신청 기각(대전고법)

2015년

2월 4일	보쉬전장지회-정근원 부당노동행위 패소, 부당해고 승소(서울고등법원)
2월 28일	금속노조 대전충북지부-복수노조 사업장 확대간부 수련회(~3월 1일)

3월 5일	금속노조 경주지부 대표자들-재정신청 수용과 사용자 처벌 촉구 릴레이 단식농성 돌입(대구고법)
3월 13일	발레오 사측의 해고자 노조사무실 출입 금지신청 기각(대구고법)
3월 21일	콘티넨탈지회-전 조합원 집단 산행
3월 25일	금속노조-노조파괴 재정신청 수용과 사용자 처벌 대구경북권 결의대회
3월 26일	보쉬전장지회 재정신청 기각(대법원)
4월 2일	발레오 성과상여금 노조 간 차별 부당노동행위 판정(경북지노위)
5월 21일	보쉬전장지회-로비농성 100일차
5월 27일	콘티넨탈지회-전 조합원 본사 상경 피켓시위
5월 28일	발레오 기업노조 설립 무효소송 공개변론(대법원 전원합의체)
6월 4일	발레오 성과상여급 노조 간 차별 부당노동행위 판결(중노위)
6월 15일	보쉬전장 정근원 복직
6월 17일	콘티넨탈-손해배상 청구 기각(대전지법)
6월 24일	콘티넨탈지회-민주노조 사수와 해고자 복직을 위한 공장문화제
6월 26일	노조법 위반으로 창조컨설팅 심종두 기소(검찰)
7월 6일	전 만도기계노조 경주지부장들과 발레오만도지회 전 지회장들 입장 발표
7월 7일	보쉬전장 대표이사 등 노조파괴행위 임원 4명에게 벌금형 선고(대전지법)
7월 24일	보쉬전장지회-전면파업 후 조합원 야유회
8월 18일	발레오 사측이 노조 사무실 비워달라며 제기한 부동산 인도소송 기각
9월 7일	콘티넨탈지회-성과급 차별 소송 승소(대전지법)
9월 24일	콘티넨탈지회-금속노조 관계자 출입방해 소송 승소(대전지법)

12월 23일	보쉬전장지회-2015년 임금협약 조인식

2016년

1월 21일	보쉬전장 대표이사 등 노조파괴행위 임원 4명에게 벌금형 선고(대전고법)
1월 25일	발레오지회 농성 천막에 유엔 집회와결사의자유 특별보고관 방문
2월 18일	보쉬전장지회-교섭대표노조 소송 패소, 파기환송(대법원)
2월 19일	발레오 기업노조 설립 무효소송 파기환송(대법원 전원합의체)
3월 11일	노조파괴사업장 상신브레이크에 대한 부당노동행위 유죄 판결(대법원)
3월 24일	발레오만도 부당노동행위·부당해고 취소 원심 파기환송(대법원)
6월 9일	콘티넨탈 기업노조와 사측 공정대표의무 위반에 따른 손해배상 판결(서울행정법원)
6월 17일	유엔인권이사회, 발레오만도 등 노조파괴 사례에 관한 한국조사보고서 발표
6월 29일	보쉬전장-이화운 지회장 정직 2개월 징계
8월 18일	보쉬전장지회-통상임금 재판 일부 승소(대전고법)
9월 8일	보쉬전장-기업노조 대표교섭 잠정 합의
9월 21일	보쉬전장지회-사측의 사무실 폐쇄 강제집행 저지
9월 26일	발레오 차등성과금 노조 간 차별 부당노동행위 판결(서울행정법원)
9월 30일	보쉬전장-2016년 임단협 대표교섭 가결(금속노조 투표결과는 부결)
10월 26일	보쉬전장 전원일 부당해고 승소(대법원)
11월 29일	보쉬전장지회-대표이사 교섭 불참 규탄 전조합원 4시간 파업

2017년

2월 5일 발레오지회-부당노동행위·부당해고 파기환송심 승소(서울고법)

2월 7일 보쉬전장-이화운지회장 등 4명 징계

2월 20일 창조컨설팅과 발레오가 금속노조에 위자료 지급하라고 판결(서울중앙지법)

3월 16일 보쉬전장지회-고 김민수 조합원 산재 승인(고등법원)

6월 2일 콘티넨탈지회-해고자 복직 및 2012·2013년 임단협 일괄 타결

6월 16일 발레오 강기봉 노조파괴 혐의로 징역 8월 선고(경주지원)

6월 22일 콘티넨탈지회-해고자들 출근투쟁 1,852일 만에 마무리

6월 29일 발레오 부당노동행위·부당해고 확정 판결(대법원)

9월 27일 발레오지회-해고자 13명 7년 7개월 만에 복직

10월 20일 발레오 등 노조파괴 사측에 손해배상 판결(서울고법)

11월 16일 보쉬전장지회-2012~2014년 임단협 찬반투표, 17일 로비농성장 철거

11월 21일 보쉬전장지회-2012~2014년 임단협 조인식

11월 23일 금속노조-복수노조 대책회의

12월 17일 발레오지회-공단운동장(노조사무실) 천막농성장 철거

2018년

2월 7일 보쉬전장지회-조합원 총회 및 비대위 구성

8월 23일 창조컨설팅 심종두·김주목 징역 1년 2개월 법정구속(서울남부지법)

9월 13일 보쉬전장 대표이사 등 노조파괴 부당노동행위 벌금 확정 판결(대법원)

9월 19일 보쉬전장지회-노조파괴 부당노동행위 유죄판결 책임자 처벌 촉구(용인 본사)

10월 4일	발레오지회 부당정직 후 해고노동자 14명 무효 판결(대법원)
11월 2일	보쉬전장지회-보궐선거로 이화운 지회장과 황용하 사무장 선출

2019년

2월 15일	발레오 강기봉 노조파괴 혐의로 징역 8월 선고(대구고법)
5월 11일	충북지역 복수노조사업장 단합대회(계룡산)
3월 19일	발레오 지회(77명)·기업노조(401명)-쟁의행위 찬반투표 91.5%로 가결
7월 25일	발레오 강기봉 노조파괴 혐의로 징역 8월 선고(대법원)
7월 30일	발레오 강기봉 구속(2020년 3월 30일 만기 출소 후 사직)
8월 29일	창조컨설팅 심종두 실형 확정(대법원)
10월 31일	콘티넨탈 사측과 기업노조에 공정대표의무 위반 판결(대법원)

2020년

2월 8일	콘티넨탈지회-금속노조 창립기념일 휴무일 시행 시작
2월 14일	민주노총-헌법재판소에 교섭창구 단일화제도 위헌심판 청구
4월 24일	금속노조-복수노조 사업장 충청권 수련회
4월 28일	민주노총-복수노조 교섭창구 단일화 위헌소송 제기 공동기자회견
5월 28일	발레오 교섭대표노조로 금속노조 결정(경북지노위)
5월 30일	발레오 강기봉 부당노동행위로 처벌은 합헌 결정(헌법재판소)
7월 3일	노조파괴사업장 공동투쟁 버스투어(보쉬전장, 콘티넨탈, 한국타이어, 현대성우메탈, 대양판지 참여)
8월 11일	금속노조-복수노조 사업장 대표자회의

9월 15일	민주노총-교섭창구 단일화 폐기 촉구 일인시위 시작 (헌법재판소 앞)
10월 28일	민주노총-교섭창구 단일화 폐기 촉구 선언대회(세종문화회관 계단)
11월 17일	민주노총-복수노조 교섭창구 단일화제도 도입 10년, 문제 실태와 대안 모색 토론회

2021년

2월	보쉬전장지회-기업노조와 공동으로 희망퇴직 철회 대자보 부착
3월 15일	금속노조 대전충북지부-복수노조 사업장에 사업·재정 집중지원 결의(정기대대)
3월	보쉬전장지회-희망퇴직 반대 출투 및 아침선전전
5월	보쉬전장지회-조합원 총회
6월 28일	콘티넨탈지회-국회에 교섭창구 단일화제도 폐기 노조법 개정안 청원
7월 1일	민주노총-복수노조창구단일화 시행 10년 기자회견
7월 7일	금속노조-교섭창구 단일화 폐기 촉구 노동부 앞 결의대회
10월 15~16일	금속노조-복수노조 사업장 대표자회의(경주 성호리조트)
12월	보쉬전장지회-금속 조합원 정년퇴임식
12월 30일	콘티넨탈지회-상조회 독자 건설(기업노조와 분리)

2022년

2월 19일	금속노조 대전충북지부-복수노조 사업장 수련회
4월 5일	금속노조-복수노조 사업장 대표자회의

6월 8일	금속노조-교섭창구 단일화제 폐기 결의대회(대한상의→대통령집무실)
6월 13일	금속노조 대전충북지부-복수노조 사업장 대표자 간담회
6월 14일	금속노조-교섭창구 단일화 폐지로 새로운 복수노조 시대 준비하는 국회토론회
9월 19일	콘티넨탈지회-'노조파괴 10년, 다시 길을 열자' 사진전시회 및 전 조합원 수련회
10월 21일	금속노조-복수노조 사업장 수련회
11월 6~7일	콘티넨탈지회-'민주노조가 옳다!' 조합원과 가족 캠핑

2023년

7월 25일	발레오지회-기업노조와 금속노조로 통합
9월 1일	발레오지회-새 지도부(신시연 지회장 등) 선출